Johann Georg Sulzer, Johann Gottfried Dyck, Georg Schaz

Nachträge zu Sulzers allgemeiner Theorie der schönen Künste

Johann Georg Sulzer, Johann Gottfried Dyck, Georg Schaz

Nachträge zu Sulzers allgemeiner Theorie der schönen Künste

ISBN/EAN: 9783743623460

Hergestellt in Europa, USA, Kanada, Australien, Japan

Cover: Foto ©Thomas Meinert / pixelio.de

Weitere Bücher finden Sie auf **www.hansebooks.com**

Charaktere

der

vornehmsten Dichter

aller Nationen;

nebst

kritischen und historischen Abhandlungen
über Gegenstände der schönen Künste
und Wissenschaften

von

einer Gesellschaft von Gelehrten.

Achten Bandes erstes Stück.

Leipzig,
im Verlage der Dykischen Buchhandlung.
1806.

Uebersicht
der
Geschichte der deutschen Poesie
seit
Bodmers und Breitingers kritischen Bemühungen *).

Erster Abschnitt.

Vom Erwachen der Schweizerischen Kritik bis zur Erscheinung der ersten Gesänge des Messias,
oder
von 1721 bis 1748.

Wie die Geschichte der Reiche und Staaten erst dann anziehend für uns wird, wenn die Ereignisse nicht mehr einzeln und abgelöst vor uns stehn, sondern aus ihrer Vereinigung und wechselseitigen Beziehung auf einander das allmählige Fortschreiten der Verfassung und die Bildung der Gesellschaft hervorgeht, eben so verhält es sich mit der Geschichte

---

*) Fortsetzung des im ersten Theile dieser Nachträge abgebrochenen Aufsatzes.

der Wiſſenſchaften und Künſte. Sie unterrichtet und
feſſelt erſt dann, wenn die Bemühungen der Gelehrten nicht mehr als getrennte Kraftäußerungen erſcheinen, ſondern in ihnen ein innerer Zuſammen-
hang und ein wo nicht beabſichtigter, doch bewirkter
Zweck ſichtbar wird. Dieſer Fall tritt bey der Geſchichte der deutſchen Dichtkunſt nicht früher, als
mit Bodmers und Breitingers Theilnahme an der
Verbeſſerung unſerer Sprache und an der Befeſti-
gung unſres Geſchmacks, ein. Es iſt wahr, die
ſchöne Einheit und leichte Rundung zu einem Ganzen, die in der griechiſchen Poeſie obwaltet, findet,
ſelbſt ſeit jenem Zeitraume, in der deutſchen nicht
Statt. Sie rühmt ſich nicht, wie die griechiſche,
eines Homer, an deſſen nie verlöſchender Flamme
ſich alle, die nach ihm kamen, entzündeten; ſie zählt
nicht, wie die griechiſche, eine ununterbrochene Reihe
Dichter, deren jeder, von ſklaviſcher Nachahmung
fern, auf ſeine Weiſe wirkte und das Reich des
Schönen erweiterte; ſie erhielt endlich nicht, ſich
friedlich, wie die griechiſche, entwickelnd, ihre Kunſtrichter nach ihren Dichtern, ſondern ward vielmehr
aus der Kritik geboren und unter Kampf und Geben erzogen. Aber wenn auch die vielen und ſich
vielfach durchkreuzenden Richtungen es dem Forſcher
nicht ſelten erſchweren, die Hauptrichtung, welche die
deutſche Dichtkunſt nahm, zu erkennen, ſo iſt es der

besonnenen und parteylosen Aufmerksamkeit darum
nicht unmöglich. Mitten unter den zahllosen versuchten Wegen, dem Geschreye der Wegweiser und
ihrem steten Bemühen einander verdächtig zu machen,
bleibt es ihr unverborgen, wer sich am weitesten von
dem gesuchten Ziele entfernte und wer ihm am näch-
sten kam, wer sich in Gesträpp und Sümpfe verlor
und wer sich zum lichtern Tage emporarbeitete. Ueberdem ruht der dickste Nebel und herrscht das größte
Getümmel hauptsächlich vor und an dem Eingange
zum deutschen Parnaß. Je weiter man vorwärts
dringt, um desto freyer wird die Aussicht und um
desto geebneter, wenn auch nicht geräuschleerer, die
Straße.

Die dichtende und lesende deutsche Welt befand
sich, als das erste Viertel des achtzehnten Jahrhunderts ablief, beynahe noch in der nähmlichen Lage,
in welcher wir sie in dem letzten des siebenzehnten
erblicken a). Der Lohensteinische Geschmack, ver-
schiedentlich nach der Verschiedenheit der Denk- und
Empfindungs-Weise der Geister gebrochen, blühte
nach, wie vor, in den Gedichten Amthors und Po-
stels b), und in den Poesien der Niedersachsen, die

a) Man vergleiche die erwähnte Uebersicht in dem ersten
   Theile der Nachträge S. 240 u. f.
b) Christoph Heinrich Amthor war geb. 1678 zu Stoll-
   berg in Thüringen und starb d. 15 Febr. 1721 als dä-

Weichmann von 1721 bis 1738 in Hamburg herausgab c). Neukirch ſang in ſchwache Saiten ſeine zierlichen gedankenleeren Reime bis zum Jahre 1729
fort, und Beſſer, Herdus, Brockes, König, Pietſch d)

niſcher Juſtizrath zu Kopenhagen. Seine Gedichte,
ſind zuerſt gedruckt zu Flensburg 1717, und wiederholt
zu Rendsburg 1734. Chriſtian Heinrich Poſtel, geb.
zu Freyburg im Lande Hadeln 1658, ſtarb, als Advocat, zu Hamburg 1705. Außer der nicht ganz vollendeten Große Wittekind, verfertigte er eine große
Menge Opern, deren Unſinn Wernicke in einem komiſchen Heldengedichte, Hans Sachs betitelt, verſpottet
hat. In der Sammlung der Zürcheriſchen Streitſchriften zur Verbeſſerung des deutſchen Geſchmacks wider
die Gottſchediſche Schule, 12 Stücke 1741 — 1744
wiederh. 1753 haben es die Schweizer St. 1. S. 115
abdrucken laſſen.

c) Chriſtian Friedrich Weichmann, aus Braunſchweig gebürtig, war eines von den Mitgliedern der Hamburger
teuſch übenden Geſellſchaft. Die von ihm beſorgten
Poeſien enthalten die dichteriſchen Verſuche der Theilnehmer beſagter Geſellſchaft.

d) Johann von Beſſer war 1654 zu Frauenburg in Kur-
land geboren und ſtarb 1729 zu Dresden, als königlich
Polniſcher Cerimonien = Meiſter. Seine Gedichte,
nebſt einer Lebensbeſchreibung von ihm, hat König
1732 zu Leipzig in zwey Bänden herausgegeben, vergl.
Meiſters Charakteriſtik deutſcher Dichter, Zürich, 1787
Th. II. S. 3. — Karl Guſtav Herdus, geboren zu
Stockholm 1671, lebte zuletzt, nachdem er vielerley
ſonderbare Schickſale erfahren und den katholiſchen
Glauben angenommen hatte, zu Wien als kaiſerlicher
Rath und Antiquar. Er ſang hauptſächlich Gelegen-
heitsgedichte und verſuchte zuerſt das elegiſche Sylbenmaß der Alten, aber gereimt, in unſrer Sprache.

und ein großes Heer ihnen folgsamer Nachtreter ließen allenthalben ihre gedrechselten, deutlichen, leicht-
fließenden, aber gehalt- und begeisterungslosen Zeilen
erklingen. Unsinnige Opern, schmutzige Possenspiele
und langweilige Helden- und Staats-Actionen nahmen in Hamburg, Braunschweig, Leipzig, Dresden,
Breslau, Wien und wo sonst nicht Besitz von der
Bühne, und die müßigen Stunden außer dem
Schauplatze füllten August Bohse, der Heinse jener
Tage, unter dem angenommenen Nahmen Talander,
mit seinen in allen Welttheilen spielenden Staats-
und Liebes-Geschichten, Heinrich Anshelm von Zieg-
ler durch die Abentuer der asiatischen Banise, Christian Friedrich Hunold, genannt Menantes, und Jo-

---

nachzubilden. Man sehe Meisters Charakteristik Th. II.
S. 55. — Berthold Heinrich Brockes, bekannt durch
sein irdisches Vergnügen in Gott, das in neun Thei-
len zu Hamburg 1744 — 67 erschienen ist, und durch
mehrere poetische Uebersetzungen, unter andern durch
Marino's bethlehemitischen Kindermord, lebte von
1680 bis 1747. Man sehe Meisters Charakteristik
Th. II. S. 15. und die daselbst S. 27. angezogenen
Schriften. — Johann Ulrich von König, aus der
Reichsstadt Eßlingen, geb. 1688, starb 1745 zu Dresden, als Hofrath und Cerimonien-Meister. Seine
sämmtliche Poesien, unter denen sein angefangenes
Heldengedicht, August im Lager, durch Breitingers
Beurtheilung (Kritische Dichtkunst Th. I. S. 348.)
mehr geehrt worden ist, als es verdient, sind zu Dresden 1745 erschienen. — Von Pietsch wird nachher
die Rede seyn.

hann Leonhard Roſt mittelſt verliebter Helden - Romane aller Art, und die nun allmählig einbrechenden
und ſchnell um ſich greifenden Robinſonaden e).
Selbſt Opitz, der ſo lange für den Vater der deutſchen Poeſie und den Wiederherſteller des guten Geſchmacks gegolten hatte, wurde ſparſamer genannt
und von denen, die Hofmannswaldaus und Lohen-
ſteins Schwulſt für Kraft nahmen, oder, die äußere
Poeſie mit der innern, die Schale mit dem Kerne ver-
wechſelnd, ſich an Beſſers und Pietſchens glättern
Reimen und geſchmeidigern Sprachformen ergötzten,
dieſen an die Seite geſtellt, oder nachgeſetzt f).

So bunt ſah es damahls im deutſchen Dichter-
ſtaate aus, und ſo ſehr ſchien ſich alles zu einer gänz-

---

e) Nachweiſungen über die genannten Schriftſteller und
　ihre Werke liefert Kochs Compendium der deutſchen
　Litteratur - Geſchichte, Th. II. S. 251. 254 und 264.

f) Mehr als einen Beleg für das Geſagte findet man
　geſammelt in den Zürcheriſchen Streitſchriften, St.
　2 S. 123 u. f. So gar Canitz ſchwankte unſicher hin
　und her und wagte Zuſammenſtellungen, wie folgende:

　　　Durch Opitz ſtillen Bach geht man mit trocknen
　　　　　　　　　　　　　Füßen.

　　　Wo ſieht man Hoffmanns Brunn und Lohnſteins
　　　　　　　　　　　　　Ströme fließen?

　　　Und nehm' ich Beſſer aus, wem iſt wohl mehr
　　　　　　　　　　　　　vergönnt,

　　　Daß er den wahren Quell der Hippokrene
　　　　　　　　　　　　　kennt?

lichen Gesetzlosigkeit hinneigen, oder in das alte
Chaos, ohne Hoffnung einer glücklichen Wiedergeburt, zurücksinken zu wollen, als zwey durch Aehnlichkeit der Gesinnungen und gleiche Liebe zu den Wissenschaften verbundene junge Schweizer, Johann
Jakob Bodmer, geboren zu Greifensee, einem Dorfe
ohnweit Zürich, und Johann Jakob Breitinger, aus
Zürich selbst, dem ehemahligen Wohnorte des als
Held und Musenfreund gleich sehr berühmten Rüdger
Maneß gebürtig g), und nun in der nähmlichen
Stadt beysamen lebend, sich mit einigen gelehrten
Freunden zu einer Gesellschaft vereinigten, welche
theils die Besserung der Sitten ihrer Mitbürger,
theils die Beurtheilung schriftlicher Aufsätze, die man
sich vorlesen wollte, beabsichtigte h). Der Geschmack
an moralischen Wochenschriften, von England aus
verbreitet, herrschte bereits unter den Deutschen i);

g) Jener lebte von 1698 bis zum 2 Januar 1783, dieser
vom 1 März 1701 bis zum 15 Dec. 1776. Biographische Nachrichten von dem erstern ertheilen Leonhard
Meister über Bodmern, Zürich, 1783 und in der Charakteristik I. S. 287. und Hottinger in Acroama de I. I.
Bodmero, Turici, 1783. vergl H. Chr. Schmids Nekrolog der vornehmsten verstorbenen deutschen Dichter,
Th. II. S. 811. Nachrichten über den letztern finden
sich in Rathlefs Geschichte jetzt lebender Gelehrten B.
VI. und in Bruckers Bildersaal, 7 Zehent.

h) Schmid S. 822. nennt mehrere Theilnehmer.

i) Ein Verzeichniß der von 1713 bis 1761 in Deutsche

und Bodmer, ein großer Bewunderer des engliſchen
Zuſchauers, that Breitingern und andern Mitgliedern der Geſellſchaft den Vorſchlag, ein Blatt von
ähnlichem Inhalte zu ſchreiben, und ſtiftete, da ſein
Entſchluß gebilligt wurde, die Diſcurſe der Mahler,
die von dem Jahre 1721 bis 1723 in vier und neun-
zig Stücken k) zu Zürich erſchienen. Die Hauptab-
ſicht, die man durch dieſe Blätter zu erreichen ſuchte,
war, wie gedacht, moraliſcher Art, und ihr blieb man
auch im Ganzen getreu: denn in den erſten Stücken
der Sammlung empfehlen die Verfaſſer entweder die
Tugend, oder beſtrafen das Laſter, oder verſpotten
die Thorheit. Aber nebenbey unterließ Bodmer doch
auch nicht, nach dem Beyſpiele des engliſchen Zuſchauers, in das Gebieth der Kritik abzuſchweifen
und bald auf vergeſſenes oder überſehenes poetiſches
Verdienſt aufmerkſam zu machen, bald ſchriftſtelleri-
ſche Lächerlichkeiten hervorzuziehen. Er lobte bey
jeder Gelegenheit an Opitz, Caniz und Beſſer ihren

land herausgekommenen liefert das Anmuthige aus der
neueſten Gelehrſamkeit vom Jahre 1761, S. 829.

k) Oder in vier Theilen, von denen der leztere in der
Bodmeriſchen Druckerey erſchienene (die drey erſten
druckte Lindinner) den veränderten Titel führt: Die
Mahler, oder Diſcurſe von den Sitten der Menſchen.
Im J. 1746 kamen ſie verbeſſert zu Zürich unter der
Auſchrift: Die Mahler der Sitten; in zwey Bänden
heraus.

ungeschminkten natürlichen Ausdruck, bespöttelte Hofmannswaldaus und Lohensteins Aufgedunsenheit, tadelte Neukirchs und Neumeisters metaphorische Witze-
leyen, verlachte Hunolds armselige Wortspiele, und
unterstützte seine Urtheile mit Gründen *l)*. Er mischte
ferner von Zeit zu Zeit kleine Betrachtungen über
Darstellung und Vortrag ein und hatte so gar das
Herz, den reimlosen Jambus durch Lehre und Beyspiel zu empfehlen *m)*.

Diese ersten, wenn auch schwachen Laute einer
gesunden und parteylosen Kritik, die durch den ge-
stäupten Diogenes, ein Flugblatt gegen die Leipziger
Wochenschrift Diogenes *n)*, verstärkt wurden, gingen
nicht unbeachtet verloren. Weichmann, der eben die
Poesien der Nieder-Sachsen sammelte und den ersten
Theil derselben in Hamburg drucken ließ, erklärte
sich, wenn auch nicht sehr überzeugend, doch sehr
laut, gegen die Verwerfung der Reime und eiferte

---

l) Man lese im II. Th. St. 5 und 21. und im dritten
St. 8. 13. und 14.

m) Th. II. St. 5. vergl. Th. IV. St. 1.

n) Geschrieben im J. 1723. Gottsched ließ es in den
Beyträgen zur kritischen Historie der deutschen Sprache St. 14. S. 222. von neuem abdrucken. Dem Leipziger Diogenes geschah, wie Bodmer hinterher selbst
(Streitschriften St. 2. S. 145.) bekannte, durch diesen Angriff zu viel Ehre.

zugleich gegen den Tadel, den Amthor und Neukirch erfahren hatten. Hamann o), der Herausgeber eines poetischen Lexikons, trat ihm bey und wunderte sich nicht wenig, wie man an den hochgeschätzten Schriften eines Hofmannswaldau, Lohenstein, Neukirch und anderer Aussteller machen könne. Auch des Schlesier, Gottfried Benjamin Hanke, dessen Nahme, in Verbindung mit dem Nahmen seines Landsmannes Stoppe, späterhin gebraucht worden ist, um dichterische Armseligkeit zu bezeichnen, sah es in der Vorrede zu seinen Gedichten als eine schlimme Vorbedeutung für sich und die Begründung des guten Geschmacks an, daß der Frevel der Züricher sich an die Apolle des schlesischen Helikons wage p). Indeß fehlte es den Schweizern auch nicht an Vertheidigern, und sie fanden diese gerade an dem Orte, an welchem sich wenige Jahre nachher die stärkste Partey gegen sie bildete q), und in dem Manne, der an die Spitze derselben trat.

o) Er hieß mit dem Vornahmen Johann Georg, war aus Schlesien gebürtig und starb 1733 zu Hamburg, wo er ohne Amt gelebt hatte.

p) Man sehe die hieher gehörigen Stellen in den Büchern der Streitschriften St. 2. S. 134. u. f.

q) Die Verfasser der Leipziger gelehrten Zeitungen, die 1715 ihren Anfang genommen hatten, billigten unter andern die Urtheile der Mahler, in Betreff der gelobten und getadelten Dichter, und Junker in einer Prü-

Der Mann, den ich meine, war kein anderer,
als Johann Christoph Gottsched, der den 2. Febr.
1700 zu Judithenkirch, einem Dorfe ohnweit Königsberg in Preußen, geboren war und an dem letzten
Orte, seit seinem vierzehnten Jahre, der Erlernung
der Sprachen und theologischen Wissenschaften obge-
legen hatte r). Sein ansehnlicher Wuchs, der ihn
der Gefahr aussetzte, Kriegsdienst nehmen zu müssen, bewog ihn, die Universität, wo er bereits philo-
sophische Vorlesungen hielt, im Jahre 1724 zu verlassen, und da ihn der Königsberger Stadtrath in
Leipzig zu unterstützen versprach, so vertauschte er
diese Stadt mit seinem bisherigen Aufenthalte, setzte,
von dem Hofrathe und damahligen Vorsteher der
Leipziger deutsch-übenden poetischen Gesellschaft s),
Johann Burkard Menke, in das Haus aufgenommen und unterstützt, seine akademische Laufbahn fort
und verfolgte die bereits betretene schriftstellerische,

fung der Gedichte Hankens nahm der Schweizer Partey ebenfalls gegen die Einwendungen dieses seichten
Reimers. Züricher Streitschr. St. 2. S. 132 u 134.

r) Die besten Nachrichten über sein Leben finden sich in
der Memoria von Ernesti und in Göttens gelehrten
Europa, Th. 11. 3. vergl. Meisters Charakteristik Th.
11. S. 42.

s) Gestiftet 1697, besser eingerichtet 1710. Man vergleiche Fabricius in der Historie der Gelehrsamkeit
Th. III. S. 776.

indem er im Jahre 1725 seines Königsberger Lehrers
und Freundes Johann Valentin Pietschens s) poetische Schriften sammelte und eine Wochenschrift, die
vernünftigen Tadlerinnen *), herausgab. Man kann
mit Recht sagen, daß Gottsched durch diese beyden
Proben seiner gelehrten Thätigkeit nicht nur beurkundete, wie viel er damahls als Dichter und Kunstrichter galt, sondern auch, wie viel er fürs künstige gelten sollte. Die reinen, mühsam gefeilten, zierlich gereimten und mit Belesenheit reichlich ausgestatteten,
aber kalten, gedankenleeren und mit müßigen Zier-
rathen überladenen Gedichte, die er bekannt machte v),
zeigten an, wohin sein poetischer Geschmack sich nei-
ge, und die kritischen Untersuchungen und Urtheile,
die er in die Tadlerinnen einstreute, verriethen deutlich, daß er zwar mit den Schweizern den Schwulst
eines Hofmannswaldau und Lohenstein zu empfinden
und zu verwerfen wisse, aber ihnen, in Hinsicht des
philosophischen Scharfsinns, weit nachstehe.

s) Er war geboren zu Königsberg 1690 und starb daselbst
   1733 als Professor der Poesie. Seine Gedichte, unter
   denen der Gesang auf den Prinzen Eugen und dessen
   Sieg bey Temeswar zu seiner Zeit für ein Meisterwerk
   galt, hat nach Gottsched, und vollständiger als dieser,
   Bock zu Königsberg 1740 herausgegeben.

*) Halle und Leipzig 1725 und 1726 und nachher öfters.

v) Und durch einige von seiner Erfindung, die nicht besser waren, vermehrte.

Diese Beobachtung entging auch den Schweizerischen Kunstrichtern nicht, als welche ihre ganze Aufmerksamkeit dem Fortgange der deutschen Litteratur
widmeten und weit entfernt waren, sich durch das
Lob, welches Gottsched ihren Discursen hie und da
in den Tadlerinnen ertheilte, bestechen zu lassen.
Einige unzulängliche Erklärungen vom Sinnreichen
und Scharfsinnigen, die der Leipziger Kritiker in den
erwähnten Blättern gegeben, einige Ausstellungen,
die er, um den getadelten Neukirch zu rächen, an der
Schreibart der Schweizer gemacht hatte x), und der
in niedrige Spaßmacherey ausartende Witz des Patrioten, eines damahls viel gelesenen Wochenblattes,
das in Hamburg erschien y), veranlaßte sie vielmehr
schon im Jahre 1725 eine Kritik, unter dem Titel:
Anklagung des verderbten Geschmacks; auszuarbei-
ten und sie zum Druck nach Leipzig zu senden. Allein
ihre Abhandlung erfuhr daselbst ein nicht erwartetes
ungünstiges Schicksal. Der Professor, dem sie vor dem
Abdrucke zur Durchsicht eingereicht wurde, verwei-
gerte ihr nicht nur, weil er Persönlichkeiten witterte

---

x) St. 37. und 24.

y) Die Theilnehmer waren nach Götten im Leben Ri-
chey? (Gelehrtes Europa, Th. 1. S. 134.) dieser, nebst
Brockes, Weichmann, Klefeker, J. A. Fabricius und
andere. Seinen Anfang nahm er 1724 und erlebte
1728 die zweyte Auflage.

und der Verleger den Verfaſſer nicht nennen wollte
die Erlaubniß zur Bekanntmachung x); ſondern als
ſie die Schweizer zurück verlangten, wurde ſie ihnen
ſo gar unter allerley Vorwand zwey volle Jahre vorenthalten und erſchien erſt im September 1728 zu
Zürich mit einem Schreiben an den Herrn von König,
in welchem ſie den Vorwurf der ihnen aufgebürdeten
Grobheit ablehnten a). Indeß ließen ſie ſich durch
die Unterdrückung der Anklage in ihrem Wege nicht
aufhalten oder zurückſchrecken. Sie entwarfen vielmehr um dieſelbe Zeit ein dogmatiſches Werk von
dem Einfluſſe und Gebrauche der Einbildungskraft
zur Verbeſſerung des Geſchmackes, das auf fünf
Theile berechnet war und nichts geringeres beabſichtigte, als das Schöne und deſſen Urſachen zu entwickeln und auf ſichere Grundſätze zurückzuführen,
und gaben den erſten Theil, der den Einfluß der Einbildungskraft auf die Beredtſamkeit unterſuchte, im
Jahre 1727 zu Zürich mit einer Zueignung an den

x) Züricher Streitſchriften St. 2. S. 147.

a) Die Geſchichte der Anklage erzählen die Schweizer
ſelbſt in ihren Streitſchriften St. 2. S. 156. und St.
1. S. 87. in einer Note. Auch ſind aus dem Aufſatze
drey lange Stellen in beſagten Streitſchriften St. 1.
S. 87. und St 3. S. 17. und 29. abgedruckt. Wenn
übrigens Adelung in den Ergänzungen zu Jöchers Lexicon
und mehrere (vielleicht nach einer mißverſtandenen
Aeußerung Göttens S. 15.) Bodmern einen Anti-
patrioten vom J. 1729 zuſchreiben, ſo irren ſie. Ein

großen Weltweisen Christian Wolf heraus b). In dieser erklärten sie sich nicht weniger freymüthig über die Hallischen Tadlerinnen, wie über den Hamburgischen Patrioten, und Gottsched, den die in der Handschrift bereits gelesene Anklage schmerzlich verwundet hatte c), verfehlte nicht, in dem Biedermann, einer Wochenschrift, die seit dem Jahre 1727 an die Stelle der Tadlerinnen getreten war, sich selbst d) ritterlich zu vertheidigen und zugleich, den vorschnellen unbescheidenen Kunstjüngern zum Trotze, dem Patrioten ein langes Leben zu weissagen.

Doch dieser eitle und lobbegierige Kunstrichter war überhaupt, während Bodmer und Breitinger für die Begründung des bessern Geschmacks unter den Deutschen langsam und bedächtig arbeiteten, in der

besonderer Antipatriot ist nie erschienen, sondern unter diesem Titel jederzeit die Anklage des verderbten Geschmacks, oder (wie öfters erläuternd hinzugesetzt wird,) die kritischen Anmerkungen über den Hamburger Patrioten zu verstehn.

b) Daß die Sache sich so verhalte, bezeugt die Aussage der Schweizer (Streitschr. St. 2. S. 147) und das Buch selbst. Ein eigne Werk: Von der Natur der Beredtsamkeit, Zürich. 1725; wie Adelung und Meusel wollen, hat Bodmer ebenfalls nie geschrieben. Man vergl. zum Ueberfluß noch Hottingers Acroama, p. 25.

c) Streitschr. S. 154.

d) St. 56. vergl. Züricher Streitschr. S. 151 u. f.

Vertheilung ihres Lobes und Tadels unparteyiſch zu
Werke gingen, wenig dichteten und durch das fleißige
Leſen der Alten und Neuern und das Studium der
wolfiſchen Philoſophie ihre Urtheile zu berichtigen
ſtrebten, deſto eifriger auf mehr denn eine Weiſe bemüht geweſen, für die Verherrlichung ſeines Näh-
mens und, wie er meinte, für die Aufnahme unſerer
Sprache und Poeſie zu wirken. Die Erreichung beyder Abſichten begünſtigten auch in der That ſchon die
öffentlichen Verhältniſſe, in denen er lebte: denn als
akademiſcher Lehrer e) bildete er ſich durch die ſtark
beſuchten Vorleſungen, die er über Philoſophie,
Dichtkunſt und Beredtſamkeit hielt, einen nicht kleinen Anhang unter der Jugend, und als Aelteſter der
Leipziger poetiſchen Geſellſchaft, wozu er 1726 ernannt ward, kam er mit mehrern angeſehenen Männern inn- und außerhalb Leipzig in Verbindung und
erwarb ſich dadurch, daß er die erwähnte Geſellſchaft
1727 in eine deutſche verwandelte, ihr eine wirklich
zweckmäßigere Einrichtung gab f) und durch ſie der
ungewiſſen ecklen Sprachmengerey begegnete, den

e) Im Jahre 1725 erhielt er bereits eine Collegiatur,
1730 den außerordentlichen Lehrſtuhl der Poeſie, und
1734 den ordentlichen der Logik und Metaphyſik.

f) Man ſehe hierüber ſeine Nachricht von der erneuerten deutſchen Geſellſchaft in Leipzig vom J. 1727, wiederholt 1731.

Ruf eines patriotischen Deutschen und einsichtsvoller Kritikers. Allein noch weit mehr beförderten seinen Kennerruhm die unmittelbar von ihm ausgehenden Bemühungen um den guten Geschmack, unter denen die auf die Verbesserung der Bühne gerichtete mit allem Rechte zuerst genannt wird. Als Gottsched nähmlich 1724 nach Leipzig kam g), besuchte er, der bis dahin noch kein Schauspiel hatte aufführen sehn, das dasige Theater, auf dem, wie damahls überall, lauter Staats-Actionen, Harlekinaden, aus dem Stegreife und Opern im Gange waren, und machte bald mit dem Vorsteher der Truppe, einem gewissen Hofmann, Bekanntschaft. Er schlug vor, Gryphius Tragödien und dessen Horribilicribrifax vorzustellen, und erhielt zur Antwort, daß die Einnahme bey dergleichen Stücken nicht gewinnen werde; er both ihm Fontenelles übersetzten Endymion mit eingelegten lustigen Scenen an und ward abgewiesen. Seit der Zeit erklärte er sich laut als Gegner des deutschen Theaters und vorzüglich des allgemein herrschenden Opernunsinns, empfahl die Franzosen als die einzigen der Nachahmung würdigen Muster und beschäftigte sich anhaltend mit der Lesung ihrer Tragiker

g) Die folgenden Nachrichten sind genommen aus Gottscheds eigner Erzählung in der Vorrede vor der zehnten Ausgabe seines sterbenden Cato, vergl. Chronologie des deutschen Theaters, S. 62 u. f.

und der von Dacier überſetzten Poetik des Ariſtoteles
und den kritiſchen Werken eines Caſaubonus, Rap-
polt und Heinſius. Es verfloſſen einige Jahre, da
es ihm auf einmahl gelang, ſeine Grundſätze geltend
zu machen und ihre Wirkung an der Erfahrung zu
prüfen. Friederike Caroline Weißenborn, die Tochter eines Rechtsgelehrten in Zwickau, verheirathet an
ihren Landsmann, den Schauſpieler Johann Neuber,
eine Frau von Thätigkeit, unternehmendem Geiſte
und Eifer für die Unterhaltung der Zuſchauer, wirkte
ſich in Dresden die Erlaubniß, ſpielen zu dürfen,
aus b), und begab ſich von der Spiegelbergiſchen
Geſellſchaft in Weißenfels, wo ſie bisher geſtanden
hatte, nach Leipzig, um ihre Bühne hier aufzuſchla-
gen. Es konnte nicht fehlen, daß Gottſched alles
aufboth, ſie für die Aufführung regelmäßiger Stücke
zu gewinnen, und da die Neuberinn es der Mühe
werth fand, wenigſtens einen Verſuch, wie man bereits in Braunſchweig, und nicht ohne Erfolg, gethan hatte, zu wagen, ſo ſpielte man endlich im Jahr
1728 den Regulus des Prabon nach einer alten Ueberſetzung von Breſſand in gereimten Alexandrinern, die
König ausfeilte. Die Neuheit der Sache, die Empfehlung, die dem Stücke vorausging, und vor allen
die prächtige Kleidung, welche König vom Dresdner

b) Chronologie des deutſchen Theaters, S. 62.

Theater verschaffte, erleichterte dem verpflanzten
Fremdlinge den Eingang. In kurzen brachte man,
ohne jedoch die alten Stücke bey Seite zu legen, (denn
die Neuberinn kannte den Geschmack der Zuschauer
und ihren eigenen Vortheil zu gut,) den Brutus und
Alexander, übersetzt von Breffand, den Cinna, ver-
deutscht von Führer, einem Nürnberger Rathsherrn,
die Iphigenia von Gottsched, den zweyten Theil des
Cid, von einem seiner Jünger, dem Magister Heynitz,
und die Berenice von Pantke, zusammen acht französische Trauerspiele, sämmtlich in deutschen Alexandrinern auf die Leipziger Bühne und fuhr damit rüstig
fort. Nichts schien zu dem vollen Triumphe des nach
französischem Zuschnitte gemodelten Theaters zu fehlen, als ein ursprünglich deutsches Trauerspiel, und
ein solches gab Gottsched 1731 in seinem sterbenden
Cato, einem Stücke in gereimten Alexandrinern, das
zehnmahl gedruckt, allenthalben gespielt und mit dem
lautesten Beyfalle aufgenommen wurde i).

Wenn Gottsched die Verbesserung der deutschen
Bühne, (denn dafür wollte er seine Umbildung gehalten wissen,) auf das thätigste betrieb, um sich
einen Nahmen zu machen, so vergaß er eben so we-

i) Ein ausführlicher Bericht von dem unglaublichen Er-
folge dieses Stückes findet sich im Anhange zur eben
erwähnten zehnten Ausgabe desselben. Leipzig, 1757.

nig, auf andere Weiſe für ſeinen ſchriftſtelleriſchen
Ruhm zu ſorgen, und ſich ſo allmählig den Weg zu
der Alleinherrſchaft im Reiche des Geſchmacks, nach
der ihm verlangte, zu bahnen.   Nicht nur von den
Arbeiten der unter ihm neu aufblühenden deutſchen
Geſellſchaft, den eigenen und überſetzten, gebundenen
und ungebundenen, gab er, zwiſchen den Jahren 1728
und 1732, mehrere Bände unter mancherley Auf-
ſchriften heraus k) und ließ 1736 ſeine eigenen Gedichte durch einen ſeiner treuen Anhänger, Johann
Joachim Schwabe l), der von nun an oft genannt
werden wird, ſammeln.   Er ſuchte überhaupt ganz
eigentlich durch Lehrbücher, die er ſchrieb, und durch

k) Die vornehmſten ſind: Oden und Cantaten der deutſchen Geſellſchaft in Leipzig, zwey Theile, 1728. 1738.
(einem großen Theile nach ſchlechte Gelegenheits-Ge-
dichte); der deutſchen Geſellſchaft in Leipzig eigene
Schriften und Ueberſetzungen in gebundener und unge-
bundener Schreibart, 3 Theile, 1730. 1734. 1739. und
wiederholt 1735 und 1742. (eine bunte Sammlung von
Reden, Abhandlungen, Gedichten, vorzüglich gelegent-
lichen, und Verdeutſchungen aus Alten und Neuern,
ohne allen Werth); der deutſchen Geſellſchaft in Leipzig
geſammelte Reden und Gedichte 1732. (ein Buch, das
mir unbekannt iſt, aber ſchwerlich an Gehalt die beyden
genannten übertreffen wird,) und andere.

l) Geboren zu Magdeburg den 29. Sept. 1714, geſtorben,
als Profeſſor der Philoſophie und Univerſitäts-Biblio-
thekar zu Leipzig, den 12. Auguſt 1784. Durch mehrere Ueberſetzungen aus dem Franzöſiſchen hat er unſerer Sprache wahrhaft genutzt.

Zeitschriften, die er stiftete, seinen Beruf zur Kritik des Schönen zu bewähren und diesen Zweck hauptsächlich durch seine kritische Dichtkunst, die im Jahre 1729 erschien, und durch die Beyträge zur kritischen Historie der deutschen Sprache, Poesie und Beredtsamkeit, die er, in Verbindung mit einigen Mitgliedern der gedachten Gesellschaft, von 1732 bis 1744 *) bekannt machte, zu erreichen. Wer Gottsched den Schöpfer der deutschen Bühne kennt, der kennt auch Gottsched den Gesetzgeber der deutschen Dichtkunst. Wie er dort immer vom Mechanischen ausging und alles darauf bezog, so auch hier; wie er dort, was er irgend Gutes und Nützliches einführte, von den Franzosen entlehnte, so auch hier; wie er dort ihren Geschmack den Deutschen einimpfen wollte, so auch hier. Seine kritische Dichtkunst ist schlechterdings nichts anders, als eine Sammlung pedantischer Kunstregeln, die immer nur bey dem Zufälligen und

*) Sie bestehen aus acht Bänden, deren jeder vier Stücke enthält. Auskunft über die Geschichte der Zeitschrift giebt die Vorrede zum fünften Bande, wo die sämmtlichen Theilnehmer genannt werden, und die Vorrede zum sechsten, in der Gottsched ausdrücklich erklärt, daß die Beyträge nicht allen, sondern bloß einigen Mitgliedern der deutschen Gesellschaft gehörten, und wie er, um diesem Irrthume vorzubeugen, auf den Titel die Worte: von einigen Mitgliedern der deutschen Gesellschaft, in: herausgegeben von einigen Liebhabern der deutschen Litteratur; verwandelt habe.

Aeußern der Poesie stehen bleiben und nie in das Wesen derselben eindringen. Auch spricht, in der Vorrede zur dritten Ausgabe, die naive Aeußerung des Verfassers, daß man „aus seinen Werken eine Ode, Cantate und alle übrigen Gedichtarten m a c h e n lerne,“ den Zweck der Arbeit und das ganze Geheimniß seiner Poesie deutlicher, als das Buch selbst, aus. Eben so verhält es sich mit den kritischen Beyträgen. Nur der historische und grammatische Theil des Werkes, die Nachrichten von alten Büchern, die eingestreuten Wortforschungen und lexikalischen Bemerkungen und mehrere die deutschen Alterthümer betreffende Abhandlungen sind von Werth; den Urtheilen kann man bloß nachrühmen, daß sie den Inhalt der Bücher ausführlich und sorgfältig darstellen, nicht aber, daß sie den Schriftsteller und Leser belehren, oder sie auf einen höhern Standpunkt erheben.

In der Schweiz geschah in dieser Zeit, wenn man bloß die Menge der Geschäftigen und dessen, was sie zu Tage förderten, in Anschlag bringt, wenig; allein dieß wenige war bedeutend, und enthielt einen fruchtbaren Samen für die Zukunft. Es sind hauptsächlich zwey poetische Versuche, die eben so sehr wegen ihres innern Werthes, als wegen der Wirkung, die sie, wenn auch gleich spät erst, erzeugten, hier genannt zu werden verdienen. Der erste ist die Sammlung

der Poesieen des nachher so berühmt gewordenen Al-
brecht von Haller *m*), damahls eines Dichters von
vier und zwanzig Jahren, der, während seines Auf-
enthaltes in England, die Sprache der Insulaner er-
lernt *n*) und, von dem hohen Geiste und der gedankenreichen Fülle ihrer Dichter innigst durchdrungen,
nach der Rückkehr in sein Vaterland im Jahre 1729
die Alpen gesungen hatte und darauf 1732 seine poetischen Arbeiten unter der Aufschrift: Versuch schwei-
zerischer Gedichte, zu Bern bekannt machte. Der
zweyte ist die Uebersetzung des epischen Gedichtes von
Milton, die Bodmer wagte und in eben dem Jahre *o*)
drucken ließ. Als eine dritte nicht minder merkwürdige Erscheinung, obgleich nicht im Bezirke der Poesie, muß noch der Briefwechsel über die Natur des
poetischen Geschmacks von Bodmer erwähnt werden,
eine Schrift, die sich gewisser Maßen an die Abhandlung über den Einfluß der Einbildungskraft *) an-

m) Er ward geboren zu Bern den 16. Oct. 1708 und
   starb daselbst den 12. Sept. 1777.

n) Man vergl. die Nachträge Th. I. S. 123.

o) Unter dem Titel: Johann Miltons Verlust des Paradieses, ein Heldengedicht in ungebundene Rede übersetzt. Zürich, bey Marcus Rohrdorf. 1732. 240 S. 8.

*) Der vollständige Titel ist: Briefwechsel von der Na-
   tur des poetischen Geschmacks. Dazu kommt eine Untersuchung, wie fern das erhabene Trauerspiel Statt
   haben könne, wie auch von der poetischen Gerechtigkeit. Zürich, bey Orell. 1736. 115 S. 8.

ſchloß und zu beweiſen ſuchte, daß der Geſchmack in
ben ſchönen Künſten nichts wandelbares ſey, ſondern
in der Natur und den Verhältniſſen der Dinge ſeine
unveränderlichen Regeln finde.

Es iſt kaum glaublich, wenn man den Auftritt
Hallers, die Verdeutſchung des verlornen Paradieſes, und das jahrelange Forſchen der Schweizer nach
den erſten Grundſätzen der Kritik erwägt, daß ſie
nicht itzt ſchon die Dichter, die ſie vormahls billigten, verworfen, und Gottſcheds dichteriſche und kunſt-
richterliche Bemühungen für das, was ſie waren, erkannt haben ſollten, und doch war dieß keineswegs
der Fall.   Ein kleines poetiſches Gemählde in gereimten Alexandrinern, Kritik der deutſchen Gedichte
betitelt, zeigt unwiderſprechlich, daß Bodmer im
Jahre 1735, wo er es in Zürich bekannt machte p),
noch eben ſo urtheilte und empfand, wie im Jahre
1721. Nachdem er von den Schickſalen der deutſchen
Poeſie vor Opitz geſprochen und ihn uneingeſchränkt,
ſeine unmittelbaren Nachfolger hingegen bedingungs-

p) Gottſched erwähnt deſſelben in den kritiſchen Beyträ-
    gen Th. IV. St. 15 S. 488. und rückte es, aus ſchul-
    diger Dankbarkeit für erhaltenes Lob, in das 20. Stück
    S. 624 vollſtändig ein.   Auch in Bodmers kritiſchen
    Lobgedichten und Elegien, Zürich, 1747 findet es ſich,
    aber, wie man von ſelbſt erwartet, ſehr verändert und
    mit einem bittern Tadel Gottſcheds.

weise gelobt hat, theilt er die spätern Dichter in mehrere Classen. Als durchaus verwerflich und auf fal-
scher Bahn wandelnd nennt er Hofmannswaldau,
Lohenstein, Postel und Amthor, als wahrhaft schät-
zungs- und nachahmungswerth dagegen einen Canitz,
Günther und Haller; und so weit läßt man sich, ungeachtet die Zusammenstellung eines Haller mit Günther nicht wenig befremdet, des Kunstrichters Urtheil
gefallen.` Aber wenn eben derselbe fortfährt und
nicht nur den Satiriker Wernike mit Rachel und
Menke zusammenpaart, sondern neben jenen belobten
Dichtern einen Besser, König, Heräus, Pietsch und
Gottscheden selbst aufführt q), ja sogar Neukirchen
unbedingt zu tadeln ansteht, so dringt sich jedem die
Erfahrung auf, daß das Gefühl für das Schöne sich
nur langsam bilde und unsicher hin und her schwanke,

q) Die Verse auf den letztern lauten also:

Mit ihnen (Bessern und andern) in Begleit sey
ich auch Gottsched gehen,

Der mir nicht kleine deucht und nicht darf
schamroth sehen,

Wenn er bey ihnen sitzt, wiewohl er sie ver-ehrt.

Sein wahrer Held August ist Opitz's Schreibart
werth,

Ist alles dessen werth, was Gottsched sonst be-
sungen;

So weit ist's ihm durch Fleiß und Biegsamkeit
gelungen.

ſo lange es einzig durch philoſophiſches Nachdenken
beſtimmt und geleitet, nicht durch eine Reihe vollendeter Muſter lebendig aufgeregt und ergriffen wird.

Der Genius der deutſchen Litteratur wollte nicht,
daß uns eine ſolche Reihe ſchon itzt zu Theil würde,
aber er verhütete doch, daß das wenige vorhandene
Gute unterginge, und entzündete eine Flamme, in der
es ſich läuterte und von den anhängenden Schlacken
reinigte. Man hat oft geſtritten, was die Veranlaſſung zu dem zwiſchen den Leipzigern und Schweizern
nun allmählig beginnenden Kriege geweſen ſey, ob,
wie jene behaupten, der Aerger über den geringen Ab-
ſatz der auf Bodmers Koſten verlegten Ueberſetzung
des verlornen Paradieſes, oder, wie dieſe vorgaben,
der Verdruß über die nachtheilige Wendung, welche
die deutſche Poeſie unter Gottſcheds Leitung zu nehmen drohte; aber man darf nur auf die Art merken,
wie der Leipziger Kunſtrichter ſich von allem Anfange
an gegen die Gelehrten jenſeits der Alpen genommen
hatte, und in den kritiſchen Beyträgen noch nahm,
und man kann keinen Augenblick zweifeln, daß der
Streit aus der Verkennung wohl begründeter Verdienſte und der Beleidigung edeln Selbſtgefühles ent-
ſprang. Es iſt wahr, Gottſched hatte ſich, ſeit den
frühern Ausfällen der Schweizer auf ihn, vorſichtig
genug betragen, und ihnen nicht bloß Schonung,

sondern Achtung bewiesen. Der deutsche Milton ward
in den kritischen Beyträgen r) mit Lob erwähnt und
bloß einzelne Ausdrücke und Wortfügungen, und
diese nicht ohne vorhergehende große Verbeugungen,
als undeutsch getadelt. Eben diese Behandlung erfuhr der Briefwechsel über die Natur des Geschmacks.
Wie jener ward er s) für die Arbeit eines denkenden
Mannes erkannt und zugleich Haller beyläufig mit
Ruhm erwähnt. Allein Hallers Versuche wurden
doch nur beyläufig gerühmt, während man bey weitem schlechtere Dichterwerke einer ausführlichen Anzeige würdigte, und von dem Briefwechsel ausdrücklich behauptet, er sey nichts, als eine umständliche
Erörterung des dritten Capitels der kritischen Dichtkunst; eine Wendung, wodurch Gottsched im Grunde
alles Bodmern ertheilte Lob zurücknahm und sich zu-
eignete.

Doch die Zurücksetzung, welche die Schweizer hie
und da erfuhren, und die Vergleichungen, die bis-
weilen zu ihrem Nachtheile ausfielen, würden sie
schwerlich, den Fehdehandschuh hinzuwerfen, vermocht haben, wenn Gottsched sich nur überhaupt be-
scheidner genommen und nicht durch unaufhörliche
Berufung auf seine eben genannte Dichtkunst, die er

r) Th. I. St. 2. S. 299.
s) Th. IV. St. 15. S. 444.

ſchlechterbings als das Geſetzbuch des guten Geſchmacks und den Inbegriff aller Kritik angeſehn wiſſen wollte, ſich die lächerlichſten Blößen gegeben hätte. Dieſes Buch hatte im Jahre 1737 die zweyte
Ausgabe erlebt, aber wiewohl er ſie eine verbeſſerte
nannte, ſo war es doch um nichts beſſer geworden.
Noch immer ſetzte er das Weſen der Poeſie in eine
mißverſtandene Nachahmung der Natur, in welcher
er drey Gattungen unterſchied, die bloße Beſchreibung oder lebhafte Schilderung natürlicher Gegenſtände, die Verſetzung in die Lage und den Charakter
eines andern, und die Verknüpfung möglicher Er-
eigniſſe zur Verſinnlichung einer moraliſchen Wahrheit; noch immer hielt er feſt an dem Gedanken, daß
der Dichter ſich des Wunderbaren bediene, um die
Neugierde zu reizen; noch immer zog er einen großen
Theil der Rhetorik herüber in die Poetik und han-
delte hier unter andern die ganze Lehre von den Tro-
pen und Figuren ausführlich ab; noch immer blieb
er in der Entwickelung oder Erklärung der verſchie-
benen Dichtungsarten einzig bey der äußern Form
und Einrichtung ſtehen; noch immer belegte und be-
ſtätigte er ſeine Vorſchriften durch eigene Gedichte
und Beyſpiele; noch immer hatte er die Dreiſtigkeit
zu behaupten, daß die deutſche Poeſie ſeit kurzem um
vieles vollkommner geworden und dieß allein ſeinen
Bemühungen und vorzüglich der Erſcheinung ſeiner

Dichtkunst zuzuschreiben sey. Es war natürlich, daß eine solche Großsprecherey das Selbstgefühl der Schweizer, und wäre es auch noch so gering gewesen, beleidigen mußte. Sie hatten seit dem Jahre 1728 nur sparsam, zumahl in Vergleichung mit den Leipzigern, geschrieben, desto unverdrossener hingegen ihre philosophischen Kenntnisse zu erweitern gestrebt und sich so in den Stand gesetzt, wenigstens Gottsched den Kunstrichter, wenn auch nicht Gottsched den Dichter zu übersehn. Ihr Ausdruck war durchaus nicht mehr der alte unbehülfliche, sondern um vieles richtiger und geschmeidiger, ohne deshalb entnervt und kraftlos zu seyn t). Ihr Geschmack endlich, obwohl noch immer unsicher, hatte doch in der letzten Zeit eine weit bessere Richtung genommen, da nicht allein Haller, sondern auch Hagedorn v), der

---

t) Ein Verdienst, das ihnen Niemand anrechnete, und das zu erwerben ihnen sicher eben so sauer ward, wie dem gebornen Wiener ein reines Deutsch.

v) Friedrich von Hagedorn ward geboren zu Hamburg d. 23. April 1708 und starb daselbst den 28. Oct. 1754. Man sehe sein Leben von Eschenburg im IV. Theile der Ausgabe der Gedichte vom J. 1800, vergl. Schmids Nekrolog S. 278 und Meisters Charakteristik. Th. I. S. 336. Die Erstlinge seiner Muse erschienen, nachdem er vorher schon einige Arbeiten von sich, in der Wochenschrift, die Matrone, bekannt gemacht hatte, 1729 unter dem Titel: F. v. H. Versuch einiger Gedichte, oder auserlesene Proben poetischer Nebenstunden; lauter Stücke, die er nachher verworfen oder ganz

1738 ein Bändchen Fabeln und Erzählungen herausgab, und Drollinger, der bereits früher einige kräf-
tige Oden dichtete x), ihnen zeigte, man könne Opi-
tzens Sphäre verlaſſen, ohne ſich deshalb in Lohen-
ſteins Nebel zu verlieren, und männlich ohne Rau-
higkeit, und zierlich ohne Kraftloſigkeit ſchreiben.
Kein Wunder, wenn ſie, im Bewußtſeyn ihres nützlich verwandten Fleißes, von neuem erwachten und,
mit edelm Stolz in die Schranken tretend, den Leipziger Geſchmacksmäkler und ſeinen Anhang heraus-
foderten.

Drey Schriften waren es, welche im Jahre 1740
auf einmahl zu Zürich erſchienen und ſämmtlich die
Philoſophie des Schönen zu vervollkommnen beab-
ſichtigten. Die am wenigſten bedeutende von allen

umgearbeitet hat. Weit über jene Sammlung erhebt
ſich der im Terte genannte Verſuch in poetiſchen Fabeln und Erzählungen. Hamburg, bey König. 15 B.
8. In den kritiſchen Beyträgen St. 22. S. 299. wurde
er mit vielem Lobe, aber, man denke! zugleich mit
Stoppens neuen Fabeln, Breslau, bey Korn, 1738.
angezeigt und dieſen gleich geſchätzt.

x) Man vergleiche die Nachträge Th. VI. S. 178. Unter
den dort angezogenen Oden wurde die zum Lobe der
Gottheit um das Jahr 1733 und die auf die Unſterblichkeit (ſie ſteht auch in den Züricher Streitſchriften
St. 2. S. 181.) um das J. 1739 geſchrieben. Man
ſehe Sprengs Gedächtnißrede auf Drollinger vor der
Ausgabe von deſſen Gedichten, S. 30 und die ange-
hängten Briefe S. 328.

ist unstreitig Breitingers kritische Abhandlung von
der Natur, den Absichten und dem Gebrauche der
Gleichnisse, durch Beyspiele aus alten und neuen
Schriftstellern erläutert und mit einer Vorrede von
Bodmer begleitet. Was der Verfasser dieser Schrift
auf fünf hundert und sechs Seiten über den Zweck
und die Wirkung der Gleichnisse, ihre Anwendung im
Trauerspiele, und den Nachtheil, der aus dem Ueber-
maße im Gebrauche derselben entspringe, ferner über
die bey Vergleichungen zu beobachtende Mannigfaltigkeit und Anständigkeit, und endlich noch, am
Schlusse des Ganzen, in besondern Abschnitten, über
die Gleichnisse eines Longin, Brockes und Lohenstein
beybringt, enthält allerdings für jene Zeiten viel
Neues, Wahres und Brauchbares; aber es befremdet an einem so gutem Kopfe, wie Breitinger, daß er
seine Bemerkungen nicht unter höhere und allgemeinere Gesichtspunkte zu fassen und so seinen Vortrag
von der Weitschweifigkeit, an der er krankt, zu befreyen wußte. Desto vorzüglicher ist dagegen sein
zweytes Werk, die kritische Dichtkunst in zwey Theilen, deren jeden Bodmer mit einer besondern Vorrede
in die Welt einführte. Auch ohne diese beyden, nicht
ohne Anspielungen und Beziehungen geschriebenen,
Vorreden y) gelesen zu haben, erkennt man mit dem

y) Hier sind einige Stellen. „Ein schlimmer Critikus
und ein schlimmer Poet verdienen eine gleiche Beur-

erſten Blicke in die vorangehende Inhalts-Anzeige,
wem das Buch entgegengeſetzt iſt. Alle Gegenſtände,

theilung; ich weiß keinen Unterſchied zwiſchen der Ungeſchicklichkeit zu machen, die ſich in einer elenden
Schrift hervorthut. Ein gewiſſer Verfaſſer hat zwar
den ſchlimmen Kunſtrichter darum für den größern
Sünder halten wollen, weil er uns nicht allein Verdruß verurſachte, wie der ſchlimme Scribent, ſondern
uns überdieß auf Irrthümer verleitete; und ich will
ihm gerne einräumen, daß der Critikus der ſchlimme-
re Mann iſt, wenn er uns aus Bosheit auf Irrwege
führt; allein wenn er nur aus Ungeſchicklichkeit fehlt,
ſo hat der ſchlimme Stribent in ſolchem Fall nichts
voraus, weil im übrigen auch er neben dem, daß er
uns Verdruß verurſacht, uns eben ſo wohl verführt,
als der ſchlimme Critikus, indem er uns für was ſchö-
nes, für was vortreffliches giebt, was häßlich oder nur
mittelmäßig iſt.“ „So viel mir bekannt iſt, hat Meiſſen das beſte Recht von andern Provinzen Deutſchlands zu fodern, daß ſie ihre eigene Ausſprache und
Mundart für die ſeinige verlaſſen: allermaßen es darinnen wahre Vorzüge vor allen andern aufweiſen kann,
die in der Natur und der Abſicht der Sprache gegründet ſind. Ich glaube auch nicht, daß irgend eine Pro-
vinz des deutſchen Reichs mit Gedanken umgehe, mit
ihm um dieſes Recht zu ſtreiten, oder wenn es einer
oder der andern in den Sinn kommen ſollte, daß ſolche zu ihrem Behuf bündigere Titel anziehen könnte.
Dennoch wird man den Kunſtlehrern anderer Provinzen vergönnen, die Vortheile zu unterſuchen, welche
ſolche Provinzen, über die Meiſſen keine angebohrne
Herrſchaft hat, vermögen ſollen, ihre Ausſprache und
Mundart der Meißniſchen unterwürfig zu machen. Die
eigene Ehre und die Liebe zu ihrer Sprache erfodern,
daß die Sachſen dieſe Unterſuchung den Sprachlehrern
anderer deutſchen Provinzen vielmehr erleichtern als
ſperren. Es zeigte bey ihnen ein Mißtrauen in dieſel-

welche der allgemeine Theil der Gottschedischen Dichtkunst ausführt, führt auch die Breitingerische z),
und so ziemlich in derselben Ordnung, wie jene, aus,
so nähmlich, daß in der ersten Abtheilung von der
Erfindung des dichterischen Stoffes, und hier von
der Aehnlichkeit der Poesie und Mahlerey, der Nachahmung der Natur, dem Neuen, Wunderbaren und
Wahrscheinlichen, der Fabel, der Verwandlung des
Wirklichen ins Mögliche, der Wahl und Verbindung
der Umstände und den Charakteren und Gedanken ge-
redet, in der zweyten hingegen von der Darstellung
des Erfundenen oder dem poetischen Ausdrucke ge-
handelt wird. Aber diese Aehnlichkeit des Plans ist
es allein, worin beyde Schriftsteller übereinkommen.
So wenig Festigkeit auch das neue Gebäude hat und
haben kann, da es auf dem Satze: Die Poesie ist
nichts als eine Art von Mahlerey; folglich auf einer
bloßen Vergleichung ruht, so viel Spuren einer ge-
übten und selbst das Fremde in ihr Eigenthum ver-
wandelnden Denkkraft findet man überall. Der Ver-

be, wenn sie solche Prüfung verbiethen wollten, als ob
sie fürchteten, daß sie die Probe nicht aushalten
möchte.''

z) Einen besondern Theil, der sich mit den einzelnen
Dichtungsarten beschäftiget, hat diese nicht, — ein
Umstand, den ihr Gottsched als eine große Unvollkom-
menheit, in der Vorrede zur dritten Ausgabe seiner
Dichtkunst, anrechnet.

faſſer der neuen kritiſchen Dichtkunſt iſt durchaus ein
beſſerer Beobachter, als ſein Vorgänger. Je weiter
man mit ihm vorwärts geht, deſto lebhafter überzeugt man ſich, daß er die Wirkungen des Schönen
und die Art, wie es wirkt, ſchärfer, als jener, ins
Auge gefaßt, von den Grundſätzen einer vernünftigen
Pſychologie öfters eine glückliche Anwendung gemacht
und über die Natur der Sprache, als des Mittels
zum Ausdrucke dichteriſcher Ideen, reifere Unterſuchungen angeſtellt hat a). Auch empfiehlt er ſich nicht
weniger durch die Unparteylichkeit, mit welcher er
über die Dichter zu Gericht ſitzt und bald verkannte
Nahmen emporhebt, bald mit Unrecht verherrlichte
ihres Heiligenſcheins beraubt. Mit einem Worte,
wenn er hinter dem Ziele, das er ſich geſteckt hat, —
die Quelle des Schönen zu entdecken, zurückbleibt, ſo
kann dennoch kein Unbefangener umhin, den Geiſt,
der das Werk im Ganzen beſeelt, und den redlichen
Eifer des Mannes, der die Wiſſenſchaft nicht als
Stoppler aufſtutzen, ſondern ihr als Denker aufhel-
fen wollte, mit der gebührenden Achtung zu ehren.
Der dritte kritiſche Verſuch, der in dem oben genannten Jahre erſchien und gewiſſer Maßen als ein

a) Man leſe z. B., was beyde Kunſtrichter über die poetiſche Sprache und das deutſche Sylbenmaß, Gottſched
Th 1. Cap. 11. 12. und Breitinger Th. II. Abſchnitt
7 — 10., geſagt haben.

Ergänzungsstück der Breitingerischen Dichtkunst angesehn werden darf, ist Bodmers Abhandlung über
das Wunderbare *b*). Der offen liegende Zweck dieser
Schrift geht freylich zunächst dahin, die Einwürfe,
die Voltaire und sein Landsmann, der Advocat Con-
stantin Magny *c*), gegen Miltons verlornes Paradies, vorzüglich gegen das Abenteuerliche in den
Dichtungen erhoben hatten, zu prüfen und zu bestrei-
ten: allein einen noch größern Antheil an der Ausarbeitung des Werks hatte sicher der verborgene oder
geheime Zweck, die deutsche Uebersetzung des Gedichts
deutschen Lesern zu empfehlen und die dagegen obwaltenden Vorurtheile zu zerstreuen. Diesem Zwecke
vergiebt man denn auch gern die nicht selten zu weit
gehende Vertheidigung des Engländers und die oft
nichts weniger als richtigen Ansichten seines Sachwal-
ters. Es ist in der Litteratur zuweilen nöthig, und
wäre es auch nur, um sich freye Bahn zu bereiten,
ein durchdringendes Geschrey zu erheben und unbe-

---

b) Der vollständige Titel lautet: J. J. Bodmers Criti-
sche Abhandlung von dem Wunderbaren in der Poesie
und dessen Verbindung mit dem Wahrscheinlichen, in
einer Vertheidigung des Gedichts Joh. Miltons von
dem verlornen Paradiese; der beygefügt ist Joseph Ad-
disons Abhandlung von den Schönheiten in demselben
Gedichte. Zürich, bey Orell.

c) Jener in Essai sur le poeme epique, dieser in einer
Differtation critique. Paris 1729.

dingt in Schutz zu nehmen, was ſich einzig bebin-
gungsweiſe rechtfertigen läßt. Eine vierte Schrift,
ebenfalls eine Art Beylage zu Breitingers Dichtkunſt,
die kritiſchen Betrachtungen über die poetiſchen Gemählde der Dichter von Bodmer; eigentlich eine neue
Verarbeitung ſeiner frühern Schrift vom Einfluſſe
der Einbildungskraft, fällt zwar erſt in das Jahr
1741, gehört aber um ſo mehr hieher, da, ſeit ihrer
Erſcheinung, die Schweizer ſich eine Zeitlang des
ernſtlich gemeinten Kampfes begaben, um ihre nun
mit Macht wider ſie aufſtehenden Gegner in wiederholten leichten Gefechten zu necken.

Sieht man in den Schriften der Züricher auf
die Angriffe, welche Gottſcheden unmittelbar trafen,
ſo ſcheinen ſie kaum eine Erwiederung zu verdienen;
denn obgleich ſein Nahme mehrmahls, und vorzüglich in Breitingers Dichtkunſt d), tadelnd genannt
wird, ſo war es doch immer mit ſo vieler Behutſam-
keit und Schonung e) geſchehen, daß er ſeine Gegner
nicht füglich einer unreinen Abſicht beſchuldigen
konnte. Allein abgerechnet, daß Gottſched damahls
im höchſten Glanze ſeines kritiſchen Ruhms ſtand,
keinen Widerſpruch fürchten zu dürfen glaubte, und

d) Wie z. B. Th. I. S. 304. und Th. II. S. 331. 212.
     284.
e) Zuweilen ſo gar mit Auszeichnung, wie Th. I. S. 325.

nur auf einmahl erfuhr, daß seine Dichtkunst durch
die ihr entgegengesetzte Breitingerische für ein unzu-
längliches Werk erklärt werde f), so war er überdem
in seinen poetischen Freunden vielfach beleidigt und
ihm das Schicksal, das ihn erwarte, gleichsam in der
Ferne gezeigt worden. Er hatte die Fabeln seines
guten Freundes, des reimreichen Arztes Trillers g),
der in Brockes Manier, nur bey weitem glist- und
geschmackloser, schrieb, jederzeit als Muster gepriesen
und Breitinger h) sie scharf und, was noch schlimmer
war, gründlich beurtheilt. Er hatte Schwarzens
Aeneis i) erhoben und ihr die Palme vor der bessern

f) So deutete er selbst das Unternehmen in der Vorrede zur dritten Auflage der kritischen Dichtkunst. Auch
war, wie Ebeling im Hannoverischen Magazin erzählt,
Liscovs Beweis von der Nothwendigkeit der elenden
Scribenten bereits 1738 in Zürich nachgedruckt und
das Verzeichniß der schlechten Schriften mit Gottscheds
Uebersetzung des Fontenelle, seinen Tadlerinnen und
seiner Dichtkunst vermehrt worden. In wie fern Bodmer und Breitinger hieran Theil nahmen, ist nicht
entschieden; daß ihnen aber der unerschrockene Liscov
sehr zusagte, erhellt aus Bodmers Vorrede zum ersten
Theil von Breitingers Dichtkunst, S. 25.

g) Daniel Wilhelm Triller war geboren zu Erfurt d. 10.
Febr. 1695 und starb, als Hofrath und Professor, zu
Wittenberg, den 22. May, 1782. Seine neuen äsopi-
schen Fabeln in gebundener Rede erschienen zu Hamburg 1740 und wurden wiederholt zu Bremen 1752.

h) Dichtkunst Th. 1. S. 214 u. f.

i) In den kritischen Beyträgen St. 17. S. 89. vergl. St.

Ueberſetzung eines Ungenannten zugetheilt und Breitinger *k*) den Verfaſſer und Lobredner vor ſeinen
Richterſtuhl gezogen. Er hatte Neukirchs verdeutſchten Telemach und Königs Auguſt im Lager ſtets mit
Achtung erwähnt und Breitinger *l*) die wäſſerigen
Verſe des erſtern beyläufig gerügt und das Gedicht
des letztern einer eigenen Prüfung, die nicht vortheilhaft ausfiel, unterworfen. Er hatte endlich Hallern
unter den deutſchen Dichtern nie ausgezeichnet, ſondern ſeiner höchſtens im Vorübergehn gedacht, und
Breitinger ihn nach Verdienſt hervorgezogen und
nebſt Hagedorn allein ohne Tadel genannt. So viele
Beleidigungen mußten ihn, den bis itzt Unangetaſte-
ten, zumahl, da er in ihnen eine gewiſſe Abſichtlich-
keit zu bemerken meinte, nothwendig aufbringen *),
und ſo entſpann ſich jene in den Jahrbüchern der
deutſchen Litteratur unter dem Nahmen des Dichter-
kriegs ſo berühmt gewordene Fehde, von der bis zum
Jahr 1748, wo ſie eine andere Richtung nahm und

18. S. 328. Der Ungenannte war Pyra. S. Schmids
Nekrolog S. 204.

k) Th. II. S. 161 u. f.

l) Th. I. S. 349 u. f. und Th. II. S. 182 u. f.

*) Aus welchem Geſichtspunkte Gottſched und ſein An-
hang das Benehmen der Schweizer betrachteten, das
erhellt am deutlichſten aus einer Anmerkung über den
Brief eines Schweizers an einen Franzoſen in den Halliſchen Bemühungen, Th. I. S. 240.

von merkwürdigern Kämpfern geführt wurde, hier
eine kurze ununterbrochene Uebersicht zu geben der
Ort ist.

Gottsched selbst eröffnete sie in den kritischen
Beyträgen theils durch kurze und mit unter verächt-
liche Abfertigungen der Abhandlung über die Gleichnisse, der kritischen Dichtkunst und der Betrachtungen über die poetischen Gemählde m), theils durch

m) St. 22. S. 349. St. 24. S. 79 und St. 25. S. 169.
Die ganze Beurtheilung der Breitingerischen Dichtkunst lautet z. B., wie folget: „In diesem Buche sind
einige Materien, die zur Dichtkunst überhaupt gehören, sehr weitläuftig, andere aber gar nicht berührt:
dagegen sind einige Capitel eingeschaltet, die man hier
gar nicht suchen würde." Ausführlicher, wiewohl ebenfalls ziemlich kalt, wurde das Werk über die Gleichnisse angezeigt in der deutschen Gesellschaft in Leipzig
Nachrichten und Anmerkungen, welche die Sprache,
Beredtsamkeit und Dichtkunst der Deutschen betreffen.
St. 2. S. 237. Der Vorrede zufolge, beabsichtigte
man diese Nachrichten von den kritischen Beyträgen
dadurch zu unterscheiden, daß sie nicht von Gottsched
allein, sondern von der ganzen deutschen Gesellschaft
besorgt werden, Fremden, mit ihr in keiner Verbindung lebenden, ebenfalls zur Niederlegung ihrer Gedanken offen stehen und endlich nicht bloß das Fehlerhafte in den Schriften anzeigen, sondern auch Vor-
schläge zu Verbesserungen enthalten sollten. Aber man
darf sie nur flüchtig durchblättern, um zu sehn, daß sie
sich eigentlich von den frühern Beyträgen, die neben
jenen fortdauerten, in nichts unterschieden. So viel
ich weiß, sind mehr nicht als vier Stücke, die zwischen
die Jahre 1739 und 1744 fallen, von diesen Nachrichten erschienen.

eine umſtändliche Anzeige des Buches über das Wunderbare *n*), in der er vorzüglich auf Bodmers Vertheidigung des verlornen Paradieſes ſein Augenmerk
richtete und unbedenklich und gleichſam in propheti-
ſchem Geiſte erklärte, die Deutſchen könnten und würden an Miltons Gedichten keine Freude finden und
alle Empfehlungen ihm keinen Eingang verſchaffen.
Zugleich gab Triller bey Herold in Hamburg neue
äſopiſche Fabeln heraus und begleitete ſie mit einer
geharniſchten Vorrede, von der er zwar den beleidi-
genden Schluß, auf Erneſti's Zureden *o*), nicht druk-
ken ließ, aber ihn durch Abſchriften zu vervielfältigen
Sorge trug *p*). Die Schweizer ihres Orts, von
Leipzig aus ſelbſt aufgefodert, Rache zu nehmen *q*),
ſäumten nicht, dem Winke zu folgen. Breitinger
ſchrieb eine kurze Vergleichung ſeiner Dichtkunſt mit
dem Verſuche Gottſcheds *r*) und widerlegte in einem

n) St 24. S. 652.

o) Wie Hottinger im Acroama de Bodmero, p. 34. erzählt, veral Züricher Streitſchr. St. 4. S. 24. In
den Bemühungen St. 4. S. 240 wird geſagt, Schwabe und der Buchdrucker ſelbſt hätten ſich dem Drucke
des eraulorthotiſchen Abſchnittes in Trillers Vorrede
widerſetzt.

p) Züricher Streitſchriften St. 4. S. 25.

q) Daſelbſt S. 28.

r) Daſelbſt S. 30. In die Sammlung ſelbſt iſt dieſe
Flugſchrift nicht aufgenommen.

spottenden Blatte *s*) den Verdacht des genannten
Kunstrichters, als ob man sich in der Schweiz an
Miltons Epopöe vergnüge; und Bodmer, der das
unterdrückte Stück der Trillerischen Vorrede durch
seine Freunde in Leipzig erhielt *t*), versah es mit einer
Einleitung, beißenden Noten und etlichen ebenfalls
beanmerkten Beylagen *v*) und machte seine und sei-
nes Freundes Arbeit im Januar 1741 *x*) bekannt.
Um diese Zeit fiel es Schwaben, Gottscheds treuen
Knappen, ein, die Spöttereyen über den deutschen
Witz, welche sich die Franzosen damahls, wie itzt, er-
laubten, und Mauvillon so eben in einer besondern
Schrift *y*) reichlich ausgegossen hatte, durch Schwarz
auf Weiß zu widerlegen und zu dem Ende in einer
Monatsschrift „allerley, wie er sich ausdrückte, wohl-
gerathene, kleine, flüchtige Stücke, prosaische und

s) Abgedruckt in den Streitschr. St. 2. S. 73.

t) Er selbst gab vor (Streitschr. St. 2. S. 3.), das
Bruchstück sey, um ein Päckchen Taback, den er sich
zur Messe durch einen Kaufmann bestellt habe, geschla-
gen gewesen und ihm so in die Hände gefallen.

v) Sämmtlich zu finden in den Z. Str. St. 2. S. 1—
72. Dort steht auch S. 56. die überreisende Anzeige
der Trillerschen Fabeln, die in den Hamburger Be-
richten von gelehrten Sachen eingerückt wurde.

x) Z. Str. St. 4. S. 30.

y) In seinen Lettres germaniques, von denen man einige
in den Züricher Streitschr. St. 5. S. 1. und folgende
übersetzt findet, vergl. St. 4. S. 139.

poetiſche, gedruckte und ungedruckte, falls ſie nur
deutſch geſchrieben wären, zuſammenzutragen, und
hier dem Ernſte, wie dem Scherze, ja ſelbſt der Ga-
lanterie, ohne Unterſchied, den Zutritt zu öffnen."
So begannen mit dem Julius 1741 die Beluſtigungen des Verſtandes und Witzes, von denen Bodmer z) nicht unwitzig ſagt, "daß ſie zwar die Leſer
hätten beluſtigen ſollen, aber nur die Verfertiger und
Sammler beluſtiget hätten." So wenig die neue Mo-
natsſchrift, ihrer Beſtimmung nach, ein Tummelplatz
des Krieges und der Parteywuth ſeyn ſollte, ſo lag
die Auffoderung doch viel zu nah, um ſich ihrer nicht
zu dieſem Zwecke zu bedienen. Gleich im erſten Stücke
lieferte Gottſched, der ſeine Gegner nun auch mit den
Waffen der Satire zu beſtreiten beſchloß, unter der
Aufſchrift: der deutſche Dichterkrieg; das erſte Buch,
einer komiſchen Epopée in Proſa *), in dem er Bodmern, der hier Merwod heißt, wegen ſeines aben-
teuerlichen und ausſchweifenden Geſchmacks, ver-
höhnte, und in dem zweyten und den beyden folgenden Stücken ſein Schüler, M. Theodor Lebrecht
Pitſchel a), ziemlich ungeſalzene Anmerkungen über

---

z) Züricher Streitſchr. St. 4. S. 146.

*) Das zweyte ſteht im zweyten Bande S. 518. das
dritte im dritten S. 434.

a) Geboren zu Taubenberg im Voigtlande, geſt. den 8.
May 1743 zu Leipzig. In den Beluſtigungen verſteckte

das Ergänzungsstück zur Trillerschen Schutzvorrede.
Gerade das war es, was die Schweizer mit Sehn,
sucht erwartet hatten. Dem Dichterkriege ward so,
gleich, als die Belustigungen sich über den Alpen
blicken ließen, ein Complot der herrschenden Poeten
und Kunstrichter entgegengesetzt *), und die gedachten
Anmerkungen in mehrern auf einander folgenden
Flugblättern, Echo des deutschen Witzes betitelt *b*),
sehr umständlich erörtert und insbesondere die Vor,
würfe der Grobheit und Ungerechtigkeit den Anklä,
gern zurückgegeben. Eine ähnliche Freude bereitete
Gottsched den Schweizern zu Ostern 1742 durch seine
zum dritten Mahl erschienene Dichtkunst und die Be,
sorgung der deutschen Aeneis von Schwarz. Da er
in der erstern nicht nur alles dem deutschen Milton
ehedem gegebene Lob in Tadel verwandelte, sondern
auch im Vorberichte die Vorzüge seines kritischen
Versuchs vor dem Breitingerischen eben so unver,
schämt als lächerlich heraushob, und die letztere, die
durchaus verfehlte Arbeit eines seiner Zöglinge, in

er sich zuweilen hinter den Nahmen M. Tulipe und
M. Steudnik, der zweyte. Man sehe die Gedächtniß,
rede auf ihn in Kästners vermischten Schriften, Th. 1.
S. 63.

*) Es steht in den angeführten Streitschr. St. 4. S. 161.

b) Sie stehen eben daselbst St. 4. S. 21 — 84. und St.
6. S. 1 — 90.

der Perſon des Vorredners, als ein wahres Meiſter-
ſtück anprieß, ſo hatten ſeine Gegner abermahls ge-
wonnenes Spiel. Alle Lacher traten auf Bodmers
Seite, da dieſer, unter dem Nahmen des Conrectors
Wolfgang Erlenbach c), die neue Vorrede zur Dichtkunſt, mit ſatiriſchen Anmerkungen reichlich ausgeſtattet, von neuem ans Licht ſtellte d) und in einem
Schreiben an Zunkel, den Verleger der deutſchen
Aeneis, ihm einen wohlgemeinten Vorſchlag, wie be-
ſagtes Gedicht von dem Gerichte der Maculatur noch
zu retten ſey, mittheilte e).

Bis itzt war von den Sachſen, ungeachtet unter
den Theilnehmern an den Beluſtigungen mehrere
gute Köpfe, von denen nachher die Rede ſeyn wird,
Gottſcheds Schwäche erkannten und ſeinen Stolz
mißbilligten, keiner öffentlich gegen ihn aufgetreten,
ſondern der ganze Streit ausſchließend zwiſchen ihm
und den Schweizern geführt worden: aber von nun
an nahmen ſelbſt ſeine Landsleute Theil und kündig-
ten ihm den Krieg an. Zuerſt erhob ſich mit Ernſt

c) Unter dieſem Nahmen tritt er in ſeinen ſatiriſchen
    Antworten gewöhnlich auf. Breitinger taufte ſich Eſ-
    huger.
d) Sie iſt in die 3. Str. St. 6. S. 93 eingerückt.
e) Daſelbſt St. 8. S. 33. Nicht weniger ironiſch iſt ein
    anderer kleiner Aufſatz: Abenteuer, das ſich mit
    Schwarzens Aeneis in Erlenbachs Schule zugetragen
    hat, eingerückt St. 7. S. 81.

und Nachdruck der bekannte Satiriker Liscov f), der
damahls in Dresden lebte, und erklärte in der Vorrede, mit welcher er die zweite Ausgabe des von
Heinecke g) verdeutschten und in den kritischen Beyträgen b), obwohl keineswegs mit Unrecht, getadelten Longin begleitete, wie er ganz der Meinung sey,
daß Gottsched und seine Bewunderer die Ehre des
deutschen Witzes gar schlecht behaupteten und am
klügsten handeln würden, sich in Zeiten zurückzuziehn
und zu schweigen. Wenn schon der Beyfall eines
Mannes von so gesundem Urtheile und unerschrocke-
ner Denkart, wie Liscov war, den Schweizern kein
geringes Vergnügen bereitete, so wurde diese ihre

f) Mit dem Vornahmen Christoph Friedrich. Weder
  sein Geburts- noch Sterbe-Jahr sind bekannt. Man
  weiß bloß, daß er eine zeitlang in Hamburg lebte und
  von da 1741 als Secretair an den Dresdner Hof kam.
  Man vergleiche über ihn Flögels Geschichte der komischen Litteratur, Th. III. S. 475. und was Meister in
  der Charakteristik Th. II. S. 88 diesem nachgelesen
  hat. Nach einer Nachricht im Freymüthigen v. J.
  1805. St 156. soll er zu Anfang des Jahrhunderts in
  Nieder-Sachsen geboren und 1759 zu Eulenburg im
  Meißnischen gestorben seyn.

g) Die erste erschien 1737, die zweite 1742. Nachrichten
  von dem Leben des Uebersetzers, der 1706 zu Lübeck
  geboren ward und d. 23 Januar 1791 auf seinem Gute
  Altdöbern in der Nieder-Lausitz starb, finden sich in
  Schlichtegrolls Nekrolog vom genannten Jahre, B. I.
  S. 291.

b) Th. V. St. 17. S. 108.

B. 1. St.   D

Freude bald darauf durch einen weit bedeutendern
Angriff auf Gottsched, den Verbesserer und Beherr-
scher der deutschen Bühne, noch um ein großes erhöht. Der theatralische Ruhm des Leipziger Kunstrichters hatte sich bis hieher nicht nur ungeschwächt
erhalten, sondern sogar erweitert. Sein Cato ward
unausgesetzt gespielt und für das Muster der tragischen Behandlung gehalten. Seinem unbändigen
Eifer gegen den Harlekin nachgebend, hatte die Neuberinn ihn im Jahre 1737 durch ein feyerliches Gericht auf dem Theater verurtheilt und, wenigstens
dem Nahmen nach, aus ihrer Gesellschaft ausgestoß-
ßen i). Sein nicht minder heftiges Geschrey wider
die Oper, als eine ungereimte dramatische Aftergat-
tung, das er gar nicht müde ward zu erneuern,
brachte es endlich dahin, daß sie im Jahre 1741 ganz
aufhörte k); und um allen diesen Bemühungen um

i) Chronologie des deutschen Theaters, S. 76.

k) Gottscheds nöthiger Vorrath zur Geschichte der deutschen dramatischen Dichtkunst. Unter dem Jahre 1741
steht folgende charakteristische Stelle: „Opern: Ata-
lanta. Danzig. Hiermit hören die deutschen Opern
gar auf, und zwar an einem Orte, wo sonst niemahls
welche gespielet werden. Da sie in Deutschland keinen
Beyfall mehr finden können, haben sie ihr Heil daselbst
versuchen wollen, aber ohne allen Erfolg. St. Evre-
mond hat es prophezeyht, daß man des beständigen
Singens endlich überdrüßig werden würde. Es ist eine
Ehre für die Deutschen, daß sie diese Weissagung zuerst erfüllt haben.“

die deutsche Bühne den Kranz aufzusetzen, gab er
seit dem Jahre 1740 eine deutsche „nach den Regeln
der alten Griechen und Römer, wie er schreibt, ein
gerichtete" in der That aber eine aus Uebersetzungen
französischer Stücke und aus französelnden deutschen
Originalen bestehende Schaubühne heraus, um durch
sie den guten Geschmack auf immer zu sichern l). Ein
solcher Einfluß in die Angelegenheiten des deutschen
Schauspiels und solche Verdienste um dessen Aufnahme ließen nicht erwarten, daß der erstere so leicht verloren gehen könne, als er auf einmahl, und das von
einer Seite, von wo sich Gottsched des Undanks am
wenigsten vermuthend war, eine starke Erschütterung
erfuhr. Schon im Jahr 1739, in welchem die Neuberinn um die Michaelis-Messe von einem Ausfluge
nach Hamburg wieder in Leipzig eintraf, hatte sie ih-

l) Der zweyte Theil dieses Buches kam früher heraus,
als der erste, wie Gottsched selbst in dem eben angezogenen Vorrathe S. 312 mit folgenden sehr naiven
Worten berichtet: „Der erste Theil dieser Schaubühne kam nicht zuerst heraus, sondern war zur übersetzten Poetik Aristotels und deren Erläuterungen bestimmt.
Allein die ungestüme Begierde der Buchhändler nöthigte mich bald dieses Vorhaben, zu dessen Ausführung ich damahls nicht Muße genug hatte, weil ich
mit der Ausgabe des baylischen Wörterbuches beschäftigt war, fahren zu lassen, und den ersten Band auch
mit lauter Schauspielen angefüllt ans Licht zu stellen."
Der sechste und letzte Theil erschien 1745. Mehrere
Theile sind zweymahl aufgelegt worden.

ren Gönner und Rathgeber dadurch beleidigt, daß
ſie des Hamburger Licentiaten Herrn von Stuben ins
Deutſche überſetzte Alzire der Ueberſetzung der Gott-
ſchedinn, die ohnlängſt fertig geworden war, nicht auf-
opfern wollte und überhaupt ihren beyden Schauſpie-
lern Koch und Suppig mehr Antheil an der Leitung
der Bühne verſtattete, als Gottſched vertragen mochte *m*). Um ſich zu rächen, tadelte er die Neuberinn
itzt eben ſo laut und übertrieben, als er ſie vormahls
erhoben hatte, ſtellte andere Geſellſchaften mit der
ihrigen in eine nachtheilige Vergleichung und reizte
ſo den Zorn einer lebhaften und empfindlichen Frau,
der um ſo gefährlicher war, da dieſe Frau leicht veranlaßt werden konnte, die Waffen ihres Standes gegen ihn zu gebrauchen. Dieß geſchah denn auch wirklich, als ſie im Jahr 1741, aus Petersburg, wo ihre
Hoffnungen durch den Tod der Kaiſerinn Anna und
die Ungnade ihres Gönners, des Herzogs von Biron,
geſcheitert waren, wiederum nach Leipzig zurückkehrte
und Gottſched ihrem Erwerbe durch ſeine Kritiken und
Verkleinerungen Eintrag zu thun drohte. Da er in
der Vorrede zum zweyten Theile der deutſchen Schaubühne auf die ſtrengſte Befolgung des Koſtums der
Griechen und Römer in Stücken, die ihrer Geſchichte
angehörten, gedrungen hatte, ſo ergriff die in der

_____

m) Chronologie des deutſchen Theaters, S. 81.

Beachtung des Ueblichen allerdings etwas nachläſſige und haushälterische Neuberinn dieſe Veranlaſſung, ſeinen pedantiſchen Eigenſinn zu züchtigen, und verwandelte den dritten Aufzug des Cato, den ſie als Nachſpiel zu einer Burleske, das Schlaraffenland, gab, in eine Poſſe, indem ſie nicht nur das Alterthümliche in der Kleidung bis zum Uebertriebenen nachahmte, ſondern auch in der Perſon der Portia und, mit ihr in Verein, alle übrigen Schauſpieler in Ton und Geberde etwas Antikes legte. War Gottſched auf die Neuberinn bisher erzürnt geweſen, ſo wurde er itzt ergrimmt auf ſie. Keine Geſellſchaft ſchien ihm verächtlicher, als die ihrige: ſeine kritiſchen Blätter hallten wieder von ihrem Tadel, und ſeine ganze Abſicht ging dahin, ihr zu ſchaden. Da griff die Neuberinn nochmahls zu den ſceniſchen Waffen, und brachte ihn in einem, von ihr ſelbſt verfertigten, allegoriſch-ſatiriſchen Vorſpiele, der allerkoſtbarſte Schatz betitelt, unter dem Schutze des Grafen Brühl, trotz des ausgewirkten Verboths des Leipziger Rathes, den 18. September und 4. October, in der Perſon des Tadlers, gekleidet in den Sternenmantel der Nacht, eine Sonne von Flittergold auf dem Kopfe, Fledermausflügel an den Schultern, und eine Blendlaterne in der Hand, auf das Theater n). Es bedarf keiner beſondern Erwähnung, wie

n) Daſelbſt S. 94.

ſehr den Herrn und Meiſter der deutſchen Bühne
dieſe in den Jahrbüchern derſelben damahls noch un-
erhörte Beſchimpfung ſchmerzte; dennoch erwartete
ſeiner noch eine härtere und aus jener entſpringende.
Das Andenken an den Streit mit der Neuberinn und
an die deßhalb genommene Rache ſollte nicht bloß in
unſicherer Sage ſich erhalten, ſondern, in Verſen,
und zwar in guten, verewiget, auf die Nachwelt kommen. Johann Chriſtoph Roſt, ein geborner Leipziger, der damahls in Berlin lebte und nachher ſeine
Verſorgung in Dresden fand o), ſchrieb ein epiſches
Gedicht in fünf Geſängen, das Vorſpiel genannt p),
worin er die Geſchichte der zwiſchen dem Kunſtrichter
...

o) Stehe über ihn Schmids Nekrolog, S. 435. und Meiſters Charakteriſtik Th. II. S. 222. Er war geboren
den 7 April 1717 und ſtarb zu Dresden als Ober-
Steuer-Secretair 1765. Seine Schäfererzählungen
werde ich beſſer unten erwähnen.

p) Schmid ſagt (Nekrolog S. 452.), es ſey zuerſt 1741,
Flögel dagegen, (Geſch. d. k. L. Th. III. S. 512.) es
ſey 1742 in 4 erſchienen. Die erſtere Angabe iſt offenbar falſch. Ich ſelbſt habe eine Ausgabe von 1742 ohne Benennung des Druckorts, 44 S. in 8. mit einigen
erläuternden Anmerkungen unter dem Texte, vor mir
liegen. Warum hätte Roſt ſeinen Spaß ein ganzes
Jahr nach dem Vorfalle erſt ins Publicum bringen ſollen? Von den beyden Abdrücken des Gedichts in 4. und
8., welche die Schweizer 1743 in Bern beſorgten, und
von den Zuſätzen aus ihrer eigenen Feder, die ſie dem
letztern beyfügten, reden Schmid und Flögel am ange-
Orte, wiewohl auch nicht ganz übereinſtimmend.

und der Schauspielerinn obwaltenden Feindschaft
von ihrem ersten Entstehen an in drolligen Alexandrinern, erzählte, und Gottscheden durch den lachen-
den Spott weit tiefer verwundete, als Lidcov durch
seine ernsthafte Rüge.

So laut indeß von den einsichtsvollern im Volke
die Unfehlbarkeit des Leipziger Kunstrichters in Anspruch genommen wurde, so viel fehlte gleichwohl,
daß diese Zweifel in ihm und in dem großen Haufen
seiner Anhänger den Geist der Prüfung erweckten und
die Selbstkenntniß beförderten. Alles, was sie wirkten, war, daß sie beunruhigten und erbitterten und,
obgleich allerdings zum Vortheil der guten Sache,
dem Kampfe und der Theilnahme an ihm eine allgemeinere Ausdehnung gaben. Es ist hier der Ort,
die wichtigsten unter denen, die für oder gegen Gottsched und seinen Geschmack die Waffen ergriffen, —
denn er selbst, sey es aus Stolz oder aus Furcht,
mischte sich wenig oder nicht unter die Streiter, sondern erlaubte sich mehr gelegentliche Ausfälle, — der
Zeitfolge nach anzuführen und die Richtung ihres
Angriffes zu bemerken.

Zu der Partey der Gemäßigten gehörte die deutsche Gesellschaft zu Greifswalde, die, wie so manche
andere, damahls blühende, aus der Leipziger ent-

ſproſſen war *q*) und die Achtung, welche man bey
wohlgearteten Töchtern gegen ihre Mütter vorausſetzt,
nicht gern verletzen, aber eben ſo ungern der Wahrheit etwas vergeben wollte. Die kritiſchen Verſuche
zur Aufnahme der deutſchen Sprache, welche einige
Mitglieder der Geſellſchaft zwiſchen den Jahren 1741
und 1746 in funfzehn Stücken geliefert haben, ſind
nicht ohne Verdienſt und enthalten unter andern *r*)
eine Anzeige der Gottſchediſchen Dichtkunſt, die mit
vieler Gewandtheit geſchrieben iſt und die Blößen des
Verfaſſers wie die ſeiner Gegner ſchlau genug auf-
deckt, eine ſcharfe Beurtheilung der Aeneis von
Schwarz *s*), mehrere richtige Aeußerungen über Pietſchens, Trillers und ſeines Schülers Chriſtoph Diet-
richs von Böhlau Gedichte *t*) und manche nicht min-

---

q) Die berühmteſten ſind die Jenaiſche, die unter Johann Andreas Fabricius 1728 ihren Anfang nahm, die
Greifswalder und Göttinger, die beyde 1740, die Königsberger, die 1741, und die Helmſtädter, die 1746
geſtiftet wurde. Mehrere brauchbare Nachweiſungen
über dieſe und ähnliche Verbindungen giebt der eben
genannte Fabricius in ſeiner Hiſtorie der Gelehrſamkeit Th. III. S. 776 u. f.

r) St. 4. S. 413.

s) St. 8. S. 181.

t) Man ſehe St. 7. S. 67 u. f. und St. 9. S. 300, wo
Trillers ſächſiſcher Prinzenraub umſtändlich beurtheilt
wird. In den kritiſchen Beyträgen wurden alle dieſe
Dichter mit großem Lobe überhäuft. Man vergl. St.
25. S. 131. St. 31. S. 535 u. ſ. w.

der wahre Urtheile über die Züricher und ihre Streitſchriften *v*). Das Beſtreben der Verfaſſer, Niemanden ausſchließend zu huldigen, iſt durchaus unverkennbar; aber ſo gar dieſe rühmliche Abſicht verbit-
terten ihnen die Schweizer, die ſogleich, was auf ſie
geſagt wurde, ernſtlich widerlegten und, was Gottſcheden galt, ſorgfältig heraushoben und mit ſpötti-
ſchem Jubel für ſich benußten *x*): denn unparteyiſch
zu ſeyn und eine eigene Meinung zu haben, war damahls ſchon in der gelehrten Welt ein Verbrechen.
Als Herausgeber der Greifswalder Verſuche werden,
außer dem bekannten Profeſſor Meier in Halle, An-
gelius Daniel Aepinus und Herrmann Jakob Laſius,
jener Profeſſor der Beredtſamkeit und Poeſie zu Roſtock und dieſer Rector der Schule zu Greifswalde *y*), genannt.

Bey weitem entſchiedener, aber auch bey weitem
part:yiſcher urtheilten die Verfaſſer der Bemühungen

---

v) Sie ſtehen St. 5. S. 510. und St. 10. S. 403.

x) Man leſe Gottſcheds (vorgebliches) Schreiben an die
deutſche Geſellſchaft in Greifswalde und Petermanns
von Langnau Schreiben an eben dieſelbe in dem 11 St.
der Züricher Streitſchriften.

y) Der erſte, der 1760 Profeſſor der Philoſophie zu Bü-
ßow ward und 1777 als Meklenburgiſcher Canzleyrath
ſtarb, gab in der Folge die Roſtockiſche und Büzowſche
gelehrte Zeitung heraus; der leßte ging als Profeſſor
der griechiſchen Sprache und Rector der Stadtſchule
nach Roſtock.

zur Beförderung der Kritik und des guten Geſchmacks, die zwiſchen den Jahren 1743 und 1747
zu Halle in zwey Bänden oder ſechszehn Stücken erſchienen *). „Die Bemüher, ſagt Breitinger z) ſehr
richtig von ihnen, ſind Herrn Gottſcheds Geſchöpfe.
Sie haben allen ihren poetiſchen Witz und kritiſchen
Verſtand von ihm, und man kann, wenigſtens in dieſer Rückſicht, ihm den Nahmen eines Schöpfers nicht
abſprechen. Er hat ſeinen Geiſt in ſeiner Tiefe,
Breite, Länge und Schwere über ſie ausgegoſſen und
ihnen davon nicht eines Nagels breit oder eines
Grans ſchwer vorenthalten. Daher iſt es faſt unmöglich zu ſagen, ob eine falſche Kritik, oder ein mat-
tes Gedicht, die aus ihrer Bude kommen, ihn oder
einen von ihnen zum Verfaſſer habe.“ In der That

---

*) Für den vorzüglichſten Verfaſſer gilt allgemein Chriſt-
lieb Mylius, geb. 1722 zu Reichenbach in der Ober-
lauſitz und geſt. 1754 zu London, ein guter Kopf und
ſicher kein Menſch von ſchlechtem Charakter, aber ein
Lacher und Kunſtrichter von unſicherm Geſchmacke.
Sein Leben von Käſtner befindet ſich in der Sammlung
der Leipziger Geſellſchaft der freyen Künſte Th. II.
(1755) S. 496. Auch Leſſing, der Herausgeber von
Mylius hinterlaſſenen Schriften (Berlin 1754), hat in
der Vorrede von ſeines Freundes Leben, Charakter
und Schickſalen Nachricht ertheilt. Ein anderer Theilnehmer an den Bemühungen war der nachmahls ſo berühmt gewordene Cramer, deſſen ich noch öfter gedenken werde.

z) In der gleich anzuführenden Beurtheilung der Hallerſchen Muſe S. 143.

unterlaſſen die Genoſſen jener kritiſchen Brüderſchaft
nichts, was der Schweizer Einfluß zu beſchränken
und die Alleinherrſchaft ihres Freundes und Vorbildes zu befeſtigen dienen kann. Gleich in dem erſten
Stücke *a*) biethen ſie den Zürichern offne Fehde und
ihre Kühnheit wächſt mit dem Vorſchreiten ihrer Zeitſchrift. Sie begnügen ſich nicht bloß, dieſe erklärten
Widerſacher Gottſcheds ihren Unwillen empfinden zu
laſſen, und ihre Galle über die Streitſchriften derſelben und vorzüglich über die neue Probe der Ueberſetzung des verlornen Paradieſes auszugießen; auch
Haller, unſtreitig damahls der erſte Dichter der Nation und der ruhigſte und unbefangenſte Zuſchauer
des Kampfes, muß die Schuld, jenſeits der Alpen
geboren zu ſeyn und in vollen Verſen ſtarke Gedanken geſagt zu haben, büßen und ſeine mannigfaltigen
Schönheiten ihrem blinden Unverſtande zur Veranlaſſung vielfachen Spottes und Tadels dienen *b*). Zum
Glück bewährte ſich das Sprüchwort, daß der gute
Erfolg die Verwegenheit kröne, an den Bemühern
nicht. Jakob Immanuel Pyra, Conrector am köl-
niſchen Gymnaſium zu Berlin *c*), ein junger Mann

a) S. 40.

b) Man ſehe die, Leſſings Zeugniſſe zufolge, von Mylius
herrührende Beurtheilung des Gedichtes über den Urſprung des Uebels, St. 1. S. 101 und St. 3. S. 148.

c) Er war 1715 zu Kotbus in der Lauſitz geboren. Von

von dichteriſchen Anlagen und geſundem Urtheile,
ſchrieb, was im Jahre 1743 in der That eine Art
von Wagſtück war, einen Erweis, daß die Gottſchediſche Secte den Geſchmack verderbe d), und zeigte
den Bemühern, daß ihr Ausdruck ſprachunrichtig und
der gegen die Schweizer wie gegen Hallern ausgeſprochene Tadel grundlos und ungerecht ſey. Breitinger gab 1744 zu Zürich eine Vertheidigung der
ſchweizeriſchen Muſe Hallers heraus und wies darin
ſowohl die beſcheidenen Ausſtellungen der Greifswalder Kunſtrichter, als die herben Ausfälle der Hallen-
ſer zurück; und da die letztern ſich e) gegen Pyra ver-
theidigten, oder vielmehr deſſen kritiſche Rüge mit
perſönlichen Angriffen erwiederten, ſo antwortete er
ihnen durch eine Fortſetzung ſeines Erweiſes f), und
veranlaßte dadurch eine, man weiß nicht, ob von
Schwabe oder Dreyer oder mehrern verfaßte Satire,
unter dem Titel: Critiſcher Almanach g), die ebenfalls ihm und ſeinen Freunden den Schweizern galt,

ſeinen Lebensumſtänden ertheilen Nachricht Schmid in
Nekrolog S. 201. und Meiſter in ſeiner Charakteriſtik,
Th. II. S. 130.

d) Hamburg und Leipzig; 82 S. 8.

e) In den Bemühungen St. 4. S. 264.

f) Berlin, 1744. 110 S. 8.

g) Man vergleiche Flögels Geſch. d. komiſchen Litteratur,
Th. III. S. 534 und Schmids Nekrolog, S. 208.

aber ihres Zweckes faſt ganz verfehlte, da der Wiz,
den man wider ihn gebrauchte, nicht ſelten ins Gemeine und Niedrige ausartete, und mehrere Partey-
gänger jener Tage noch überdem unverſchämt oder
boshaft genug waren, laut zu erklären b), daß Py-
ras Tod, der ſich den 14. Julius 1744 ereignete, als
eine Folge ſeines Aergers über die ihm zugefügten
Kränkungen zu betrachten ſey.

In dem ſo eben genannten Jahre ſchloß Gottſched die kritiſchen Beyträge und die Züricher die

b) Das geſchah ſo gar gedruckt in der Standrede up T.
P. Heren Immanuel Pyra, Kanzler von Germanien
on Conrector to Berlin, die S 41. in das volleinge-
ſchankte Tintenfäßl eines allzeit parat ſeyenden Brieff-
Secretary von Viro Blauroeckolio, (man ſehe den ausführlichern, obgleich bey weitem noch nicht vollſtändig
angegebenen Titel in Flögels komiſcher Litteratur Th.
III. S. 535) eingerückt iſt. Auch dieſe Satire, die
1745 auf 104 S. in 8., angeblich zu Kufſtein in Tyrol
erſchien und größtentheils in der Tyroler Mundart
geſchrieben iſt, war zunächſt gegen Bodmern und Breitingern gerichtet. Auch ſie enthält manchen witzigen
Einfall und, wer möchte es läugnen? mehrere zu be-
herzigende Wahrheiten; aber das Ganze iſt und bleibt
die Geburt eines ungeſitteten Poſſenreißers, deſſen
Nahme, zu ſeiner Ehre, bis heute noch nicht mit Gewißheit genannt werden kann. Selbſt die Verfaſſer der
Bemühungen fanden es itt gerathen, öffentlich (St.
16. S. 714.) zu erklären, daß ſie ſich an Pyra remun-
diat hätten, und allen Antheil an den Dintenfäſchen,
den man ihnen zuſchrieb, unter feyerlichen Betheurun-
gen von ſich abzulehnen.

Sammlung ihrer Streitſchriften, nachdem ſie beyde
noch einmahl ihre ganze Bitterkeit, jener zürnend
und dieſe ſpottend, gegen einander erſchöpft hatten i), ohne darum übrigens den wechſelſeitigen Be-
ſehdungen ganz zu entſagen: denn der Leipziger
Kunſtrichter eiferte nicht nur gelegentlich, unter andern in der Zueignungsſchrift vor Neukirchs Gedichten,
die er in dem nähmlichen Jahre herausgab, gar ſehr
ſtark gegen den miltoniſchen Geſchmack k), ſondern
unterließ auch nicht, in dem neuen Bücherſaale, der

---

i) Der ganze letzte Band der kritiſchen Beyträge iſt voll
von nahmentlichen und verſteckten Angriffen auf die
Schweizer; vorzüglich gehören hieher: Gericht über
die Bodmeriſche Ueberſetzung einer Stelle aus Virgils
Aeneis; kritiſche Unterſuchung der Bodmeriſchen Ueberſetzung eines Stückes aus dem Telemach, wie ſel-
bige in dem Charakter der deutſchen Gedichte zu finden iſt; und Briefwechſel von den Breitingeriſchen
Ueberſetzungen einiger Gleichniſſe Homers; — ſämmtlich im letzten Stücke der Beyträge. Gegen Gottſched
und ſeinen Anhang iſt das ganze letzte Stück der Zü-
richeriſchen Streitſchriften, beſonders die Satire
Errukaras oder die Bekehrung, gerichtet.

k) Zur Probe eine Stelle aus dieſer an den Grafen
Gotter in Berlin gerichteten Zueignung. Nachdem
Gottſched von den Veränderungen der deutſchen Preſſe
ſeit Opitz geſprochen und Neukirch als Dichter gerühmt hat, fährt er alſo fort:

    Allein wie ändert ſich der Zeiten ſchlimmer
            Lauf!

    **Es wächſt ein neu Geſchlecht verführter Sän-
          ger auf.**

an die Stelle der Beyträge trat *l*), die Leute seiner Partey zu heben und zu empfehlen, und die Schweizer, ihrer Seits, neckten ihn und die Seinigen, zur Vergeltung, in den Nachrichten von neuen Büchern und andern zur Gelehrtheit gehörigen Sachen *m*), und ließen überdem allerley kleine Flugblätter, die ihn und seine litterarischen Bemühungen verspotteten, in die weite Welt ausgehn *n*). Aber mehr, denn alle

Der Alpen steter Schnee erkältet ihren Busen,

Zum Steg ist ihr Parnaß, und Feyen sind die Musen.

So starr und ungelenk St. Gotthardts Eis je war,

Stellt auch ihr kalter Vers die steifen Bilder dar.

So Sinn als Einfall sind Gespenster des Verstandes;

Sie irren in der Nacht des nie verklärten Landes,

Darin kein Auge sieht, das nicht den Eulen gleicht.

Dem hellen Tag entflieht, und nur ins Dunkle weicht.

l) Er besteht aus zehn Bänden, deren jeder sechs Stücke enthält und dauerte von 1745 bis 1750.

m) Zürich, 17 4—1763 zwanzig Bände in 4.

n) Es sind der Ordnung nach folgende: 1. Vom Natürlichen in Schäfergedichten, wider die Verfasser der Bremischen neuen Beyträge, verfertigt von Nisus, einem Schäfer in den Schladten, einem Dorfe vor Leipzig, besorgt und mit Anmerkungen versehn von

Angriffe von Zürich aus, ſchwächte den Einfluß
Gottſcheds und beſonders das Anſehn ſeiner noch immer geltenden Dichtkunſt, die ruhige Prüfung, welcher Profeſſor Meier in Halle ſie unterwarf. Schon

Hans Görgen, gleichfalls einem Schäfer daſelbſt.
Zürich, 1746. 8. (gegen einige in den Bremiſchen
Beyträgen erſchienene Schäfergedichte.) 2. Beurthei-
lung der Panthea, eines ſo genannten Trauerſpiels,
nebſt einer Vorleſung für die Nachkommen, und einer
Ode auf den Nahmen Gottſched. Zürich, 1746. wie-
derholt Halle 1749. (gegen die im fünften Bande der
Gottſchediſchen Schaubühne befindliche Tragödie dieſes
Nahmens) 3. Popens Duncias, überſetzt und mit
hiſtoriſchen Noten begleitet. Zürich, 1747. (Popens
Satire auf Gottſched angewandt.) Manchen beyläufi-
gen Ausfall auf die Leipziger enthalten auch Bodmers
Critiſche Betrachtungen zur Aufnahme der deutſchen
Schaubühne. Bern, 1743; deſſen Critiſche Briefe.
Zürich, 1746. (vorzügl. Brief 9 u. 10); und Critiſche
Lobgedichte und Elegien, beſorgt von Johann Georg
Schuldheiß. Zürich, 1747. wiederholt 1757. Die
lobpreiſenden Zeilen auf Gottſched, die ich oben S. 29.
angeführt habe, lauteten hier verändert, wie folgt:

Mit ihnen ſeh' ich auch den ſtolzen Gottſched
gehen,

Der doch weit kleiner iſt, und ſchamroth ſcheint
zu ſtehen,

Da er bey denen iſt, die er doch nur entehrt.

Sein wahrer Held Auguſt iſt ſeines Kiels nicht
werth,

Iſt mehr, als alles werth, was Gottſched ſonſt
geſungen.

Nicht weiter iſt es ihm durch Fleiß und Angſt
gelungen.

im Jahr 1735 hatte Alexander Gottlieb Baumgarten
eine lateiniſche, die Gründe des Schönen unterſu-
chende, Abhandlung o), fünf Bogen ſtark, geſchrieben; allein es war dieſer kleinen reichhaltigen
Schrift, von deren Wirkung öfters die Rede ſeyn
wird, ergangen, wie vielen ihres gleichen. Sie hatte
ſich unter der Menge und im Getümmel verloren;
und ſogar die Schweizer geſtanden p), daß ſie ihnen
zuerſt durch eine Anzeige, die 1742 in dem ſechſten
Stücke der Greifswalder kritiſchen Verſuche erſchien
und wahrſcheinlich von Meiern herrührte, näher bekannt geworden ſey. Seit jener Anpreiſung wurde
ſie indeß mehrmahls und unter andern beyläufig von
dem Hamburger Licentiaten Quiſtorp in einen, dem
neuen Bücherſaale q) einverleibten, Aufſatze, aber auf
eine Weiſe erwähnt, aus der klar hervorging, daß
er ſie nicht verſtanden und ihre Abſicht durchaus verkannt hatte. Dieſe falſche Beurtheilung nicht ohne
Rüge hingehen zu laſſen, glaubte Meier ſeinem großen Lehrer und der guten Sache ſchuldig zu ſeyn,
und ſchrieb deshalb 1746 eine Vertheidigung der

---

o) Unter dem Titel: Meditationes philoſophicae de non-
nullis ad poëma pertinentibus. Halae, in 4.

p) In der Vertheidigung der Hallerſchen Muſe S. 5.

q) B. I. S. 433. Die Hauptſtelle ſteht S. 440 u. 449.

8. B. 1. St. E

Baumgartischen Erklärung eines Gedichts r), und
noch in eben dem Jahre eine Untersuchung einiger
Ursachen des verdorbenen Geschmacks der Deutschen,
und ließ 1747 diesen beyden Schriften eine ausführliche Beurtheilung der Gotschedischen Dichtkunst in
sechs Stücken folgen. Jedermann glaubte, Gottsched, der schon in der Vertheidigung mit Nahmen
genannt und nicht zu seinem Vortheile mit Baumgarten verglichen ward, werde die Ausfoderung annehmen, aber Jedermann irrte. Zu klug entweder,
um sich mit einem Gegner, wie Meier, zu messen,
oder bedenkend, daß sein Ruhm durch alle bisher
geführten Streitigkeiten nicht gewonnen, sondern verloren habe, erklärte er auf die erschienene Vertheidigung s), er sey nicht gesonnen, weder auf diese noch
auf ähnliche Herausfoderungen etwas zu erwiedern,
und hielt Wort. Nicht anders, als ob kein Schweizer und kein Meier für ihn lebe, schrieb er seinen
Büchersaal ruhig fort, lobte, ohne auf irgend eine
Gegenerinnerung zu achten, die reimreichen fließenden Dichter und der Deutlichkeit beflissenen Pro-
saisten seiner Schule s), ließ sich und seine Lehrbücher

---

r) Die Greifswalder ließen sie im letzten Stücke ihrer
  kritischen Versuche S. 234 wieder abdrucken.

s) Büchersaal B. II. S. 283.

s) Z. B. Jusi's Erörterungen der vernünftigen Seele,
  Brockes irdisches Vergnügen, Pantkens Uebersetzung

und ſeiner Gat.inn und Schwabens Ueberſetzungen
aus dem Franzöſiſchen von andern lobpreiſen, und
machte den gleichgültigen Zuſchauer, bis eine neue
wichtigere Erſcheinung am Dichterhimmel ihn wieder
auf den Kampfplatz zog. Was dieſer voranging und
ſie gleichſam heraufführte, gehört noch in die Geſchichte des Zeitraums vor 1748.

Gottſcheds Bemühungen zur Beförderung des
guten Geſchmacks hatten bisher nichts als Reimer
hervorgebracht; und wie konnte auch, möchte man
fragen, ſo ein Führer und ſo ein Muſter wahre
Dichter erwecken und bilden? Aber was er ſelbſt
durch eigene Kraft nicht zu bewirken vermochte,
das veranlaßte endlich ſein unermüdeter Eifer
für die Verbeſſerung unſerer Sprache, ſeine lebhaften Ermunterungen zur Ausübung der Poeſie und die
Gelegenheit, welche, nicht ohne ſein Zuthun, Schwabe
in den früher erwähnten Beluſtigungen, die vom
Julius 1741 bis zum Junius 1745 in acht Bänden
erſchienen, angehenden Dichtern zur Ausſtellung ihrer Verſuche eröffnete. Der glückliche Zufall wollte,
daß innerhalb jenes Zeitraums mehrere junge Ge-

der Begebenheiten Neoptolems, Koppe's Verdeutſchung des befreyten Jeruſalems, Müllers Kritik aus
dem Engliſchen des Pope, Overbecks verdeutſchte Hir-
tenlieder Virgils, Seidels und Stöckels Gedichte
und andere.

lehrten von Geiſt und von Sinn fürs Schöne in
Leipzig zuſammentrafen und, wiewohl in ungleichen
Verhältniſſen zu Gottſched ſtehend, ihn dennoch alle
entweder als Lehrer ehrten, oder als Rathgeber ach-
teten. Ihre Nahmen ſind in der Geſchichte unſerer
poetiſchen Litteratur viel zu berühmt geworden, als
daß ſie nicht ſchon hier genannt werden ſollten. Unter den ältern, die ihre akademiſche Laufbahn bereits
geendiget hatten, verdienen vor allen eine Stelle
Gärtner v), der eben ſo warme nachſichtige Freund,
als kalte und unbeſtechliche Kritiker, Rabener x),
dem Deutſchland ſeine erſten lesbaren Satiren ver-
dankte, Gellert y), der auf die geiſtige wie auf die

---

v) Karl Chriſtian Gärtner (ſ. Schlichtegrolls Nekrolog
v. 1791. I. B. S. 29 u. f.) war geboren zu Freyberg
den 12. Nov. 1712, verließ Leipzig, wo er lange
gelebt hatte, ungefähr gegen das Jahr 1745, um eine
Hofmeiſterſtelle in Braunſchweig zu übernehmen, und
ſtarb, als Hofrath und Profeſſor des dortigen Caro-
linums, den 14. Febr. 1791. Er unterſtützte Gottſcheden in der Ueberſetzung des Wörterbuchs von
Bayle und der Werke Rollins.

x) Gottlieb Wilhelm Rabener (ſ. vor dem erſten Theile
ſeiner Werke ſein Leben, von Weiße beſchrieben,)
war geboren den 17. Sept. 1714 zu Wachau unweit
Leipzig, bekleidete bereits 1741 das Amt eines Steuer-
reviſors des Leipziger Kreiſes, und ſtarb den 22. März
1770 als Steuerrath in Dresden.

y) Chriſtian Fürchtegott Gellert (ſ. im zehnten Theile
ſeiner Schriften ſein Leben von Cramer, vergl.
Schmids Nekrolog S. 481,) war geboren 1715 (ſein

ttliche Bildung seiner Nation so ausgezeichnet gewirkt hat, Schmid z), der seinen gebildeten Geschmack späterhin durch mannigfaltige gelehrte Arbeiten bewährte, Kästner a), der, ein seltnes Beyspiel! den Mathematiker mit dem Dichter vereinigte,
und Elias Schlegel b), den der väterliche Wille an

Geburtstag ist nirgends angegeben) zu Haynichen im
Erzgebirge, begleitete 1741, als Aufseher, seiner
Schwester Sohn nach Leipzig, erweiterte bey dieser
Gelegenheit seine eigenen Kenntnisse durch fortgesetz-
tes Studiren, ward 1751 ausserordentlicher Lehrer
der Philosophie auf gedachter Akademie und starb da-
selbst den 13. Dec. 1769. Er übersetzte ebenfalls an
Baylens Wörterbuch.

z) Konrad Arnold Schmid war geboren zu Lüneburg
d. 23. Febr. 1716 und starb als Canonicus und Con-
sistorial=Rath zu Braunschweig den 17. Nov. 1789.
Ein kleines nicht schlechtes Gedicht an die Kunstrich=
ter steht mit seinem Nahmen unterzeichnet in den kritischen Beytrdgen (Th. VIII. St. 30. S. 323), zu
denen er mehreres geliefert haben soll.

a) Abraham Gotthelf Kästner (s. Hennens Lobschrift auf
ihn in den Commentt. Götting. Vol. XV. vergl. Opuscul.
academ. Vol. V. p. 226) war geboren zu Leipzig den
17. Sept. 1719, zog 1746 von da als ordentlicher
Professor der Mathematik und Physik nach Göttingen,
und starb daselbst als Großbrittannischer Hofrath den
20. Jun. 1800. Ueber sein Verhältniß zu Gottsched
hat er sich selbst in dessen Charakter (Vermischte
Schriften Th. II, S. 80) erklärt.

b) Johann Elias Schlegel (s. im fünften Theile seiner
Werke sein Leben von seinem Bruder Joh. Heinrich,
oder den Auszug in Schmids Nekrolog S. 231 und
Meisters Charaktere II. S. 231) war geboren zu Mei-

die ernſte Themis und eigene Neigung an die freund-
lichen Muſen band. Unter den jüngern Theilnehmern, die ihre gelehrten Studien ſo eben begannen oder noch verfolgten, ſind die mit Recht ge-
ſchätzten, Adolph Schlegel c), Cramer d), Ebert e),

ßen d. 28. Jan. 1718, ſtudirte von 1739 bis zu Anfang
des Jahrs 1743 in Leipzig die Rechte, ging von da
als Privatſecretair des ſächſiſchen Geſandten H. von
Spener nach Kopenhagen, und ſtarb, als Profeſſor an
der Ritter = Akademie zu Sorce, den 13. Auguſt 1749.
Gottſched nahm mehrere dramatiſche Stücke von ihm
in ſeine Schaubühne auf; auch hat er zu den kritiſchen Beyträgen und dem Bücherſaale einige Beyträge
geliefert.

c) Johann Adolph Schlegel, des vorigen Bruder, war
zu Meißen 1721 geboren, bezog 1741 die Univerſität
Leipzig und ſtarb als Superintendent und Conſiſtorial-
Rath zu Hannover, den 16. Sept. 1793.

d) Johann Andreas Cramer (ſ. ſein Leben in Fedderſens
Nachrichten vom Leben und Ende gutgeſinnter Menſchen, VI. Sammlung, 1790, fortgeſetzt von Wolfrath,
S. 276 u. f.) war geboren zu Joſtädt bey Annaberg
d. 29. Jan. 1723, bezog etwa im Jahr 1742 die Univerſität, empfing hier 1745 die Magiſter = Würde und
kam in der Folge als Profeſſor der Theologie nach
Kiel, wo er, als Kanzler der Univerſität, d. 12 Jun.
1788 ſtarb. Daß er Antheil an den Bemühungen hatte,
iſt oben erwähnt worden.

e) Johann Arnold Ebert (ſ. vor dem zweyten Theile ſeiner Epiſteln ſein Leben von Eſchenburg) war geboren
zu Hamburg den 8. Febr. 1723, beſuchte um Oſtern 1743
die Univerſität Leipzig, erhielt 1748 die Stelle eines
Lehrers am Carolinum zu Braunſchweig, ward 1753
ordentlicher Profeſſor der Anſtalt und ſtarb daſelbſt, als
Hofrath, d. 18. May 1795.

Gieseke *f*) und Zachariä *g*). Sie alle lieferten, am
häufigsten Rabener, Gellert, Kästner und Zachariä,
Beyträge zu den Belustigungen *h*) und genossen, so

f) Nicolaus Dietrich Gieseke (s. vor seinen poetischen
Werken die Vorrede von Gärtner) war d 2. April 1724
zu Günz in Nieder-Ungarn geboren, bezog 1745 die
Universität Leipzig, kam 1753 als Prediger nach Trau-
benstein im Blankenburgischen und starb, als Superintendent des Fürstenthums Sondershausen, den 23.
Febr. 1765.

g) Just Friedrich Wilhelm Zachariä (s. vor seinen hin-
terlassenen Schriften sein Leben von Eschenburg, vergl.
Schmids Nekrolog S. 656) wurde im Jahr 1726 den
1. May zu Frankenhausen in Thüringen geboren, ging
1743, die Rechte zu studiren, nach Leipzig, übernahm
1748 eine Hofmeisterstelle am Braunschweiger Carolinum und starb, als ordentlicher Professor der Anstalt
und Canonikus des Cyriaksstifts, den 30. Jan. 1777.
Auch ihn ermunterte Gottsched zu poetischen Versuchen und veranlaßte die Bekanntmachung des Renom-
misten, wovon das erste Buch 1744 in den Belustigungen, Th. VI. S. 47, und die übrigen in den folgenden Bänden erschienen.

h) Sie haben ihre Stücke mit ihren Nahmen unterzeichnet und die meisten derselben nachher, verbessert, in
ihre Werke aufgenommen. Von dem ältern Schlegel
finden sich bereits im ersten Bande mehrere Versuche,
von dem jüngern zwey im vierten, die meisten im sechsten. Gärtner und Cramer sollen, nach einer Anzeige in
Schlichtegrolls Nekrolog (s. die Note *v* S. 33), jener
sich mit C** (Belustigungen B. III. S. 352. 512. IV.
79. 318. 325. 430), dieser sich mit C. (I. S. 472. III.
66. III. 327 u. s. w.) aber wahrscheinlich auch (man
sehe III. 420. IV. 190) mit J. A. C. unterschrieben
haben. Conrad Arnold Schmid glaube ich II. 222 und
511 zu finden. Eberts ausgeschriebenen Nahmen führt

unvollkommen auch die erſten Verſuche ausfielen, des
Glücks, ſich dankbare Leſer zu verpflichten.

Um vieles belohnender, als dieſer Genuß, war
jedoch für ſie die engere Verbindung, welche aus der
gemeinſamen Theilnahme an den Beluſtigungen ent-
ſprang und theils die gänzliche Lostrennung von der
Gottſchediſchen Partey, theils die Gründung einer
beſſern Zeitſchrift zur Folge hatte i). Schon mit
dem ſechſten Bande der Beluſtigungen trugen
mehrere Theilnehmer, unzufrieden, daß man ſo
manche ungeſalzene Streitſchrift und ſo viele ſchlechte
Beyträge aufnehme, bey dem Herausgeber darauf
an, die gedachte Zeitſchrift ganz zu ſchließen und bey

ein einziges Stück: der Krieg (VI. S. 71). Gieſeke,
den Kämner in der vorhin erwähnten Abh. zu den Beluſtigern zählt, iſt unter einem Zeichen, das ich nicht
kenne, verborgen. Von Kleiſt, der im J. 1744 ſich
in Leipzig befand, ſtehen drey Stücke in den Beluſtigungen (VII. 3 und VIII, 94, 110), von Hagedorn eine,
aber wie die Schweizer (Züricher Streitſchr. St. 8. S.
22) ſagen, gekaperte Ode, der Weiſe; und von Uz (IV.
S. 490) die berühmte Ode auf den Frühling, deren
ich bald beſonders erwähnen werde. Auch der unver-
ächtliche Nahme eines Zerniß kommt öfters vor. —
Die übrigen Theilnehmer an den Beluſtigungen im
Jahr 1742 kann man, von Pietſchel in Reime gefaßt,
B. II. S. 480 leſen.

i) Die beſten Nachrichten über das Entſtehen dieſer Verbindung ertheilt Cramer im Leben Gellerts (ſ. deſſen
Schriften Th. X., Weiſe im Leben Rabeners (ſ. deſſen
Schriften Th. I. S. 25 u. f.) und der jüngere Cramer
in: Klopſtock; Er und über ihn, Th. I. S. 142.

dem bisherigen Verleger eine neue anzufangen, die
sie, wofern man eine strengere Auswahl treffe und
sich keine Neckereyen erlaube, zu unterstützen ver-
sprachen. Schwabe ließ sich hierzu sehr bereitwillig
finden, und die Mitarbeiter, vorzüglich Rabener,
bothen alle ihre Kräfte auf, um den letzten Band der
Belustigungen mit vorzüglichen Aufsätzen auszustat-
ten, als mittlerweile Gärtner, Cramer und Adolph
Schlegel den Entschluß faßten, eine eigene besondere
Monatsschrift an die Stelle der bisherigen zu setzen
und, um verborgen zu bleiben, einen Buchhändler
in Bremen, der sich ihnen zufällig darboth, zum
Verleger erwählten. Die Gesetze, über deren Befolgung sie bey diesem Unternehmen übereinkamen, waren durchaus musterhaft. Kein neues Mitglied sollte
ohne Bewilligung der andern in den Bund zugelas-
sen, alle sowohl von den eigentlichen Theilnehmern
verfertigte, als auch von Fremden eingesandte Beyträge der Kritik unterworfen und die Aufnahme durch
die Mehrheit der Stimmen entschieden, kein Aufsatz,
um das Urtheil der Leser nicht zu bestechen, mit dem
Nahmen seines Verfassers unterzeichnet, und Gärtnern zwar die nöthige Verabredung mit dem Verleger
und die Besorgung des Drucks ausschließend überlassen, allein als Mitarbeiter kein Vorrecht eingeräumt
werden. Auf diese Bedingungen vereinigt, luden die
eben genannten drey sogleich Rabenern, und nicht

vergebens, zum Beytritte ein und begannen, mit
dem October 1744 die neuen Beyträge zum Vergnügen des Verſtandes und Witzes, ſonſt auch von ihrem Verleger ſchlechtweg die Bremiſchen Beyträge genannt, herauszugeben k). Ihnen ſchloſſen hierauf ſich
von ihren Leipziger Freunden Arnold Schmid, Ebert
und Zachariä, und von den aufgefoderten Auswär-
tigen, Straube in Breslau und Elias Schlegel in
Kopenhagen, an. Auch Gellert, den anfangs Umſtände verhinderten, ſie zu verſtärken, und Spener,
ein junger Dichter, der noch in Leipzig der Welt
durch einen frühen Tod entriſſen ward, geſellten ſich
beym zweyten Bande zu ihnen; und von Hamburg
aus unterſtützte ſie Gieſeke durch thätige Theilnahme,
und Hagedorn, dem ſie ſich ebenfalls eröffnet hatten,
durch lebhaften Beyfall.

„Mich dünkt,“ ſagt ein, wenn auch ſpäter lebender, doch wohl unterrichteter Schriſtſteller l), „ich
wollte die Verfaſſer der Beyträge mahlen, — den
ernſten, ſtreng richtenden Gärtner; Schlegeln, auf-
fahrend, feurig, unwillig zu verbeſſern, und zuletzt

k) Von Mylius findet ſich gleich im erſten Stücke ein
Schreiben phyſikaliſchen Inhalts an den H. v. P., daß
das Feuer keine Materie ſey; aber bey dieſem einen Aufſatze von ihm verblieb es auch, „weil er,“ ſagt Weiße,
„in den gemachten Plan ſich entweder nicht fügen
konnte, oder nicht wollte.“

l) Cramer in Klopſtock S. 144.

doch verbessernd und so reich an guten Aenderungen,
daß man oft nicht wußte, welche zu wählen sey;
Gellerten mit seinem sanftmüthigen Gesichte und immer halb traurigen Tone; Rabeners stets überlau-
fenden scharfen Witz, und die Scene mit Zachariä.
Er glaubte, daß man ihn, als einen jüngern, härter
beurtheile, schickte Gedichte von sich über Hamburg
ein und meinte zu täuschen. Aber Cramer und Gärtner merkten es und behandelten ihn um so weniger
schonend. Es war so eine Menge verschiedener und
doch sehr bestimmter Seelen, eine wahre Gallerie
mannigfaltiger Charaktere.‘‘ Gewiß waren sie das,
allein zum Glück für unsere Poesie eben so sehr
eines Sinnes in der Beförderung des Schönen und
Bekämpfung des herrschenden Geschmacks, als abweichend in der Art, ihre Ansichten zu äußern. Nur
jene Uebereinstimmung in ihren Empfindungen und
Grundsätzen machte es möglich, daß wir heute noch
wahr finden, was Weiße m) schreibt: „Mit den
Bremischen Beyträgen beginnt ein merkwürdiger Zeit-
punkt in unserer Litteratur, weil der Beyfall, mit
dem sie aufgenommen wurden, den Eifer für unsere
Sprache und die Begierde, durch deutsche Schriften
Ruhm zu erwerben, weit allgemeiner machte. Von
dieser Zeit an ist die Anzahl unserer Dichter und Pro-

---

m) In dem angezogenen Leben S. 31.

ſaiſten ungemein gewachſen; und wenn die meiſten
derſelben ſchlecht oder wenigſtens mittelmäßig ſind,
ſo können wir uns damit tröſten, daß ſelbſt das
Streben unfähiger Köpfe nach einem Vorzug, den
ſie nicht erreichen, immer ein Beweis iſt, daß beſſere
Köpfe ihn zuvor wirklich erhalten haben und noch
erhalten werden." *n*).

n) Es iſt vielleicht nicht zwecklos, aus Langens Sammlung gelehrter und freundſchaftlicher Briefe, Halle,
1749. einige charakteriſtiſche Aeußerungen der Schweizer über die Bremiſchen Beyträge anzuführen. Th. I.
S. 115 ſchreibt Bodmer: „Die Verfaſſer der neuen
Beluſtigungen des Verſtandes und Wikes ſind mir noch
unbekannt; der Herr von Hagedorn ſchreibt mir, daß
ſie von Beeiferern der Leipziger Beluſtigungen und
heimlichen Feinden derſelben verfaſſet werden. Ich
dürfte ſchier muthmaßen, daß er ſelbſt einer der Verfaſſer wäre. Der Charlatan des Geſchmacks in ihrem
zweyten Stücke zeigt ganz deutlich, daß ſie den Beluſtigungen nicht gut ſind. Denn wer kennt das Ori-
ginal dieſes Charlatans nicht? Man könnte eine Pa-
rallelhiſtorie von Gottſcheds und der Quackſalber Char-
latanerien mit leichter Mühe verfertigen." S. 143
ſchreibt der nähmliche: „Die Bremiſchen Beyträge
ſticheln oft ſehr offenbar auf Gottſcheden. Zum Exempel in der Vertheidigung der Undankbarkeit. Es iſt
nicht möglich, daß Mylius und Heine an den Bremiſchen Beyträgen Theil haben. Und es iſt viel, daß
Gellert unter den Verfaſſern gelitten iſt. Doch wir
werden von dieſem beſſer urtheilen können, wenn wir
ſeine Fabeln leſen werden, welche auf Oſtern heraus-
kommen ſollen. Es iſt gewiß, daß man ſich in Acht
nehmen muß, dieſe Herren zu loben: ſie mißbrauchen
das Lob gern." Und in einem unſtreitig ſpäter geſchrie-

Aber nicht blos in Leipzig, auch in dem benach-
barten Halle, belebte und stärkte sich in freundschaft-
lichen Kreisen die deutsche Muse. Hier, wo bereits
in den Jahren 1735 und 1736 Lange o) und Pyra,
durch gleiche Liebe für die Dichtkunst beseelt, sich an
einander angeschlossen hatten p), und Baumgarten
und Meier unverdrossen nach dem letzten Grunde des
Schönen forschten, fanden einander zwischen den
Jahren 1739 und 1743 drey junge Männer, Frie-

---

benen Briefe S. 127 heißt es: „Der gute Geschmack
steht doch in Leipzig in guten Händen, da der Herr
Gärtner die neuen Beyträge zum Vergnügen besorgt.
Ich habe Proben der feinsten Moral und Critik von
ihm gesehn. Wir müssen und wollen mit allen Freuden die Leipziger, die Gärtnern gleich sind, gelten
lassen. Gellert hat durch sein Exempel bewiesen, daß
ein Gottschedianer bekehrt werden kann. Seine Fabeln
sind denen in den Belustigungen ganz ungleich. Die
leeren Köpfe in Leipzig sind darum nicht mit ihm zufrieden: aber die Critik desto besser Wir müssen jedermann, der es gut meint und aufrichtig handelt,
Recht wiederfahren lassen."

o) Samuel Gotthold, ein Sohn des berühmten Theolo-
gen Joachim Lange, ward geboren zu Halle 1711 und
starb, als Prediger zu Laublingen und Inspector der
Kirchen und Schulen im Saalkreise, 1781. s. Schmids
Nekrolog S. 792, vergl. Meisters Charakteristik, Th.
II. S. 106.

p) Mehrere ihrer Freundschaft Ehre bringenden Züge
theilt Schmid im Nekrolog S. 204 mit.

drich Wilhelm Gleim q), Johann Peter Uz r) und
Johann Nikolas Götz s), von denen der letztere der
Gottesgelahrheit und die beyden erſten den Rechten
oblagen, und bothen, aufgefodert von ihrem natürlichen Hange zur Poeſie, und angeregt von dem Aufſehen der von der Schweiz ausgehenden Kritik, ſich
freundlich auf dem Wege zum Parnaß die Hand.
Hier auf der Univerſität war es, wo Gleim die
Stücke ſang, die in Berlin 1744 unter der Aufſchrift: Verſuch in ſcherzhaften Liedern, erſchienen t); hier übte ſich Uz in Ueberſetzungen aus

q) Er ward geboren zu Ermsleben d. 2. April 1719, und
starb zu Halberſtadt, als Dohm-Secretair und Canonicus von Walbeck, den 18. Febr. 1803.

r) Er ward geboren zu Anſpach den 3. Oct. 1720 und
starb daſelbſt d. 12. May 1796, als er eben zum wirklichen Preußiſchen geheimen Juſtizrath und Landrichter
ernannt worden war. S. ſein Leben in Schlichtegrolls
Nekrolog von 1796. Th. I. S. 65.

s) Er ward geb. zu Worms d. 9. Jul. 1721 und ſtarb,
als Superintendent der lutheriſchen Kirchen und Schulen des Baden-Durlachiſchen Ober-Amtes Kirchberg
und der Aemter Winterburg und Sprendlingen, den
4. Nov. 1781. S. ſein Leben, von ihm ſelbſt geſchrieben, vor dem erſten Theile ſeiner Gedichte, vergl.
Schmids Nekrolog S. 749, wo man mehrere nicht
unwichtige litterariſche Nachrichten findet.

t) Zuerſt in zwey Theilen, von denen der erſte bereits
1746 (ſ. den neuen Bücherſaal Th. II. S. 570) wieder
aufgelegt ward. Als dritten Theil fügte man ihnen
ſpäterhin die Lieder zu, die 1749 unter dem Druck-

Homer und Pindar und versuchte mehrere Oden, unter andern jene, nach den Regeln der griechischen
Metrik genau abgemessene, auf den Frühling *v*);
hier arbeitete Götz bereits, in Gemeinschaft mit Uz,
an der Verdeutschung der Gedichte des Anakreon und
der Sappho, die 1746 zuerst zu Frankfurt am Mayn
gedruckt wurden *x*). Und warum sollte ich zu dem
hallischen Dichter-Vereine nicht auch den Vertrauten
eines Kleist, Gleim und Meier, den oben erwähnten
Lange, rechnen, der seit 1737 als Prediger zu Laublingen, unweit Halle, lebte, und, nebst seiner den
Musen auch nicht abgeneigten Gattinn *y*), sich neue

erte Amsterdam und Zürich herauskamen, und 1758
zu Leipzig bey Jverſen (Lieder, Fabeln und Romanzen
von F. W. G.) wiederholt wurden.

v) Vergl. die vorhergehende Note *h*.

x) Unter der Aufschrift: die Oden Anakreons in reimlosen Versen, nebst einigen andern (nachgeahmten und
eigenen) Gedichten (des Verfassers). Gottsched hat sie
im Neuen Bücherſaal Th. III. S. 417 angezeigt. Bekanntlich wurden sie zu Karlsruhe 1760 wiederholt und
in der Folge von Ramler so über- und umgearbeitet,
daß sie mit Recht nach seinem Tode als sein Eigenthum (Berlin, bey Sander 1801) ans Licht treten
durften.

y) Anna Dorothea, einer gebornen Snügin, deren Gedichte, unter dem Nahmen Doris, in den bald nachher
anzuführenden Oden Sammlungen stehen. Er verlor
sie im Junius 1764 und vier Monate später auch seinen einzigen Sohn, dem er in seinen Liedern den
Schäfer-Nahmen Hylas gab.

Wege zu bahnen und dem Anhange Gottſcheds entgegen zu wirken ſtrebte? Von ihm gehören noch in
dieſen Abſchnitt ſeiner und ſeines Freundes Pyra,
oder, wie die wahre Aufſchrift lautet, Thyrſis und
Damons freundſchaftliche Lieder, die durch Bodmers
Beſorgung zu Zürich 1745 erſchienen z), und die,
größtentheils reimloſen, obgleich nicht in alten Sylbenmaßen geſchriebenen, horaziſchen Oden a), die
Meier mit einer Vorrede über den Werth der Reime b) 1747 zu Halle herausgab.

Ich glaube die vorzüglichſten Denkmahle der
Dichtkunſt, welche Deutſchland vor dem Jahre 1748

z) Käſtner beurtheilte ſie, gleich nach ihrer Erſcheinung,
in dem Hamburger Correſpondenten vom J 1745. St.
200 ziemlich unglimpflich. Seine Critik erwiederte,
nicht beſcheidener, Lange in einem beſondern Blatte,
Frankf. u. Leipzig, 1746, und deſſen Beantwortung
Mylius in den Bemühungen, Th. II. S. 714. (ſ. Langens freundſchaftliche Briefe, Th. I. S. 126. 162 und
Schmids Nekrolog S. 211) Im Jahr 1749 wurden
dieſe Lieder, und ſehr vermehrt, zu Halle wieder gedruckt. Daß Pyra der deutſche Pindar ſey, wofür ihn
ſeine Freunde ausgaben, wird heute Niemond ohne
Lachen mehr leſen. Das Merkwürdigſte in ſeinen Verſuchen möchte leicht ſeyn, daß er es wagte, die Feſſeln des damahls für unentbehrlich geltenden Reims
abzuſtreifen.

a) Die meiſten ſind in einem den ſapphiſchen ähnelnden
abgefaßt.

b) Oder vielmehr über deren Entbehrlichkeit.

erhielt, genannt zu haben, wenn ich noch bemerke,
daß Gellert seine zerstreuten Fabeln sammelte und den
ersten Theil 1746 herausgab c), und Elias Schlegel,
der in Kopenhagen lebte, einige seiner gelungenen
dramatischen Arbeiten 1747 in eine Sammlung, unter dem Titel: Theatralische Werke d), vereinigte.
Aber ich hätte diese Angaben zwecklos zusammenge-
tragen, wenn ich keine weitere Anwendung von ihnen
machte und sie nicht zur Feststellung allgemeiner Ansichten benutzte. Vier Fragen, denke ich, sind es,
in welche sich alles, was für den philosophischen
Beobachter der Fortschritte unser poetischen Litteratur in der eben angegebenen Periode wichtig ist, füglich zusammenfassen läßt. Worüber ward zwischen
den Leipzigern und Schweizern gestritten? Brachte
die Fehde einigen Gewinn, und welches war er?
Wie hat, abhängig oder unabhängig von ihr, unsere
Poesie sich in einzelnen Theilen ausgebildet? Und
was mangelte ihr noch im Ganzen zu ihrer Ausbildung?

c) Der zweyte folgte 1748 nach.

d) Sie enthalten Canut, den Geheimnißvollen, die Trojanerinnen, Sophokles Elektra, die stumme Schönheit
und die lange Weile. In der Sammlung seiner sämmtlichen Werke, die sein Bruder Johann Heinrich zwischen 1761 und 1770 in fünf Bänden zu Kopenhagen
und Leipzig besorgte, nehmen die dramatischen Arbeiten die beyden ersten ein.

Wenn man die ersten kritischen Aussprüche, die Bodmer und Gottscheb in Sachen des Geschmacks äußerten, mit einander vergleicht, so sieht man bald, daß sie beyde von einerley Gesichtspunkte ausgingen und das nähmliche Ziel verfolgten. Beyde erhuben sich gegen die Anhänger Hofmannswaldau's und Lohenstein's; beyde tabelten den ins Schwülstige, Spielende und Abenteuerliche ausgearteten Geschmack ihres Zeitalters; beyde empfahlen Opißen und seine Nachfolger als die reinern Quellen und edlern Muster des Schönen. Aber worüber sie sich frühzeitig entzweyten und je länger je mehr von einander trennten, das betraf die Frage: was denn nun eigentlich wahre Poesie sey, und bis zu welcher Höhe sich der deutsche Dichter erheben müsse, um den Nahmen des Dichters zu verdienen, und sich erheben dürfe, ohne deshalb in den Vorwurf des Unnatürlichen, Ueberspannten und Ausschweifenden zu verfallen? Es ist wohl kein Zweifel, daß Bodmer wenigstens dunkel erkannte, woran es unserer poetischen Sprache fehle, wenn er auch selbst nicht Dichter genug war, um durch eigene Versuche vorzuleuchten und ihr die Kraft und Fülle, deren sie bedurfte, zu geben. Sein inniges Anschmiegen an den hohen Genius Miltons, sein unablässiges Ringen, die kühnen Bilder und großen Gedanken des Engländers ungeschwächt im Deutschen wiederzugeben, seine treue Anhänglich-

keit an die erhabene Muse Hallers, sein unbestech-
licher Eifer gegen die nervenlose Poesie Gottscheds
und seines Gefolges, und (wie ich glaube mit
Recht hinzusetzen zu können) die Enthaltsamkeit, die
er als Dichter bewies, und die sicher in nichts anderm ihren Grund hatte, als in dem gefühlten Un-
vermögen, das ihm vorschwebende Ideal zu erreichen,
— alles das zeigt unwidersprechlich, daß er richtig
empfand, wie der deutschen Dichtkunst aufgeholfen
werden und was der Mann leisten müsse, der sich zu
ihrem Verbesserer aufwerfe. Gottsched, weit entfernt, das erstere auch nur von weitem zu ahnden,
nährte die Einbildung, der letztere zu seyn, und
machte eben dadurch den Abstand zwischen ihm und
den Schweizern auf eine recht auffallende Weise be-
merklich. Die Zeiten sind vorüber, wo es für ein
Verbrechen galt, etwas Lobenswerthes an ihm zu
finden, oder seinen Nahmen mit Billigung zu nennen. Nicht nur dadurch erwarb sich Gottsched ein
Verdienst um Deutschland, daß er in einer Periode,
wo galante Leute, wie Kästner sagt e), ein Deutsch
schrieben, dessen Hälfte französisch war, sich dieser
Mengerey kräftig entgegen setzte und die Schriftstel-
lerwelt zur Besinnung brachte, — die Sprache selbst
hat offenbar durch seine und seiner Freunde Bemü-

e) In den Betrachtungen über Gottscheds Charaktere.
S. Kästners vermischte Schriften, Th. II. S. 77.

hungen einen größern Reichthum von Wendungen,
mehr Beſtimmtheit, höhern Wohlklang und zierlichere
Formen erhalten und in ſo fern auch der poetiſche
Ausdruck gewonnen. Aber wodurch er auf der andern
Seite eben ſo nachtheilig wieder wirkte und, wenn
die Geiſter ſich beherrſchen oder in ihrem Fluge aufhalten ließen, der Ausbildung und Vervollkommnung
unſrer Dichtkunſt einen bleibenden Schaden zugefügt
haben würde, das war ſeine ſteife Beharrlichkeit bey
einmahl angenommenen Grundſätzen, ſein entſchiedener Widerwille gegen alle Verſuche, die Sprache küh-
ner, edler, bildlicher, in ihren Bewegungen freyer
und in ihren Zuſammenſetzungen mannigfaltiger zu
machen, ſein Ueberſehen des innern Dichtergehaltes
über der äußern Gedichtform, und die aus dieſem
allem entſpringende Ueberredung, die deutſche Poeſie
ſey auf der Vollkommenhet höchſten Gipfel gebracht,
weil man glätter ſchreibe und reiner reime, als Opitz,
und ſonach nichts weiter übrig, als auf dem geeb-
neten Pfade fortzugehn, die einmahl herkömmlichen
und von ihm in ſeiner Poetik gebilligten Dichtungsarten zu bereichern.   Dieſe verkehrten Anſichten waren es ganz eigentlich, gegen welche die Schweizer
eiferten und ihre beſſern geltend zu machen ſuchten.
Sie beſchuldigten ihn der Nüchternheit und einer völ-
ligen unkünſtleriſchen Gemüths-Stimmung, er ſie
der Ueberſpannung und einer ausſchweifenden Phan

taſte. Sie behaupteten, daß er ſeichte kraftloſe Rei-
merey für Poeſie gebe, und er, daß ſie dem lohenſteiniſchen Schwulſte das Wort redten.   Sie be-
lächelten ſeine Nachahmung der Franzoſen, und er
bemitleidete ihre Verehrung für Milton. Sie fanden
in ihm, dem Kunſtrichter, einen gedankenleeren Nach-
bether, und er in ihnen dunkle unverſtändliche Kunſt-
jünger.   Ihnen eckelte vor ſeinem zierlichen wohl ge-
regelten Deutſch, und ihm verwundete ihre rauh
ſchweizeriſche Bergſprache die Ohren.

Unter allen Vorwürfen, welche den Schweizern
gemacht wurden, wiederholte Gottſched und ſein Anhang keinen ſo oft und ſo nachdrücklich, als den letztern, und wiewohl die Angeklagten ſich das Anſehn
gaben, ihn nicht zu beachten, ſo zeigte doch die Sorgfalt, mit der ſie an ihrem Ausdrucke feilten und beſ-
ſerten und ſeine Ungeſchmeidigkeit und Härte zu mil-
dern ſuchten, daß ſie die Richtigkeit des Tadels fühlten und eingeſtanden.   Aber für dieſes de-
müthigende Bekenntniß, das ihnen die Wahrheit ab-
nöthigte, rächten ſie ſich deſto empfindlicher durch die
umſtändliche und ſcharfe Vertheidigung aller der Redensarten und Wendungen, die man in ihren und
der Ihrigen Schriften mit Unrecht aufgriff und als
lohenſteiniſchen Unſinn zu brandmarken ſuchte, und
gewiß ſind es gerade dieſe beſtimmten und ins Ein-

zeln gehenden Rechtfertigungen, durch welche ſie der
guten Sache am meiſten, wenigſtens mehr nutzten,
als durch die Rüge aller der Ungereimtheiten und
Folgewidrigkeiten, die ſie Gottſcheden und ſeiner Partey nachwieſen. Wir wundern uns heute freylich
gar ſehr, daß Hallern f) der Vorwurf gemacht wer-
ben konnte, er liebe den Gebrauch der Scheinwörter;
oder ſolcher Wörter und Redensarten, die etwas zu
ſagen ſchienen und nichts ſagten, und unſer Erſtau-
nen vermehrt ſich nicht wenig, wenn wir in einer
Würdigung ſeines Gedichts vom Urſprunge des Uebels g) leſen: „Die Nachahmung der hallerſchen
Schreibart fängt allmählig an, ſich in das Reich des
guten Geſchmacks einzuſchleichen. Wir wünſchen aus
wahrer Liebe zur Deutlichkeit, Anmuth und Schönheit im poetiſchen Ausbrucke, daß dieſe Seuche ſich
nicht weiter in Deutſchland verbreite und mehrere
Freunde der Dichtkunſt ergreife. So viel an uns iſt,
wollen wir alles anwenden, um dieſem Uebel durch
eine vernünftige Beurtheilung halleriſch - myſtiſcher
Gedichte zuvorzukommen“ †). Allein dieſe Anſichten

f) Von den Greifswaldern. Man ſehe ihre kritiſchen
    Verſuche, St. 2. S. 130.

g) In den Halliſchen Bemühungen, St. 1. S. 103.

†) Hier iſt noch eine Stelle aus denſelben Bemühungen,
    die am beſten zeigt, wie Gottſched und ſein Anhang im
    Allgemeinen von Hallern dachte. „Was dieſen Dich-

waren in jenen Tagen in der That die Ansichten einer
großen und einflußreichen Partey, und der Kampf
gegen diese eben so nothwendig als verdienstlich.
Man befrage die früher erwähnte Rechtfertigung der
Schweizerischen Muse Hallers von Breitinger, eine
Schrift, die für die Stellvertreterinn einer Menge
anderer von ähnlichem Inhalte gelten kann, und
man wird sich ohne Mühe überzeugen, wie wichtig
die dort in Anregung gebrachten Streitpunkte *h*) und
die Entscheidung derselben zum Vortheil der Schweizer für unsere Sprache geworden ist. Ob in ihr
Dichter je einen kühnen Flug wagen, oder Reimer
immerwährend am Boden kriechen, ob sie das Gepräge des Körnichten, Edeln, Gedankenreichen, das
ihr so wohl ansteht, erhalten, oder für ewig darauf
Verzicht thun; ob sie bloß ein poetisches Aeußere ge-

ter betrifft,'' heißt es Th. I. S. 238. ,,so kommt man
mit den Schweizern darin überein, daß er ein Poet
ist, welcher viel Engländer gelesen und sich aus denselben eine Art, seine Gedanken zu ordnen, angewöhnt
hat, die der englischen Nation vollkommen eigen ist;
und da er sich gar keiner Schönheit und Richtigkeit
der Schreibart befleißigt, so sind seine Gedichte in der
That voll von einem gewissen ausländisch Erhabenen,
welches die Ohren unaufhörlich verletzt und sehr oft
in nichts bestehet, als in der Dunkelheit englisch-
barbarischer und schweizerisch-solöcismischer Ausdrücke.''

h) Einige sind in den Nachträgen Th. I. S. 138. erwähnt.

winnen, oder ihr Inneres ſich dichteriſch geſtalten
ſollte, — dieſe Aufgaben haben die Schweizer, wenn
nicht als ausübende Künſtler, doch als prüfende
Wahrheit ſuchende Forſcher, ernſtlich mit löſen helfen und ſich ſo gegründeten Anſpruch auf die Dank-
barkeit der Nachwelt erworben. Es iſt nicht ſtolzes
ruhmrediges Selbſtgefühl, ſondern aus dem Drange
der Umſtände hervorgehende Ueberzeugung, wenn
Breitinger in ſeiner Schutzſchrift i) für Haller ſagt:
„Man kann es dermahlen der Wahrheit nicht füglich
überlaſſen, den Irrthum durch die Stärke ihres eigenen Lichts zu beſiegen. Sie hat zwar eine unüber-
windliche Gewalt über die Menſchen, wenn ſie von
ihnen erkannt wird: aber der Irrthum weiß ſich ſo
geſchickt in ihre Geſtalt zu verwandeln, daß man ihn
leicht für die Wahrheit anſieht und ehret. Ueberdem
begünſtigt die Kurzſichtigkeit der Leute dieſe Täuſchung nur zu ſehr. Daher muß man ihm die Larve
von dem Geſichte reißen und ihn in ſeiner eigenen
Farbe zeigen, damit er Abſcheu erwecke, — eine Abſicht, die ſich ohne Mühe und Kampf nicht erreichen
läßt.‟

Aber nicht bloß der Rechte über die Sprache,
die Gottſched dem Dichter verkümmern und ängſtlich
beſchränken wollte, nahmen ſich die Schweizer mit

i) S. 132.

Eifer an; auch das Gebieth der Dichtung, das er
zu schmälern gedachte, bewahrten sie vor seinen ge-
waltsamen Eingriffen. Wie so ganz Gottsched, wenn
es die Beurtheilung poetischer Erfindungen und die
Zusammensetzung einer epischen Fabel galt, das gefällige Echo französischer Kunstrichter war, davon
liefert, der kritischen Beyträge nicht zu erwähnen,
schon allein seine Dichtkunst Beyspiele genug k).
Ariost's Dichtungen sind ihm „die Träume eines
Kranken, denen alle Ordnung und Wahrscheinlichkeit
abgeht.“ Tasso trägt „eine so große Liebe zu Teufe-
leyen, daß er die Messe und Litaney mit Beschwö-
rungs- und Zauber-Formeln, den Himmel mit der
Hölle und das Christenthum mit dem Heidenthum
und Mahomeds Aberglauben auf eine recht wider-
wärtige Weise paart.“ Und vollends Milton, der
Liebling der Schweizer! Sein Pandämonium, seine
sich zu Zwergen verkleinernde Teufel, die aus Sata-
nas geborne Sünde und der mit ihr erzeugte Tod,
der Wechsel des Tags und der Nacht vor Erschaf-
fung der Welt, die Karthaunen zur Vernichtung der
Engel, — man begreift leicht, wie streng es ein so
gestimmter Kunstrichter, wie Gottsched, mit allen diesen Schöpfungen der Phantasie Miltons nehmen

---

k) Man lese das Capitel von der Wahrscheinlichkeit in
der Poesie, vorzüglich, was S. 203 u. f. gesagt ist.

mußte, und daß ſie ihm nichts anders ſeyn konnten,
als „Poſſen, Lächerlichkeiten ohne Gleichen, Thorheiten, die höchſtens ein Arioſt ſich erlauben dürfe.‟
Schwerlich iſt Jemand, der Bodmers Abhandlung
über das Wunderbare itzt noch mit Befriedigung aus
der Hand legen, oder nicht vieles von dem, was er
unmittelbar gegen Magny und Voltaire, und mittelbar gegen Gottſched ſelber erinnert, belächeln ſollte.
Es iſt klar genug, daß der Schweizer Kunſtrichter,
indem er in allem Recht zu behalten und jeden Flek-
ken von ſeinem Urbilde hinwegzutilgen ſucht, nicht
ſelten des Ziels verfehlt und ſich manche gefährliche
Blöße giebt. Oder wollen wir ihm auf ſein Wort
glauben, daß die zu Pygmäen ſich verkrüppelnden
Teufel darum nichts Lächerliches an ſich tragen,
„weil ihr reines Weſen zart und ungemengt ſey,‟
und die bis ins Kleinliche ausgemahlte Verfertigung
des Pulvers durch die Hände der böſen Engel nicht
auffallen und für eine mit ihrem Stande und der
epiſchen Würde unverträgliche Dichtung gehalten werden könne, „weil ſich Milton die abgefallenen Geiſter
als die Erfinder des Pulvers, die Menſchen hingegen
als die Nachahmer dieſer Erfindung denke l)?‟ Nein,
die Schwäche ſolcher Gründe und Einreden würdigt
ſich ſelbſt und ſpricht ſich ohne weitere Bemerkungen

---

l) So lieſt man ausdrücklich S. 101 und 71.

vollständig aus. Allein wenn Bodmer seine Gegner
auch im Einzelnen nicht immer mit Glück widerlegt hat, so ist sein Versuch, überhaupt genommen,
doch keinesweges ohne Nutzen für unsere Dichtkunst
gewesen. Abgerechnet, daß seine Abhandlung so manche, insbesondere für jene Zeiten, neue und lehrreiche
Bemerkung über den Zweck und die Gränzen des
Wunderbaren und das Wesen der biblischen Epopöe
enthält, so kommt ihr noch außerdem ein zwiefaches
Verdienst zu. Sie hat erstlich dem Werke eines trefflichen Genius, der vor vielen andern werth und geschickt war, den deutschen Genius zu wecken, und
gleichwohl in Gefahr schwebte, verkannt und als ab-
geschmackt verschrieen zu werden, eine günstige Aufnahme bereitet, und sie hat zweytens durch die ihm
erwiesene Gerechtigkeit die Schranken durchbrechen
helfen, in welchen eine engherzige Kritik das Epos
einzuzwängen gedachte, wie sie bereits das spät erst
durch Shakespear befreyte Drama eingeengt hatte.

Zu gleichem Zwecke wirkte dann auch unstreitig die
kritische Dichtkunst Breitingers. Ich will hier nicht
wiederholen, was ich früher schon im Allgemeinen zum
Lobe dieses Werkes, in Vergleichung mit dem Versuche Gottscheds, gesagt habe; ich will hier bloß
Einiges in Beziehung auf die Richtung, die es der
Poesie gab, bemerken. Liscov hat diese, meines Be-

dünkens, ſehr richtig gewürdigt, wenn er von den
Beluſtigern, den geſchwornen Feinden der Schweize-
riſchen Kunſtrichter m), ſchreibt: „Nach der Meinung dieſer Herrn, iſt Breitinger nichts gegen Gottſched. Man darf ſich darüber nicht wundern: denn
ihren Gottſched verſtehen ſie. Sie können ihn leſen,
ohne dabey zu denken. Seine Regeln ſind leicht und
die Beyſpiele, die er giebt, von der Art, daß auch
der ärgſte Stümper nicht verzagen darf. Breitinger
hingegen iſt ihnen zu hoch. Wenn ſie ihn leſen, ſo
müſſen ſie nachdenken, und wenn ſie nachgedacht haben, ſo machen ſie doch keine andere Entdeckung, als
die traurige, daß ſie und ſo gar ihr Meiſter nimmer
Poeten geweſen ſind, noch werden können.‟ Gewiß
gehört es unter die Vorzüge der Dichtkunſt Breitingers, daß ſie, eben, weil die Erforſchung des Weſens
der Poeſie ihre Abſicht war, der mechaniſchen Ge-
dichtklitterung und Versmacherey, der Gottſched
durch Lehre und Beyſpiel ſo trefflichen Vorſchub that,
kräftig entgegenſtrebte und die Blöße, die er und die
von ihm genckten Jünger ſich gaben, aufdecken half.
Mehrere Nahmen, die bisher in dem Kreiſe der Dichter geprangt hatten, wichen auf einmahl in den Zirkel der Dichterlinge zurück; manche Anſichten, die
ſein Vorgänger nach allen ihren Verhältniſſen be-

m) In der Vorrede zu Heineckens verdeutſchtem Longin.

stimmt und aufgenommen zu haben meinte, erschienen, unter neue Gesichtspunkte gestellt, durchaus verändert; und eine Menge von Vorschriften, durch
welche jener den ausübenden Künstler, wie ein leiten-
der Stern, vorzuleuchten sich schmeichelte, wurde als
untauglich zu diesem Zwecke befunden. Mit einem
Worte, was Gottsched für eine leichte und erlernba-
re Kunst ansah, betrachtete Breitinger als ein ern-
stes mühsames Geschäfte; was jener durch etliche
oberflächliche Bemerkungen über die allgemeinsten Er-
fordernisse eines Gedichtes und durch die Feststellung
der äußern Formen für jede Gattung begründen
wollte, schien diesem allein durch tiefer eingehende
Untersuchungen über die Natur des poetischen Stoffes und dessen Behandlung vermittelst der Sprache
möglich; was der erste endlich ohne Bedenken jedem
Reimer zugestand, den Sitz auf dem Helikon, das
wagte der letztere nur wenigen, und auch diesen nicht
ohne Furcht, einzuräumen.

Forschen wir, was der Streit über die ersten
Versuche, die Kritik des Schönen auf Grundsätze zurückzuführen, für Einfluß auf unsere Dichtkunst gehabt habe, so wird sicher kein Unparteyischer in Ab-
rede seyn, daß er hauptsächlich dahin wirkte, den
Geist zu befreyen und dem Streben nach poetischer
Ausbildung eine bessere Richtung zu geben. Aber

ſich von Feſſeln befreyen heißt noch nicht ſich entwik-
keln, und nach einem höheren Ziele ringen, noch nicht
es erringen. Beydes geſchah höchſtens in einer oder
in zwey Gattungen der Poeſie, und ſelbſt von ihnen
kann man nicht mehr rühmen, als daß hier das Wehen des aufgeregten Genius ſtärker verſpürt und eine
höhere Kraft g e a h n d e t werde. Beſtimmen wir,
wo und in wie fern dieß der Fall iſt.

"Von Heldengedichten, ſchrieb Gottſched im
Jahr 1741 *n*), haben wir nicht nur unter den Alten
den Theuerdank und Froſchmäusler, ſondern auch
Hohenbergs Habsburgiſchen Ottobert *o*) und geraub-
te (unvergnügte) Proſerpina *p*) und Poſtels ſächſiſchen Wittekind. Sind dieſe auch nicht ſo gut, wie
Homer, Virgil und Voltaire, (und in der That die
Fabeln an ſich oder die Gedichte ſelbſt ſind beſſer gerathen, als die rauhen garſtigen Verſe,) ſo ſind ſie
doch nicht ſchlechter, als das, was Marino, Arioſt,
Chapelain, St. Amand und Milton in dieſer Gattung geliefert haben. Man muß ſich nur über die
ſklaviſche Hochachtung des Ausländiſchen, die uns

n) Kritiſche Dichtkunſt S. 87. vergl'. S. 684.

o) Eine umſtändliche Nachricht von dieſem reetiſchen
  Verſuche geben die Kritiſchen Beyträge Th. II.
  S. 541.

p) Sie erſchien nach Koch (Compendium der deutſchen
  Litteratur-Geſchichte, S. 112.) zu Regensburg 1661.

Deutschen bisher mehr geschadet, als genutzt hat, erheben." Und bald nachher fährt er fort: „In
Trauerspielen haben wir den Ausländern nicht nur
den Gryphius, Hallmann und Lohenstein, sondern
auch sehr viel andere neuere Dichter entgegenzusetzen,
die sich seit 1729 hervorgethan haben, und im Be-
griff stehn hervorzutreten. Thun es diese einem Corneille und Racine noch nicht in allem gleich, so haben sie auch viele von den Fehlern dieser beyden Franzosen nicht an sich, und können es doch theils mit
den neuern Franzosen, theils sowohl mit den Welschen als Engländern aufnehmen, deren Schaubühne
in großer Verwirrung ist. In der Komödie haben
wir nicht nur Dedekinds, Gryphius, Riemers und
Weisens, sondern eine große Menge anderer Stücke
in den Händen, die seit zwey hundert Jahren bey
uns gedruckt worden sind. Halten diese keine Vergleichung mit den Lustspielen des Moliere und Des-
touches aus, so dürfen wir dennoch weder den Welschen noch den Engländern im geringsten weichen, es
wäre denn in der Liebe unsers Vaterlandes, worin
es uns jene unstreitig zuvorthun. Doch zeigen sich
auch hier schon einige muntere Köpfe, die durch
glückliche Proben uns Hoffnung machen, daß wir den
Franzosen nicht lange mehr den Vorzug werden zu-
gestehen dürfen." Aeußerungen der Art sind für
die thörichte Vaterlandsliebe des Schreibenden, wie

für ſeine und ſeiner Gilde poetiſchen Geſchmack, viel
zu merkwürdig, um nicht im Vorübergehn an ſie zu
erinnern, aber auch zugleich der ſprechendſte Beweis,
wie ſchlecht es damahls noch um die Erweiterung
unſerer epiſchen und ſceniſchen Poeſie ſtand, da ſogar
der Eiferer für Deutſchlands Dichterruhm ſich auf
nichts Beſſeres zu berufen wußte. In der That regte
ſich vor dem Jahre 1748 der epiſche Geiſt in der Nation ſo durchaus nicht, daß man nicht einmahl einen
denkwürdigen Verſuch, geſchweige denn ein Meiſter-
werk nennen kann. Die einzigen Heldengedichte, aber
von ſcherzhaftem Inhalte, die allenfalls einer Erwähnung verdienen, ſind der Renommiſt und die Verwandlungen von Zachariä q); und wie weit ſtehen
gleichwohl auch dieſe hinter den ſpätern Arbeiten des
nähmlichen Dichters zurück? Dieſelbe Bewandniß
hat es mit unſerm Drama. Es iſt nicht ſchwer zu
errathen, wen Gottſched unter den vielen andern
neuen Tragikern, welche die Ausländer aufwägen ſollen, verſteht. Er meint zuerſt ſich ſelbſt, den Verfaſſer des Kato und Ueberſetzer der Iphigenia und
anderer franzöſiſchen Stücke, und ſodann alle die
geiſtloſen Schöpfer eigener und mattherzigen Doll-
metſcher fremder Dramen, die ſeine bändereiche deutſche Schaubühne füllen. Aber ſo meinten damahls

q) Jener wurde durch die Beluſtigungen, dieſe durch die
Bremiſchen Beyträge bekannt gemacht.

schon und konnten die einsichtsvollern unter seinen
Zeitgenossen nicht meinen. Wenn irgend ein Dichter
jener Tage sich rühmen darf, die Aufnahme der deutschen Bühne gefördert zu haben, so ist es unstreitig
Elias Schlegel. Bey allen Unvollkommenheiten, welche eine nicht überschätzende Kritik, auch in seinen
bessern Stücken, dem Kanut, den Trojanerinnen, und
dem Herrmann, anerkennen muß, offenbart sich dennoch überall der günstige Einfluß, den die Griechen,
mit denen er sich frühzeitig befreundete, auf ihn hatten. Seine Pläne sind gerade nicht auf die Hervorbringung einer theatralischen Wirkung berechnet, aber
einfach und in einander greifend; seinen Charakteren
und den Verhältnissen, in die er sie versetzt, fehlt
das Große und Leidenschaftliche, welches die Erwartung spannt und die Einbildung aufregt, aber die erstern sind gut gehalten und die andern natürlich herbey geführt; seine Sprache ermangelt noch des nöthigen Feuers und der tragischen Kraft, und erinnert
zuweilen durch die abgemessenen Gegensätze und die
gehäuften Sittensprüche an Euripides schlimme Manier, aber sie ist durchgängig wahr, ungezwungen
und edel; sein Vers endlich fließt nicht bloß rein,
sondern leicht und zierlich dahin. Eben so wenig
mißlang ihm das Lustspiel, selbst da nicht, als er
noch den Gebrauch der Reime, den er als Theoreti-

ker vertheidigt hatte r), praktiſch geltend und allgemein zu machen verſuchte. Seine ſtumme Schönheit
erklärte Leſſing s) noch im Jahre 1767 für das beſte
deutſche Luſtſpiel in Verſen, und dem Triumphe der
guten Frauen, der bekanntlich in Proſa geſchrieben
iſt, geſtand Mendelsſohn t) Leben, echten Witz und
den Ton der feinen Welt zu *).

Etwas höher dürfen wir ſchon den Gewinnſt unſerer Sprache in dieſem Zeitraume anſchlagen, wenn

r) Man ſehe ſein Schreiben über die Komödie in Verſen, gegen Straube, der ſie verwarf, zuerſt gedruckt in
den kritiſchen Beyträgen Th. VI. St. 24. S. 624 und
wiederholt in ſeinen Werken Th. III. S. 65.

s) Dramaturgie Th. I. S. 103.

t) In den Litteratur-Briefen, Th. 21. S. 133. vergl.
Leſſings Dramaturgie, Th. I. S. 410.

*) Johann Chriſtian Krüger, geb. zu Berlin 1722, geſt.
zu Hamburg 1750, (ſ. Schmids Nekrolog, S. 266.)
und Gellert ſtehen freylich auch unter den Schauſpiel-
dichtern jener Tage. Der erſte hatte 1742 bereits die
Geiſtlichen auf dem Lande geſchrieben und gab zwiſchen
den Jahren 1747 — 1749, außer dem Theater des Ma-
rivaux, verſchiedene eigene Luſtſpiele heraus, und der
letztere ſammelte 1748 ſeine einzeln gedruckten und oft
vorgeſtellten Schauſpiele. Allein weiter gebracht hat
unſre Bühne keiner von beyden. Krüger, zwar nicht
ohne Talent für das Niedrig-komiſche, aber durch
Noth gedrungen, zu eilfertig zu ſchreiben, war nicht
vermögend ſich vor dem Platten, Gemeinen und Weitſchweifigen zu hüten, und Gellert, zu wenig Komiker,
zu unbekannt mit der Welt und des Dialogs zu wenig
mächtig, um auf dem Theater viel zu wirken.

von der Fabel und der leichten poetischen Erzählung
die Rede ist. Schon im Jahre 1738 vereinigte, wie
ich früher bemerkt habe, Hagedorn seine zerstreuten
und nachgehends oft wiederholten und fleißig vermehrten Fabeln und Erzählungen in ein Bändchen,
denen Gellert neun Jahre später seine ebenfalls schon
erwähnte Sammlung folgen ließ. Die unparteyische
Kritik erkennt noch itzt in dem Versuche des erstern
die Arbeiten eines Mannes, der sich in dem Umgan-
ge mit der feinen Welt und durch die unverdrossene
Lesung der Alten und Neuen gebildet hatte, und wenn
sie weder mit denen rechtet, welche Gellerten in beyden Gattungen mehr die Redseligkeit, als die beredte
Leichtigkeit Lafontaines zugestehn, noch die geradezu
eines Undankes gegen ihn zeiht, denen sein morali-
scher Werth größer scheint, als sein poetischer Gehalt, so erwartet sie dafür eine desto allgemeinere Zu-
stimmung in die Behauptung, daß sich nicht leicht ein
anderer Dichter aus der Gottschedischen Schule stren-
ger beurtheilt und einen so geläuterten und reinen
Geschmack zu eigen gemacht, noch eine musterhaftere
Sorgfalt auf seine Darstellung gewandt, und seine
Verse fleißiger gefeilt und geschickter verbessert habe,
als eben Gellert. Gellert hat vielleicht in unsere
Sprache wenig neue Wörter, Wortfügungen und
Redeformen gebracht, aber er hat sich der vorhandenen mit ungemeinem Glücke bedient. „Seine Poe-

ſie, um das Urtheil ſeines Freundes Garve v) hier
anzuwenden, iſt in ihrer Art wirklich vollkommen.
Nirgends erlaubt er ſich, um des Sylbenmaßes willen, den mindeſten Zwang, nirgends die geringſte Abweichung von der Richtigkeit des Sinnes und der
Genauigkeit des Ausdruckes. Ueberall findet man
die eigenthümlichſten Wörter, keine neu geſchaffene
Redensart, keine fremde Wendung. Alle ſeine Ausdrücke ſind aus dem Kreiſe des gemeinſten Sprach-
gebrauchs genommen, aber alle ſind edel, ihrem Ge-
genſtande angemeſſen und in der Verbindung neu.‟
Und dieſe Vorzüge hat er nicht bloß ſeiner Poeſie, er
hat ſie, und mit geringerer Mühe, auch ſeiner Proſa
(denn ſeinen Verdienſten um dieſe gebührt hier ebenfalls eine Erinnerung,) zu geben gewußt. Sein bekannter Roman, das Leben der ſchwediſchen Gräfinn,
deſſen erſter Theil in das Jahr 1746, und die Troſt-
gründe wider ein ſieches Leben, die in das folgende
fallen, erheben ſich, von Seiten der Sprache, ſo weit
über alles in beyden Gattungen bis dahin Vorhandene, daß man die gute Aufnahme, die ſie bey ihrer
Erſcheinung fanden, heute noch als verdienten Beyfall betrachtet. Den Erzählungen Hagedorns und
Gellerts ſehr unähnlich ſind die Schäfer-Erzählun-

v) Ueber Gellerts Schriften und Charakter in d. N. Bibl.
　　d. ſch. Wiſſ. Th. 12. S. 190.

gen Roſts x). Wenn ſich die Hagedorniſchen durch
ihre, oft nicht ohne Mühe errungene, Leichtigkeit empfehlen, ſo iſt in den Roſtiſchen die Nachläſſigkeit
nur allzuſichtbar, und wenn die Gellertſchen die Beförderung der Sittlichkeit zu ihrem vornehmſten End-
zweck machen, ſo wirken die Roſtiſchen der Erreichung
deſſelben abſichtlich entgegen. Dennoch ſind ſie als
die erſten Verſuche, der deutſchen Sprache für die
Darſtellung üppiger Scenen und muthwilliger Ge-
ſchichtchen Ausdrücke und Wendungen abzugewinnen, merkwürdig genug.

Für die lyriſche Poeſie iſt in dieſer ganzen Periode mehr vorbereitet, als wirklich geleiſtet worden.
Zwar hatten in die Sphäre des leichten gefälligen
Liedes Gleim in ſeinen ſcherzhaften und Lange in ſeinen freundſchaftlichen Liedern einen Ausflug gewagt
und Götz uns mit einem deutſchen Anakreon beſchenkt:
allein die ungleich beſſern Verſuche Hagedorns waren, wenn auch zum Theil ſchon gedichtet, doch durch
den Druck noch nicht bekannt geworden y), und die
horaziſchen Oden Langens, ſo viel immer des Ver-

---

x) Zum erſten Mahl gedruckt 1742, nachher oft wiederholt und mit einigen neuen Stücken vermehrt.

y) Sie erſchienen erſt in einer Sammlung 1751, aber
mehrere der aufgenommenen fallen noch vor das Jahr
1729, vergl. Schmids Nekrolog S. 290.

faſſers Freunde von ihnen zu rühmen wiſſen, und die
Nachwelt der Zeit zu gut zu halten ſich geneigt finden läßt, nichts, als die ſchwachen nur zuweilen ge-
lingenden Aufſtrebungen einer ungeübten Muſe. Was
in dieſer Gattung, die bald der Stolz unſerer Poeſie
werden ſollte, Bemerkungswürdiges vor dem Jahre
1748 erſchienen iſt, das findet ſich in den Bremiſchen
Beyträgen und ſchreibt ſich größtentheils von Cramer, Ebert, Gieſeke und Zachariä her. Aber unter
allen dort auftretenden Lyrikern ragt keiner mehr hervor und ſchwingt ſich höher, als Cramer, der Geiſtes-
verwandte Davids. Die Stärke und Erhabenheit der
Sprache, durch welche ſich ſeine Ueberſetzungen der
Pſalmen ſo vortheilhaft auszeichnen, iſt, wenn auch
nicht die Glätte und Rûnde, die ſie erſt in der ſpätern Ueberarbeitung gewannen, hier ſchon durchaus
ſein Eigenthum und beſtimmt ihm ſeinen Vorrang
vor denen, die ihre Verſuche neben den ſeinigen aus-
ſtellen. Dennoch weichen mehrere der letztern auch
nicht ſo weit zurück, daß man ſie völlig aus den
Augen verliert. Man ſtößt auf einige frey überſetzte
Pſalmen z), die mit denen von Cramern wenigſtens
wetteifern, wenn ſie ihnen nicht gar den Preis abge-
winnen. Man findet verſchiedene Oden nach dem

z) Z. B. auf eine Nachahmung des 148. und 136. Band
III. S. 3 und 163.

Horaz in Hexametern mit kurzem nachschlagenden
daktylischen Verse *a*), aus denen der Geist der Ur-
schrift nicht verflogen ist. Man trifft auf originelle
lyrische Stücke ernsthaften sowohl als scherzenden
Inhalts, die von ihren Verfassern späterhin in die
Sammlungen ihrer Gedichte aufgenommen und ihrer
Stelle für werth erkannt worden sind. Auch das
Losringen von dem Reime, den man bis dahin für
unentbehrlich gehalten hatte und nun allmählig mit
dem mehr oder minder strengen nachgebildeten Sylbenmaße der Alten vertauschte *b*), war ein Fortschritt
zur Ausbildung der höhern Lyrik.

Wenn man es mit der Vollkommenheit des Lehr-
gedichts nicht allzustrenge nimmt, so ist kein Zweifel,
daß keine Gattung der Poesie in diesem ganzen Zeitraume mehr gewann, als die didaktische: so viele
nicht zu verachtende größere und kleinere Versuche in moralischen Gedichten haben uns Christian Friedrich Zerniß *c*), die beyden Schlegel,

---

a) Z. B. die 14. des II. und 23. des I. Buchs, beyde
von Giesefe, eingerückt B. III. S. 223 und 226.

b) Ich habe Uzens und Langens reimfreue Gedichte bereits S. 77. erwähnt. Das von dem erstern in der
Ode auf den Frühling gewählte Sylbenmaß ahmte Gie-
feke, doch ohne sich der profodischen Genauigkeit feines Vorgängers zu unterwerfen, in den eben angezogenen horazischen Oden nach.

c) Er war geboren zu Tangermünde d. 11. Januar 1717

Elias *d*) und Adolph *e*), die Brüder Chriſtoph Joſeph und Johann Joſias Sucro *f*), Gellert *g*) und andere geliefert. Allein der Werth und das Verdienſt aller dieſer Dichter vermindert ſich um vieles, ſobald man erwägt, daß Haller und Hagedorn bereits vor ihnen geſungen und der erſtere die Sat-

und ſtarb den 7. October 1744. Unter ſeinen poetiſchen Arbeiten, die mit der Aufſchrift: Verſuch in moraliſchen und Schäfergedichten, nebſt Gedanken von der Natur und Kunſt dieſer Art von Poeſie; zu Hamburg und Leipzig 1748. erſchienen, iſt ein längeres didaktiſches Gedicht: Von den Endzwecken der Welt; das beſte. (ſ. Schmids Nekrolog, S. 191.) Einige lyriſche Stücke von ihm ſtehen in den Beluſtigungen.

d) Seine Lehrgedichte ſind in dem dritten Theile ſeiner ſämmtlichen Werke zu finden.

e) Von ihm iſt der Unzufriedene, ein epiſches Lehrgedicht in acht Büchern, das zuerſt in den Bremiſchen Beyträgen ſtückweiſe erſchien und nachher in ſeine Gedichte, Hannover 1789. B. II. S. 95. aufgenommen worden iſt.

f) Der erſte war geb. zu Königsberg in der Neumark d. 14. Dec. 1718 und ſtarb, als Lehrer der griechiſchen Sprache und Philoſophie am Gymnaſium zu Koburg, im Jun. 1756. Der zweyte ſtand als Kadetten-Prediger zu Berlin, wo er 1760 geſtorben iſt. Unter den Gedichten des erſtern werden ſeine Verſuche vom Menſchen in vier Büchern, und unter denen des letztern ſein Lehrgedicht über die beſte Welt für das vorzüglichſte gehalten. Siehe über beyder Leben und Schriften Schmids Nekrolog S. 321.

g) Es ſind ihrer ſechs, die in dem II. Theile ſeiner ſämmtlichen Werke ſtehn.

tung durch gehaltvolle Ideen und nachdrucksvolle
Kürze, ſo wie der letztere durch den Reichthum ſeiner
Beobachtungen und eine nette gefällige Darſtellung
auf eine ungleich höhere Stufe erhoben hatten, als
ſie ihnen von Opitz, Canitz und Brockes überliefert
worden war.   Gern wird man zugeſtehn, daß Zernitz
einen reichlich genährten Geiſt und vielfache philoſophiſche Kenntniſſe verrathe, der eine der beyden
Schlegel gute Gedanken in leichte Reime faſſe und
der andere wegen ſeines Verſuchs, die trockne Wahrheit durch die hiſtoriſche Einkleidung zu heben, Beachtung verdiene, der ältere Sucro in das Syſtem der
Baumgartenſchen Schule eingedrungen ſey und glücklicher, als ſein jüngerer Bruder, die ernſten Betrachtungen zu beleben und zu erheitern wiſſe, Gellert endlich den herzlich wohlmeinenden Dichter nirgends ver-
läugne. Aber ſchwerlich wird man in einem von ihnen
die gedrungene Kraft, den männlichen Ernſt und die
Sprachgewalt Hallers, noch die mannigfaltige Welt-
kenntniß, den gebildeten Spott und den gediegenen
Ausbruck Hagedorns finden.   Einer oder der andere
mag Opitzen an innerm Gehalte nahe kommen, alle
ihn an äußerer Glätte übertreffen; ihre unmittelbaren Vorgänger haben ſie nicht zu erreichen, geſchweige zu überholen vermocht.

   Dieſe beyden Dichter ſind es denn auch, die vorzüglich in Erwägung kommen, wenn von dem poe-

tiſchen Gewinne unſerer Sprache im Allgemeinen die
Rede iſt. Zwar wäre es ungerecht, ihnen alles Lob
um die Ausbildung derſelben ausſchließend zuzueig-
nen. Nicht bloß dadurch, daß Gottſched in ſeinen
Zeitgenoſſen die faſt erloſchene Liebe für ihre Mutter-
ſprache überhaupt von neuem weckte, und ſie fleißig
zu ſchreiben ermunterte, iſt er ihr nützlich geworden;
er und ſeine Schüler haben ihr noch insbeſondere,
durch grammatiſche und lexikaliſche Unterſuchungen
und durch die Vertilgung der ihr aufgedrungenen und
ſie gleichſam überwältigenden ausländiſchen Wörter
und Redensarten, weſentlich und auf eine Weiſe ge-
dient, die auch für den poetiſchen Ausdruck von Erfolg ſeyn mußte. Und wie wäre es möglich, die Verdienſte der beſſern Köpfe, die aus ſeiner Schule hervorgingen, aber ſich von ihr abſonderten, zu überſehn? Sie alle haben die Sprache mit neuen Wendungen und Formen bereichert, ihr eine größere Viel-
ſeitigkeit, Geſchmeidigkeit und Ründe gegeben und ſie
für die verſchiedenen Arten des Vortrags empfäng-
lich zu machen geſucht. Man vergleiche den durch
keinen allzugroßen Zeitraum von Zerniß und Gellert
getrennten Caniß und urtheile, ob die ſpätern Dichter
bloß das Gedankenreiche vor dem frühern vorausha-
ben, oder ſich nicht vielmehr durch den beſſern Ausdruck, und den ganzen vollendetern Redebau vor ihm
auszeichnen. Fragt man indeß, wer am unbedingte-

ſten über unſere Sprache geherrſcht, ihren männlichen
Charakter am richtigſten empfunden und gewürdigt
und zur Entfaltung ihres poetiſchen Geiſtes am kräf-
tigſten gewirkt habe, ſo iſt es Haller, ſo wie man auf
der andern Seite eben ſo bereitwillig erkennen wird,
daß ihr das Gepräge der franzöſiſchen Leichtigkeit
und Zierlichkeit von Niemanden glücklicher aufgedrückt worden ſey, als von Hagedorn. Dieſen beyden Männern alſo gehört mit vollem Rechte, was
Wichtiges für die Verbeſſerung unſerer Poeſie in
dieſem Zeitraume geſchah, und wenn die gehaltvollen
Verſe des einen nicht ſo ſchnell und allgemein wirkten, wie zu erwarten war, und die anmuthige Lieb-
lichkeit des andern immer noch mit geſchwätzigem
Klingklang verwechſelt wurde, ſo lag der Grund
hiervon in nichts anderm, als in der Parteywuth,
die ſich abſichtlich gegen die Anerkennung des Beſſern ſträubte, und in dem lange verwöhnten Geſchmacke, der genau zu unterſcheiden und richtig zu
empfinden verlernt hatte. Gleichwohl war auch ſo
noch unendlich viel für die Fortbildung unſerer
Sprache zu thun übrig. Sie bequemte ſich dem
Verſtande zur Darſtellung von Gedanken, aber es
kam darauf an zu erforſchen, ob ſie auch ein Werk-
zeug für tiefere Gefühle und rege Leidenſchaft, eine
Dienerinn der Phantaſie, eine Bildnerinn zarter Ge-

ſtalten werden koͤnne. Sie hatte durch die Benutzung
der neuern Sprachen gewonnen, aber es galt die
Entſcheidung der Frage, ob ſie ſich nicht eben ſo viel
aus den aͤltern anzueignen, nicht durch dieſe reicher,
mannigfaltiger und edler zu werden vermoͤge. Es
war ein Juͤngling von kaum vier und zwanzig Jahren, der den kuͤhnen Verſuch wagte und ihn mit
einem Muthe, der beydes unſerer Bewunderung und
unſers Dankes werth iſt, beſtand. Wir werden den
Juͤngling und was er wirkte ſogleich naͤher kennen lernen.

Zweyter Abschnitt.

Von der Erscheinung der ersten Gesänge des
Messias bis zur Gründung der Litte=
ratur = Briefe,
oder
von 1748 bis 1759.

Friedrich Gottlieb Klopstock ward den 2. Julius
1724 zu Quedlinburg geboren und erhielt seine erste
gelehrte Bildung, zu der er den Grund in dem väter=
lichen Hause und dem Quedlinburger Gymnasium
gelegt hatte, auf der Sächsischen Fürsten=Schule
Pforte, der ihn sein Vater im Jahre 1739 anver=
traute *a*). Seine Hauptbeschäftigung war hier die
Erlernung der alten Sprachen, denen er sich, vor=
züglich unter dem Conrector Stübel und dem Rector
Freytag, zweyen gründlichen und thätigen Schul=

a) Ein' vollständiges Leben und eine gnügende Charakte=
 ristik des Dichters fehlen. Die befriedigendsten Nach=
 richten über seine frühere Bildung im Allgemeinen,
 wie über die Geschichte seiner poetischen insbesondere,
 ertheilt: Klopstock; oder: Er und über ihn, von C F.
 Cramer. Hamburg, 1780. neu gedruckt und vermehrt
 Leipzig und Altenburg, 1782 — 1793. Das Folgende
 ist daher entlehnt.

männern b), mit allem Eifer und Fleiße widmete,
aber die Hauptbeſchäftigung des Jünglings machte
nicht ſeine einzige aus. Sein reiner Wahrheitsſinn,
der ihn bald belehrte, daß die Kenntniß der Sprachen
der Weg zur Gelehrſamkeit, nicht die Gelehrſamkeit
ſelbſt ſey, ließ ihn über dem Anbau des Gedächtniſſes
nicht den der höhern Geiſtes-Fähigkeiten, des Geſchmacks und Verſtandes, vernabſäumen, und die Neigung zur Dichtkunſt, die ſich ſo leicht in klöſterlicher
Einſamkeit und romantiſchen Umgebungen nährt,
äußerte ſich bereits in Schäfergedichten und Oden,
die alle poetiſche Verſuche ſeiner Mitſchüler übertra-
fen, und in kühnern Entwürfen, deren Ausführung
für die Zukunft berechnet war. Zu dieſen letzten gehörten unter andern auch mehrere Pläne zu einem
größern Heldengedichte, aus welchen Klopſtock endlich, nachdem er vielfach gewählt und vielfach verworfen hatte, den zum Meſſias aufgriff und feſthielt.
Es iſt nicht bekannt, wie in der Seele des Dichters
ſich die Idee zu dem Werke, das ſeinen Nahmen und
die Sprache, in der er es ſchrieb, unſterblich gemacht
hat, entwickelte, aber gewiß iſt es und keineswegs
gleichgültig zu wiſſen, daß er den Entwurf zu ſeiner
Epopöe, der Hauptſache nach, auf der Schulpforte

b) Dem erſten war er vorzüglich mit Liebe zugethan. ſ.
Schlichtegrolls Nekrolog für das neunzehnte Jahrhun-
dert. Th. I. S. 43. 50.

und vor der Lesung des verlornen Paradieses von
Milton faßte, daß er, als ihn dieses, ebenfalls noch
während der Schuljahre, in die Hände fiel, sich von
dem hohen Geiste des Engländers mächtig angeweht
und gehoben fühlte, und daß, als er im Herbst 1745
die Universität Jena bezog, er, von einem innern un-
widerstehlichen Drange getrieben, seinen Vorsatz, nicht
vor dem dreyßigsten Jahre an die Ausarbeitung seines Gedichtes zu denken, aufgab und einzelne Theile
auszuführen versuchte. Zu dieser Ausführung bediente er sich damahls der Prosa: denn er fand den
einförmigen Alexandriner, wie den schleppenden tro-
chäischen Vers und den im Deutschen nicht rein zu
erhaltenden zehnsylbigen Jambus für seine Empfindung zu eng und zu unbequem und fühlte es nicht
selten, wenn er in den Gefilden der Saale lustwan-
delte, tief und schmerzlich, daß er, von Seiten der
Form, so weit hinter Homer und Virgil stehen solle.

Unter poetischen Ahndungen, Forschungen und
Versuchen der Art verstrich in Jena der Winter,
und da der sinnige Jüngling weder die Bedürfnisse
seines Herzens durch zusagenden Umgang befriedigen,
noch sich mit dem rohen Leben der dortigen Musen-
söhne vertragen konnte, so vertauschte er im Frühlinge 1746 seinen bisherigen Wohnort gegen Leipzig
und bezog mit seinem Verwandten, dem aus Langen-

ſalze gebürtigen Achatius Ludwig Karl Schmidt c),
der auf der gedachten Univerſität die Rechte erlernen
wollte, ein gemeinſames Zimmer. Hier an den Ufern
der Pleiße fand Klopſtock, der Dichter und der
Menſch, ohne Mühe und unerwartet, was beyde an
der Saale ſo eifrig geſucht und nicht gefunden hatten. Der Dichter, immer noch über die Form ſeiner
Epopöe mit ſich im Kampfe, überlegte an einem glücklichen Sommer-Nachmittag, ob der griechiſche Herameter nicht auch für den Deutſchen der epiſche Vers
werden könne, wagte und wagte mit Erfolg d), und

c) Dem Bruder Fanny's, demſelben, der in Ringolf und
in der Ode an Ebert genannt wird. Er war geboren
zu Jena 1725 und ſtarb als Geheimer Rath und Kanzler der Regierung zu Weimar d. 6. Juli, 1784.

d) Die Frage, ob Klopſtock den Herameter erfunden
habe, iſt ſchon oft aufgeworfen worden. Der frühern
Verſuche eines Fiſchart, Gesner, Altſted und Herdus
nicht zu gedenken, ſo iſt bekannt, daß Gottſched in ſeiner Dichtkunſt vom J. 1742. S. 394. das Vater unſer
und den ſechſten Pſalm in Herameter und zwar in ſehr
leichte und wohl abgemeſſene überſetzt, Uz in dem
nähmlichen Jahre ſeine Ode auf den Frühling in den
Beluſtigungen eingerückt und Gieſeke (man ſ. die Note a. S. 103) in den Bremiſchen Beyträgen vom J.
1746 ebenfalls den Herameter in einigen aus dem Horaz verdeutſchten Oden nachzubilden verſucht hat. Aber
darum kann Klopſtock die Versart dennoch unabhängig
von dieſen Vorgängern, wie von dem ſie gleichzeitig
anwendenden Kleiſt, erfunden haben. In jedem Fall
bleibt ihm das Lob, daß ſie ihm Anſehn, Allgemeinheit
und höhere Vollkommenheit verdankt. Litterariſche

der Mensch gewann um sich einen kleinen Zirkel aus-
gewählter für die Wissenschaften empfänglicher Freunde e), denen er unbefangen seine Gedanken und Empfindungen mittheilte, ohne ihnen jedoch sein großes
poetisches Geheimniß zu verrathen: denn der Messias
sollte erst dann der Welt bekannt werden, wenn er
vollendet wäre, und bis dahin Niemand von dem Vorhaben etwas wissen, als Schmidt. Dießmahl sorgte
jedoch das Ungefähr für den Ruhm des Sängers
und das Gedeihen seiner Arbeit besser, als er selbst.
In demselben Hause, in welchem Klopstock und
Schmidt wohnten, wohnte auch Cramer. Sie lernten (über das Wo und Wie giebt es doppelte Sagen)
einander kennen, kamen bald auf die Bremischen Beyträge zu reden und geriethen über die Vorzüge der
Engländer vor den Deutschen und über Genie und
Kritik und beyder Einfluß auf die Poesie in einen so
lebhaften Wortwechsel, daß der feurige Schmidt, um
Cramern aus dem Felde zu schlagen, den Messias aus
einem Kasten mit Wäsche, in dem er verborgen lag,
hervorzog und, so sehr sich auch der Verfasser wider-

Nachweisungen über den Gegenstand liefert Thieß in
der Schrift: Klopstock, wie er als Dichter und Schriftsteller gewirkt hat. Altona, 1805. S. 227. und Blankenburg in den Zusätzen zum Sulzer, unter Hexameter.

e) Unter andern Olde, Kuhnert und Rothe, deren Nahmen in Wingolf (drittes Lied) vorkommen.

ſetzte, zu leſen anfing. Cramer empfand ſogleich den
ganzen Werth des Gedichts, erbath und erhielt die
Erlaubniß, es ſeinen poetiſchen Freunden mitzutheilen, und ward, wie man leicht erräth, mit ihnen allen, des Dichters warmer Bewunderer und Verehrer. Klopſtock nahm die Einladung in ihre Geſellſchaft zu treten an, und die drey erſten Geſänge vom
Meſſias wurden im Jahre 1748 im vierten Bande
der Bremiſchen Beyträge und auch einzeln zu Halle
in Hemmerde's Verlage gedruckt.

Werke, in denen ein Genius waltet, der ſein
Zeitalter überfliegt, kündigen ſich ſchon, als ſolche,
durch die Eigenthümlichkeit des Eindruckes an, den
ſie hervorbringen. Gleich einem elektriſchen Schlage,
bahnen ſie ſich mit Gewalt ihren Weg, und laſſen
überall, indem ſie hier entzünden und dort betäuben,
die unauslöſchlichen Merkmahle einer ungewöhnlichen
nie empfundenen Kraft zurück. So Klopſtocks Meſſias. Ganz Deutſchland fuhr überraſcht empor und
ſtand verwundernd vor einer Erſcheinung ſtill, an
der alles befremdete. Nie hatte weder in älterer noch
in neuerer Zeit, ſich ein Dichter eine Aufgabe gewählt, die, ſo ganz außer den Gränzen des Sinn-
lichen liegend, die Einbildungskraft mehr zu beſchränken drohte, und weniger beſchränkte. Nie durfte ein
Deutſcher ſich rühmen, edlere Geſtalten geſchaffen

und erhabnere Geſinnungen und heiligere Empfindungen ausgeſprochen zu haben, als man hier an-
ſchaute und wahrnahm. Nie endlich, ſeit die Herrlichkeit Roms und ſeine tönende Sprache untergin-
gen, war der ſtolze hexametriſche Rhythmus in einer
neuen verſucht worden und erklungen, wie nun in der
deutſchen. Kein Wunder, daß der Meſſias, von ſeiner erſten Erſcheinung an, die Geiſter verwirrte, daß
er eben ſo aufrichtig gelobt, als hämiſch getadelt,
eben ſo tief gefühlt als kaltſinnig verachtet, eben ſo
eifrig nachgeahmt, als durch ſchale Parodien verſpottet und herabgewürdigt wurde. Verweilen wir
zunächſt bey der günſtigen Aufnahme und den glücklichen Schickſalen, die er erfuhr.

Einer der erſten, der, Klopſtocks hohen Flug
begreifend, die Meſſiade mit wahrer Begeiſterung
aufnahm, und ſich durch die herzliche Anerkennung
des Verdienſtes einen unverwelklichen Lorbeer erwarb,
war der Schweizer Bodmer. Ungeachtet dieſer Kunſtrichter, auf der Bahn ſeines Lebens, um mit ihm
ſelbſt zu reden, „den Punkt der Mittagshöhe bereits
beſchritten hatte ƒ),“ wo der Sinn ſich dem Schö-

ƒ) Er ſtand in ſeinem funfzigſten Jahre, als die erſten
Geſänge des Meſſias bekannt wurden. Man ſehe die
anziehende Schilderung, die Hirzel in ſeiner Schrift
über Sulzer den Weltweiſen Th. I. S. 121 u. f. von
dem Eindrucke, den ſie auf Bodmer machten, mitge-

nen weniger willig öffnet und das Neue ſchwerer
Eingang findet, ſo ſprach ihn die Meſſiade dennoch
ſo mächtig an, daß er nicht nur *g*) Meiern in Halle
auffoderte, den Werth des Gedichts in einer kritiſchen Abhandlung zu erörtern, und den Berner
Tſcharner zu einer Ueberſetzung ins Franzöſiſche ermunterte, ſondern auch den Plan zu einem bibliſchen
Heldengedichte, Noah, den er, durch das verlorne
Paradies veranlaßt, vor mehrern Jahren entworfen
hatte *h*), mit aller Lebhaftigkeit des Jünglings von
neuem aufnahm und ſchon im November 1749 die
erſten zwey, in Hexametern abgefaßten, Geſänge an
ſeinen Landsmann Sulzer nach Berlin ſandte, um
deſſen und unter der Hand (denn er wünſchte verborgen zu bleiben) auch anderer Urtheil einzuholen.
Noch mehr wuchs der Schweizer Theilnahme an Klopſtock, als er in einem der erſten Sommermonate des
Jahres 1750 Bodmers Einladung folgte und, von
Sulzer begleitet, ſelbſt über die Alpen zog. Seine
lyriſche Muſe, die früher ſchon in Leipzig und, nach

theilt hat, und in den neuen kritiſchen Briefen, Zürich 1749. den erſten, in welchem Bodmer das Bild
des ihn damahls noch nicht perſönlich bekannten Klopſtocks dichteriſch entwirft.

g) Wie Hirzel in der angezogenen Schrift S. 124. berichtet.

h) Man ſehe die Zürcher Streitſchriften St. 4. S. 1.
und über das Folgende Hirzeln am a. O.

seinem Abgange von der Akademie, in Langensalze, wo
sein Herz durch Fanny, die Schwester seines Schmidt,
der Liebe erste Eindrücke empfing i), sich in erhabenen
Oden ergossen hatte, fand hier in den Armen der
Freundschaft und den Umgebungen der großen Natur
so manche Gelegenheit sich zu äußern, und der lebhafte Jüngling und fröhliche Gesellschafter, — oft
zu fröhlich für den ernsten patriarchalischen Bodmer k) — unterließ nicht, die Zuneigung, die ihm
seine Gesänge erweckten, durch die Grazien des Um-
gangs und den ungeheuchelten Antheil am Leben und
Lebensgenuß zu verstärken. Indeß wirkte die Messiade auch in den entferntern Gegenden des kalten
Nordens. Bernstorf, der, als dänischer Gesandter,
in Paris, durch Klüpfel, den Cabinets-Prediger des
Herzogs von Gotha, Klopstocks Gedicht kennen lernte, ahndete sogleich die ganze Größe des Geistes, aus
dem es hervorgegangen war, und ließ es, bey der
Rückkehr in Kopenhagen, seine erste Sorge seyn, den
Verfasser Moltken, dem Ober-Hofmarschall Frie-
drichs des fünften, und durch diesen dem Könige zu
empfehlen. Der Dichter erhielt eine Einladung mit
einem jährlichen Gehalte von vier hundert Reichs-

i) Cramer berührt dieß Verhältniß in Er und über Ihn.
Th. II. S. 7.

k) Siehe Meisters Charakteristik, Th. I, S. 302.

thalern *l*), um unabhängig ſich ſelbſt und den Muſen zu leben, und im Jahre 1751 erſchienen die erſten fünf Geſänge der Meſſiade *m*).

So glänzend aber der Triumph war, deſſen der
deutſche Homer anfänglich genoß, ſo ſehr ward er
ihm allmählig, und, man darf wohl ſagen, zunächſt
durch ſeine Bewunderer und Freunde, verkümmert.
Ihm wiederfuhr nähmlich, was heute noch ſo man-
chem trefflichen Dichter und kühnen Denker unter
uns begegnet. Unverſtändige Nachahmer, die ſich
Klopſtocke zu ſeyn dünkten, weil ſie in Hexametern
ſchrieben, geiſtreiche junge Dichter, die ihre Sphäre
verkannten, und ausſchweifende Lobredner, deren er
am wenigſten bedurfte, — alle trugen dazu bey, daß
die Gattung, mit der er unſere Poeſie bereicherte,
nicht gehörig gewürdigt, und unverdienter Tadel
und elender Spott auf den Schöpfer derſelben gehäuft wurde. Ein witziger Kopf, (man ſagt Leſſing,)
machte auf Meiern, als er, Bodmers Winke gehor-
ſam, den kaum erſchienenen und noch von Niemand

----

l) Cramer in Er und über Ihn, Th. II. S. 374. vergl.
die eben genannte Schrift von Thieß, S. 24 und S.
26. Note 46. Seit 1775 bezog Klopſtock auch vom
Badenſchen Hofe einen Gehalt.

m) Die Litterargeſchichte der Meſſiade erzählt umſtändlich Thieß S. 38 u. f.

getadelten Meſſias in einer beſondern Beurtheilung
anpries *n*), folgendes Epigramm:

> Sein kritiſch Lämpchen hat die Sonne ſelbſt
>   erhellet,
> Und Klopſtock, der ſchon ſtand, von neuem
>   aufgeſtellet.

Dieſe Zeilen paſſen im Grunde auf die meiſten Kunſtrichter jener Tage. Faſt alle erfreuten ſich der ſchönen Erſcheinung nicht wie Begeiſterte, ſondern
ſchwärmten von ihr wie Betrunkene, und beſaßen
doch nicht einmahl Geſchmack und Einſicht genug,
um zu empfinden, daß, wenn bisher die deutſche
Poeſie hinter der deutſchen Kritik zurückgeblieben
war, nun in umgekehrtem Verhältniſſe der Dichter
den Kunſtrichter übereilt hatte, und ihre Anſichten
und Vergleichungen gar nicht zum Ziele trafen *o*).

n) Sie führt den Titel: Beurtheilung des Heldengedichts des Meſſias. Halle, 1749. Des Epigramms
erwähnt Cramer Th. II. S. 325. Note.

o) Ein Urtheil, von dem man ſelbſt den ehrwürdigen
Bodmer nicht aufnehmen kann. Wie flach und geiſt-
los iſt nicht, was er bald nach Erſcheinung der erſten
Geſänge des Meſſias an Lange (Briefe, Th. I. S. 157)
ſchreibt: „Habe ich ihnen,‟ dieß ſind ſeine Worte,
„meine Verwunderung über das epiſche Gedicht eines
jungen Leipzigers auf den Meſſias ſchon zu erkennen
gegeben? Miltons Geiſt ruhet auf dem Verfaſſer.
Es iſt ein Charakter darinnen, der Satans überſtei-
get, und ein andrer, der uns mitten in der Ver-
ſammlung der gefallenen Engel Mitleiden erwecket.‟

Noch bunter, wo möglich, trieben es die bekannten
und unbekannten, auf- und abblühenden, wirklichen
und ſeyn wollenden Dichter Deutſchlands. Nicht anders, als ob es keine Poeſie, außer der heiligen, und
keine Versart, außer der hexametriſchen, gebe, zer-
arbeiteten ſich alle an den Geſchichten und Charakteren der Bibel, verſenkten ſich in ätheriſche Anſchauun-
gen, und fingerten Hexameter ab, und auch hier
ging Bodmer mit ſeinem Beyſpiele voran. Noch ehe
ſein großes Heldengedicht, Noah, gedruckt war,
gab er bereits 1751 ein kleineres, Jakob und Joſeph,
in vier Geſängen heraus. Ihm folgte das Jahr
darauf Noah ſelber in zwölf Geſängen, und dieſem,
mehrere Meſſen hinter einander, regelmäßig, eine, oft
auch zwey Patriarchaden, alle in Hexametern, alle
mit lateiniſcher Schrift und abweichender Rechtſchrei-
bung, alle einförmig und ohne Leben p). In den
nähmlichen ſchwärmeriſchen Ton ſtimmte ſich Wie-

Mehrere Belege, wie unvorbereitet die Nation zum
Empfang der Meſſiade war, hat Meiſter aus Bodmers
litterariſchen Pamphleten in der Charakteriſtik deutſcher Dichter, Th. II. S. 317. geſammlet.

p) Adelung in den Ergänzungen zu Jöchers Lexikon,
Blankenburg in den Zuſätzen zum Sulzer, Th. II.
S. 81. und Meuſel führen ſie der Reihe nach auf.
Der Noah iſt ſpäterhin noch dreymahl, nähmlich 1760
zu Berlin, 1772 zu Zürich und 1781 zu Baſel ge-
druckt worden.

land q), damahls ein achtzehnjähriger Jüngling, den
nicht lange nach Klopstocks Abreise von Zürich, Bodmern besuchte und bald der Liebling seines Gastfreun-
des wurde. Hier an dessen Seite schrieb er die Briefe
von Verstorbenen an hinterlassne Freunde, den ge-
prüften Abraham und so manches andere, das, wenn
auch nicht in die hexametrische Form gegossen, doch
die Farbe der hexametrischen Mode-Poesie an sich
trug. Auch Ebert, der um diese Zeit die Nachtge-
danken des schwermüthigen Young übersetzte r), und
die lyrischen Poesien, welche in die Sammlung ver-
mischter Schriften, zum Vergnügen des Verstandes
und Witzes s), die an die Stelle der Bremischen Beyträge traten, eingerückt oder einzeln gedruckt wurden,
verriethen und nährten die herrschende Stimmung.
An die thörichten und lächerlichen Versuche eines
Naumann t) und anderer, die sich auf den Flügeln

q) Christoph Martin Wieland, geboren zu Biberach in
   Schwaben 1733, lebt als Sächsisch-Weimarischer Hofrath in Weimar.

r) Sie erschienen zuerst in den Uebersetzungen einiger
   poetischen und prosaischen Werke der besten englischen
   Schriftsteller. Braunschweig, 1754—1756, zwey Bände.
   S. Eberts Leben von Eschenburg, S. 29.

s) Leipzig, 1748—1752, drey Bände.

t) Wer hat nicht wenigstens von seinem Nimrod, einem
   Heldengedicht in vier und zwanzig Büchern, gehört?
   Es führt den Titel: M. C. N. Naumanns Heldenge-
   dicht. Mit einem Vorberichte begleitet. Frankfurt und

des Hexameters zur Unſterblichkeit ſchwingen wollten, kann man nur in ſo fern erinnern, als ſie die ver- kehrten Anſichten des Zeitalters bezeichnen und für den Umfang der Hexameter-Wuth beweiſen.

Man kann leicht ermeſſen, mit welchen Augen Gottſched und ſeine Getreuen die neue Erſcheinung auf dem deutſchen Pindus betrachteten, ſie, die einen Milton ſchwülſtig und einen Haller unverſtändlich und überſpannt fanden. In der That war das erſte Stück von Meiers oben erwähnter Beurtheilung des Meſſias kaum erſchienen, als man den Lobredner ſo-

Leipzig, bey Daniel Chriſtian Hechtel, 1753. Hier der Anfang des Gedichts zur Probe:

Singe, Muſe, von Nimrods Gewalt und tyran- niſcher Herrſchaft!

Der die natürliche Freyheit der Völker am erſten zerſtöret,

Und ſie zur Knechtſchaft geführt. Seitdem ſein unruhiger Hochmuth

Des Menſchen glückſelige Ruh auf einmahl zu Grunde gerichtet

Und von der Erden verbannt. Sag, was für hitzige Worte

Sprach dieſer Fürſt voll Stolz an der Stirn ſei- ner furchtbaren Heere? u. ſ. w.

— — — — — —

Hierauf entſtund nun im Kriegsvolk Ein Getös, und ſie ſteckten die Köpfe einhellig zuſammen.

gleich in den Halliſchen gelehrten Zeitungen angriff
und er in einer Vertheidigungsſchrift *v*) den Angriff
zurückwies. Allein der wahre Kampf gegen Klopſtock
und die ſeraphiſchen Sänger, wie man ihn und ſeine
Nachfolger taufte, begann eigentlich mit dem Jahre
1751, in welchem, wie gedacht, die erſten fünf Geſänge der Meſſiade ans Licht traten, und Gottſched
ſeine bisherige Zeitſchrift, den neuen Bücherſaal, mit
einer andern, die den Titel: das Neueſte aus der
anmuthigen Gelehrſamkeit *x*), führt, vertauſchte.
Hier zuerſt äußerte der beſcheidene Mann, nicht aus
freyem Antriebe, ſondern, ich bediene mich ſeiner eigenen Ausdrücke *y*), „weil viele ſeine Meinung von
der neumodiſchen Art epiſcher Gedichte zu wiſſen verlangten,“ erſtlich, „daß er den Schwung der unbild-
ſamen Gedanken Klopſtocks und die Mäander ſeiner
Ausdrücke ſchlechterdings mißbillige,“ zweytens,

v) Sie führt den Titel: Meiers Vertheidigung ſeiner
Beurtheilung des Heldengedichts des Meſſias wider
das 75. Stück der Halliſchen Zeitungen. Halle, 1749.
Für ihn erſchienen zu gleicher Zeit: Zufällige Gedanken über das Heldengedicht; der Meſſias, veranlaßt
durch Meiers Beurtheilung u. ſ. w. (von Heß.) Zürich,
1749.

x) Zwölf Bände oder Jahrgänge, jeder zu zwölf Stücken,
von 1751 — 1762.

y) Man ſehe in dem Neueſten, Jahrgang 1752, S. 62.
71. und 209. und die Recenſion von (Trillers) Wurmſaamen im Jahrgang 1751. S. 769.

„daß er ſich höchlich wundere, wie die Gottesgelehr-
ten ſo ruhig ſitzen und dem Unweſen zuſehen könnten,
ohne zu bedenken, welch einen unvermeidlichen Schaden die neuen geiſtlichen Lügenden in einer zur Frey-
geiſterey und Religions-Spötterey geneigten Zeit
nothwendig anrichten müßten,“ und endlich drittens, „daß der neue Hexameter, in dem eine und die
nähmliche Sylbe bald kurz bald lang gebraucht werde,
für ihn kein Hexameter ſey, und es ihm vielmehr herzlich leid thue, durch ſeine in der kritiſchen Dichtkunſt
ohnlängſt gegebenen Proben und deren mäßigen Wohlklang, den Unfug, den man nun mit dem heroiſchen
Sylbenmaß in der Epopöe treibe, veranlaßt zu haben.“ Es wäre eben ſo ermüdend als unnütz, hier
die lange Reihe von Schriften aufzählen zu wollen,
in denen, ſeit die Loſung zum Kriege gegeben war,
die neue Dichtungsart in Proſa und in Verſen, in
Ernſt und Scherz, deutſch und lateiniſch, höflich
und unhöflich, witzig und unwitzig, beſtritten und vertheidigt wurde z). In allen, (dieß iſt es, was man

z) Verzeichnet haben eine gute Anzahl derſelben Flögel
  in der Geſchichte der komiſchen Litteratur, Th. III.
  S. 527. 532. 536. 543, Ebelina im Hannöveriſchen
  Magazin, fünfter Jahrgang von 1767, St. 8. und Cramer in Er und über Ihn, Th. II. S. 328 Note. Auch
  in den Neueſten werden viele jener Flugſchriften erwähnt, wie z. B. (Trillers) Wurmſaamen, Jahrgang
  1751. S. 764. und der dadurch veranlaßte Wurmdoctor,

zuletzt als Ausbeute gewinnt, und wie gering iſt dieſer Gewinn?) werden dieſelben Ausſtellungen, die Gottſched vorbrachte, wiederholt und beleuchtet, in einigen, wie unter andern in dem neologiſchen Wörterbuche oder der Aeſthetik in einer Nuß, manche falſche Metaphern, verfehlte Bilder und beleidigende Härten der anti-Gottſchediſchen Dichterzunft, vorzüglich der Schweizer, hervorgezogen und oft mit glücklichem Spotte verfolgt, in keiner die ſtreitigen Fragen der Entſcheidung näher gebracht, oder — ſo ſehr blendete die Parteywuth Aller Gemüther! — die beſſere Richtung, welche Sprache und Geſchmack durch die Bemühungen Klopſtocks nahmen, im geringſten geahndet, geſchweige denn mit gebührender Gerechtigkeit anerkannt.

Doch was rede ich von Ahndung und Anerkennung des Beſſern? Nicht zufrieden, die Meſſiade, im Eifer für die Würde der Religion und für die

Jahrg. 1752. S. 156., Stuſſi Commentatio de epopeia Chriſtiana, S 519. und Jahrg. 1753 S. 28. Hudemanns Gedanken über die nachtheiligen Wirkungen, die aus einem Gedichte entſpringen, das chriſtliche Religions-Geheimniſſe behandelt, Jahrg. 1754. S. 638. vergl. Jahrg. 1757. S. 332. und mehrere. Noch gehören hieher die in dem Jahrg. 1752. S. 770 eingerückte gereimte Umſchreibung der reimfreyen Klopſtockiſchen Ode: die Königinn, Louiſe, (ein merkwürdiges Actenſtück zur Kenntniß des damaligen Geſchmacks in der Poeſie!) und ähnliche Sächelchen.

Ehre der deutſchen Muſen, zu verſchreyen, war
Gottſched ſo gar verwegen genug, dem einen Homer
einem zweyten entgegen zu ſetzen, und both alles
auf, um ſeinem Auserwählten den Preis zu verſchaffen. Dieſer Auserwählte war kein anderer, als der
berufene Freyherr Chriſtoph Otto von Schönaich,
derſelbe, der bereits in dem neologiſchen Wörterbuche
ſo ritterlich gegen Klopſtock und ſeinen Anhang ge-
fochten hatt' a), und die Kunſtwerke, die er zur
Preißbewerbung ausſtellte, Herrmann, oder das befreyte Deutſchland, und Heinrich der Vogler, oder
die gedämpften Hunnen, zwey Heldengedichte, jedes
aus zwölf Büchern beſtehend. Es gewährt wirklich
eine ganz eigene Gemüths-Ergetzung, wenn man
lieſt, wie Gottſched ſich in ſeinem Neueſten b) über

a) So ritterlich nähmlich, oder vielmehr ſo derb und
gröblich, daß ſelbſt Gottſched, der als Theilnehmer
oder doch als Beförderer des Buchs in Verdacht kam,
es gerathen fand, ſich ſo gut oder ſo ſchlecht als möglich zurückzuziehen. Siehe ſein Neueſtes, Jahrgang
1754. S. 911 veral. S. 934. und (Nicolais) Briefe
über den jetzigen Zuſtand der ſchönen Wiſſenſchaften
in Deutſchland vom Jahre 1753. S. 103.

b) Jahrgang 1751. S. 779. Jahrg. 1753. S 485. und Jahrg.
1757. S. 272 und 449. Der Schweizer Urtheile über
Schönaichs Herrmann und Naumanns Nimrod, ſo wie
die verſuchten Rechtfertigungen ihrer eigenen Patriar-
chade, ſtehen im (Bodmers) Archiv der ſchweizeriſchen
Kritik, Zürich, 1768, das die kritiſchen Arbeiten der
Schweizer, ihre Recenſionen und litterariſche Glau-

diese beyden Epopöen, deren Verfasser er feyerlich

bensbekenntnisse von der Mitte des vergangenen Jahr=
hunderts an umfassen sollte, aber schon mit dem er=
sten Bändchen aufhörte. — Um wenigstens einen Be=
griff von der Sprache des Schönaichischen Herrmanns
zu geben, siehe hier die Ankündigung seines Inhalts;

Von dem Helden will ich singen, dessen Arm
sein Volk beschützt,

Dessen Schwert auf Deutschlands Feinde für
sein Vaterland geblitzt,

Der allein vermögend war, des Augustus Stolz
zu brechen,

Und des Erdenkreises Schimpf in der Römer
Schmach zu rächen.

Herrmann, dich will ich erheben; und dem sey
mein Lied geweiht,

Der einst Deutschlands Unterdrücker, Galliens
Geschlecht, zerstreut,

Der, dem ersten Herrmann gleich, unser schnö=
des Joch zerschlägt,

Und der stolzen Lilien Pracht vor den Adler
niederleget.

Auf Kosten des Verfassers ist so eben eine neue Aus=
gabe dieses Gedichts erschienen. Der ganze Titel ver=
dient hergesetzt zu werden:

Herrn Christoph Ottens, Frhrn. v. Schön=
aich, Lieutenants von der Kon. Poln. Churfürstl.
Sächs. Reiterey, Kaiserl. gekronten Dichters, wie
auch der kon. deutschen Gesellschaft zu Königsberg
und Göttingen Ehrenmitgliedes, Domherrns an der
Bischöflichen Cathedral Kirche zu Alt=Brandenburg
an der Havel, Herrmann, oder das befreyte
Deutschland, ein Heldengedicht. Neue, ver=
besserte und vermehrte Auflage. Nebst einer Vor=

mit dem dichteriſchen Lorbeerkranze beehrte c), aus-
läßt, und man würde es kaum begreifen, wie Gedichte, die man heute nur noch dem Nahmen nach
kennt, der Meſſiade gegenüber geſtellt werden konnten, wenn man nicht von Zeit zu Zeit durch ähnliche
Erſcheinungen erinnert würde, daß in der poetiſchen
Welt nichts unmöglich ſey. Aber dieſe Beſtrebungen

rede ans Licht geſtellt von Joh. Chr. Gottſche-
ben. 1805.

Auf ſtarkes Schreibpapier in gr. 4to gedruckt. Die
Vorreden nebſt einem Billet von Voltaire an den Verfaſſer, betragen XL S., das Gedicht 328 S. und ein
Anhang, der Gottſcheds Vorrede in einer engliſchen
und in einer franzöſiſchen Ueberſetzung liefert, (denn
das Gedicht mit ſamt der Gottſchediſchen Vorrede iſt in beide Sprachen überſetzt worden) XXXXVIII
Seiten. Mehrere Verſe ſind geändert. Der Schluß
der obigen heißt itzt:

freyer Völker Joch zerſchläget,

Und die Zwietracht niedertritt, die noch
manche Glut erreget.

Voltaire verſichert dem H. v. S., daß es unver-
zeihlich ſeyn würde, d'ignorer une langue, que les
Gottſcheds et Vous rendez neceſſaire à tous les
amateurs de la littérature; und zum Beweis, daß er
ſie verſtehe, ſetzt er auf Deutſch hinzu:

Ich bin ohne Umstand sein gehorsamer Diener

Voltaire.

c) Siehe in ſeinem Neueſten. Jahrg. 1752. S. 627. die zu-
verläſſige Nachricht von der, den achtzehnten des Heu-
monats geſchehenen, erſten poetiſchen Krönung in Leipzig, und im Jahrg. 1753, S. 46. die Anzeige von
Schönaichs Lorberkranz.

Gottſcheds, ſich und ſeinen Geſchmack geltend zu
machen, waren in der That auch die letzten Anſtren-
gungen ſeiner verkehrten Kritik. Der Schutz, den
er dem platten unerträglichen Schönaich angedeihen
ließ, beurkundete unwiderſprechlich, daß ihm alle Empfänglichkeit für das, was man in der Poeſie Geiſt
nennt, für itzt und immer gänzlich verſagt ſey, und
die Verwirrungen, die er bisher veranlaßt hatte, hörten um ſo mehr auf gefährlich zu werden, da die
Gegenpartey allmählig ebenfalls von ihrem Taumel
zurückkam und je länger je mehr unterſcheiden lernte,
was ein Gedicht zum Gedicht macht.

An den ſichern Maßſtab für das wahrhaft Erhabene und Schöne, den der Meſſias gewährte, hatte
man nähmlich, ohne ſich's vielleicht ſelbſt deutlich be-
wußt zu ſeyn, unter der Hand auch die Werke der
übrigen epiſchen Dichter, die ſich neben Klopſtock
ſtellten, gehalten und den Abſtand, der zwiſchen dem
geiſtreichen Erfinder und dem Schwarme der Nachahmer herrſchte, eingeſehn. Vergebens ſchrieb Bodmers warmer Verehrer, Wieland, im Jahre 1753
eine eigene Abhandlung über die Schönheiten des
Noah; man erblickte wenig von dem, was er ſah.
Vergebens ließ Sulzer, ein geborner Schweizer und
ſeiner Landsleute uneingeſchränkter Bewunderer, das
Jahr darauf, auch eine beſondere Schrift über den

Werth der epischen Gedichte Bodmers ausgehn, um
Deutschland von dem Kaltsinn, womit es seines
Freundes Versuche aufgenommen habe, zurückzu-
bringen d); Deutschland blieb kaltsinnig und die poetischen Freunde des Berliner Weltweisen beharrten
hartnäckig bey ihrer Sitte, keine Kenntniß von dem zu
nehmen, was jenseits der Alpen gedichtet wurde. Alles,
was man den Lobrednern Bodmers einräumte, war, daß
seiner Muse das Verdienst einer recht frommen, züchtigen, sittsamen Matrone zukomme, aber man wollte
zugleich bemerken, daß sie seltsam und abenteuerlich
in ihren Erfindungen, kleinlich und langweilig in ihren Beschreibungen, und bald geziert bald kraftlos
in ihrem Ausdrucke sey, daß sie nicht selten von den
Spielereyen der Minnesänger, mit denen sich Bodmer
so eben eifrig beschäftigte, ganz zur Unzeit und am
unrechten Orte Gebrauch mache, und noch öfter das
Natürliche mit dem Faden und das Einfache mit dem
Alltäglichen verwechsele, kurz, daß sie, vornähmlich
in den kleinen biblischen Erzählungen, an Hoheit,
Würde und Reichthum die Klopstockische selbst nicht
aus weiter Ferne erreiche. Auch den fremden Charakter, den die Wielandische Muse angenommen hatte,

d) Man lese, was Hirzel über Sulzer den Weltweisen
Th. I. S. 195 hierüber sagt, und vergleiche damit die
Briefe der Schweizer an Gleim, herausgegeben von
Körte, unter andern S. 190 und 222.

durchschaute und würdigte man. „Sie ist," schrieb
ein scharfsinniger Beobachter unserer Litteratur e),
gleichsam im prophetischen Geiste, „ein junges Mädchen, das auch, wie die Bodmerische, die Betschwe-
ster spielen will und, der alten Wittwe zu gefallen,
sich in ein altväterisches Käppchen einhüllt, was ihr
gleichwohl nicht kleidet. Sie bemühet sich, eine ver-
ständige erfahrne Miene anzunehmen, unter der ihre
jugendliche Unbedachtsamkeit nur zu sehr hervorleuch-
tet, und es wäre ein merkwürdiges Schauspiel, wenn
diese junge Frömmigkeitslehrerinn sich wieder in eine
muntere Modeschönheit verwandelte." So war die
Stimmung der Einsichtsvollern im Jahre 1755, in
welchem der zweyte Band des Messias oder der sechste
bis zehnte Gesang erschien, und sie ist keineswegs eine
vorübergehende gewesen, sondern hat sich erhalten
und befestigt. Der Rausch, mit dem man die heilige Poesie und das griechische Sylbenmaß aufnahm,
war um diese Zeit größtentheils verflogen, oder doch,
wenigstens außerhalb den Gränzen der Schweiz, einer
vernünftigen Besinnung gewichen. Man erkannte,
daß die Wahl einer christlichen Geschichte, wenn der
Dichter zur Ausführung keine Begeisterung mitbringe,
diese so wenig aus sich erzeuge, als die Wahl einer

e) Ich werde besser unten auf Ihn und die bereits in der
Note a angezogene Schrift zurückkommen.

weltlichen Begebenheit, oder eines heidniſchen Mythus. Man gewahrte, daß die mit unbegreiflicher
Schnelligkeit hervorwachſenden Patriarchaden zwar
in der äußern Form ihrem Urbilde glichen, aber ihm
von Seiten des innern Gehalts deſto unähnlicher wären. Man lächelte über Bodmer, der auf ſeine frühern und unſtreitig beſſern Gedichte in Reimen itzt
mit Verachtung herabſah und ſich überredete, man
könne einzig in Hexametern den Nachdruck der deutſchen Sprache und ihre übrigen dichteriſchen Vorzüge
entfalten f), und man kam immer mehr überein,
daß wir, ungeachtet der großen Anzahl bibliſcher
Epopöen, in der That nur eine, oder vielmehr den
Anfang zu einer beſäßen.

Selbſt dann, wenn Klopſtock uns nichts als die
Meſſiade gegeben hätte, würden wir ſeinen Einfluß in
unſere lyriſche Poeſie, bey der Menge der erhabenſten
Geſänge und Pſalmen, die in jenes Gedicht verwebt
ſind, nicht mit Stillſchweigen übergehen können, wie
viel weniger dürfen wir es, da Klopſtock der Lyriker
wenigſtens eben ſo viel werth iſt, als Klopſtock der
Epiker? Seine früheſten Oden gehören in das Jahr
1747 und machen zum Theil noch itzt, obwohl in
einer hie und da veränderten Geſtalt, die Zierde der

---

f) Aeuſerungen aus der Vorrede zur neuen Ausgabe ſeiner Gedichte in gereimten Verſen. Zürich, 1754.

Sammlung, die ſie eröffnen. Da die meiſten derſelben anfänglich auf einzelne Bogen oder in Zeitſchriften gedruckt und nicht eher, als im Jahr 1771 von
dem Dichter in einen Band vereinigt worden ſind g),
ſo haben ſie freylich bey ihrer erſten Erſcheinung keinen ſo lebhaften Krieg veranlaßt, wie der Meſſias,
aber darum doch eben ſo kräftig gewirkt und das Gebieth der lyriſchen Poeſie nicht weniger erweitert, wie
dieſer das epiſche. Ein mir unbekannter Kunſtrichter
aus ſpätern Tagen h) drückt ſich über die deutſchen
Odendichter, die bereits vor Klopſtock einige ihrer
Verſuche öffentlich ausgeſtellt hatten, ſo aus:
„Lange, ſagt er, hat uns die Außenlinien der horaziſchen Oden bekannt gemacht; Uz fügte lachende Bilder, Philoſophie und eine mäßige Begeiſterung hinzu;
Cramer milderte den orientaliſchen Ungeſtüm in deutſchen Stanzen; Klopſtock brachte zur Ode eine geiſtige Phantaſie mit, die ſich über alles Sinnliche erhebt und bloß für die unſterbliche Seele dichtet.“
So wenig erſchöpfend dieſe Schilderung an ſich
iſt, ſo richtig bezeichnet ſie, was Klopſtock von ſeinen
Vorgängern hätte entlehnen können und wie gar
nichts er von ihnen entlehnte. Schon die Form der

g) Wann und wo ſie zuerſt erſchienen, hat, wenigſtens
   zum Theil, Thieß in der mehrmahls angeführten
   Schrift, S. 112 u. f. nachgewieſen.
h) Allgemeine deutſche Bibliothek, B. VII. S. 4.

horazlſchen Strophe bildete er nicht, wie Lange, ſo
ungefähr nach. Er faßte ſie ſtreng auf, bemühte
ſich, ſie in allen ihren Bewegungen genau wiederzugeben, ahmte ſie in eigenen von ihm erfundenen Sylbenmaßen wahrhaft künſtleriſch nach und unterſchied
ſich dadurch ſchon vortheilhaft von ſeinen Vorgängern. Allein noch weit mehr ließ er ihn und alle,
die vor ihm waren, in der lyriſchen Behandlung zurück. Auf ihn kann faſt wörtlich angewandt werden, was Horaz von Pindarn rühmt. Er verdient
den Lorbeer Apollo's, er mag neue Worte durch
kühne Dithyramben wälzen, oder Gott und ſeinen
Geſandten feyern, oder Könige und Helden verherrlichen, oder die Thränen der Liebe, oder die Empfindungen der Freundſchaft ſingen. Immer brauſt er,
einem von Gewitter-Regen geſchwellten Waldſtrome
ähnlich, mit vollem Munde dahin, oder ſchwingt
ſich, wie der dircäiſche Schwan, in das Wolkenge-
bieth empor. Die größte Bewunderung jedoch, wenigſtens keine geringere, als der Höhe ſeines Adler-
flugs, gebührt unſtreitig der Tiefe des Gefühls, das
in allen ſeinen Oden ſich ausſpricht. Nie hat ein
Lyriker ſtärker zu erſchüttern, oder inniger zu rühren
gewußt, als Klopſtock. Selbſt dann, wenn er fröhliche Gegenſtände beſingt, wie die Fahrt auf
dem Züricher See, den Frühling, oder die Wirkung
des Rheinweins, redet er ſtets zum Herzen und erfüllt

es bald mit ehrfurchtsvollem Schauer für die Natur
und ihren Schöpfer, bald mit heiliger Achtung für
die Tugend, bald mit kindlicher Liebe zur Weisheit,
bald mit sehnendem Verlangen nach einer bessern
Welt. Und bey all diesem Streben nach dem Ueber-
irdischen, Geistigen, Unendlichen, — wie glückt es
ihm, alles zu gestalten, zu beleben, und zu verkör-
pern, und, indem er dem Verstande der Phantasie
goldene Flügel leiht, ihn zu erheben und zu lenken,
wohin er will! Gewiß übertrifft ihn einer unserer
neuesten Lyriker an Gedankenfülle, und wetteifert mit
ihm in der Versinnlichung abgezogener Wahrheiten;
aber inniger empfunden, wie Klopstock, hat keiner,
noch, wie er, die gehaltreichsten Ideen so ganz in
Gefühle und Anschauungen zu verwandeln gewußt,
daß sie gar nicht im Verstande empfangen, sondern
einzig und unmittelbar aus dem Herzen und der Einbildungskraft entsprungen zu seyn scheinen.

Wenn ich Klopstock über alle mit ihm zugleich
auftretenden Lyriker stelle, so glaube ich mich dadurch
keiner Ungerechtigkeit gegen die letztern schuldig zu
machen; eine solche würde ich dann erst begehn,
wenn ich behauptete, daß die deutsche Lyrik einzig
durch ihn gewonnen habe: allein dieß anzunehmen,
bin ich so weit entfernt, daß ich mich vielmehr überzeugt halte, keine poetische Gattung sey in diesem

ganzen Zeitabſchnitte vielfältiger ausgebildet und vervollkommnet worden, als eben die lyriſche.   Jene Jünglinge in Leipzig und Halle, deren Nahme
durch die Beluſtigungen und die Bremiſchen Beyträge zuerſt bekannt geworden war, traten nunmehr
als Männer auf und legten gereiftere Früchte auf den
Altar der Muſen nieder.   Schon im Jahre 1749 erſchien, durch Gleims Beſorgung, die erſte Ausgabe
von Uzens lyriſchen Gedichten und 1756 die dritte
viel verbeſſerte und vermehrte.   Es iſt, und wäre es
auch nur aus dem ſechſten poetiſchen Briefe, den
man in allen ſpätern Ausgaben der ſämmtlichen Uzi-
ſchen Werke findet, hinlänglich bekannt, wie ſehr die
Schweizer und Wieland, der damahls noch zu ihrer
Partey gehörte, den Dichter um ſeiner fröhlichen Lieder willen angriffen.   Er hatte ſich herausgenommen,
nicht die heilige Poeſie überhaupt, aber den Unfug,
den die Nachahmer Klopſtocks trieben, zu beſpötteln,
und man ſuchte ſich zu rächen, indem man ihn als
üppigen Anakreontiſten bezeichnete und ſelbſt ſeinen
ſittlichen Charakter anſchwärzte i).   Um ſo mehr Ehre

---

i) Den Anlaß zum Unwillen gab Uz durch eine Stelle in
    dem nachher anzuführenden Sieg des Liebesgottes und
    durch eine zweyte in einem poetiſchen Briefe an Chriſt,
    in welchem auf die Schweizeriſchen Patriarchaden ge-
    ſtichelt ward.   Seitdem erlaubten ſich die Schweizer
    in ihren freymüthigen Nachrichten und Wieland in
    den Sympathien und in der Zuſchrift ſeiner Empfin-

bringt es ihm, daß er ſich von der Einſeitigkeit des
herrſchenden Geſchmacks nicht hinreißen ließ, und
ſeinen Gegnern zeigte, daß er nicht bloß angenehm
zu ſcherzen und lieblich zu tändeln, ſondern auch,
und ohne ſich deshalb von den Feſſeln des Reims zu
entbinden, oder ſeinen Stoff aus der Bibel zu entlehnen, einen höhern Flug nehmen und bald die eb-
ſen Lehren der Moral verherrlichen, bald die dunkeln
Wahrheiten der Metaphyſik aufhellen könne: Ihm
bleibt das unbeſtrittene Lob, daß er den philoſophi-
ſchen Geiſt, den wir in einigen der ſchätzbarſten Oden
Horazens bewundern k), mehr als nur erreicht habe,
und, wenn er auch von ſpätern Lyrikern übertroffen
wird, doch heute noch, ohne zu erröthen, ſeinen
Platz neben ihnen behaupten darf.

Wie Uz die philoſophiſche Ode, ſo veredelte Cramer die heilige Hymne: denn in dieſe Claſſe gehören
offenbar ſeine Pſalmen Davids, deren erſte Ausgabe
zwiſchen die Jahre 1755 und 1764 fällt, und mehrere
ſeiner eigenen Gedichte l) aus dieſem und dem fol-

- dung eines Chriſten harte und beleidigende Ausfälle.
  Man vergl. die Bibl. d. ſch. Wiſſ. Th. 1. S. 415. und
  Schlichtegrolls Nekrolog auf das Jahr 1796. Th. I. S.
  93 u. f.
- k) Ich meine hiermit hauptſächlich mehrere Oden des
  dritten Buchs, z. B. 1. 2. 6. 24.
- l) Geſammelt in drey Theile, Leipzig, 1782. 1783.

genden Zeiträume. Man kann ohne Bedenken einräumen, daß die natürliche Leichtigkeit, mit der er beydes, den poetiſchen Ausdruck und den Reim, handhabte, nicht immer ohne Nachtheil für ihn geweſen
ſey. Sie hat allerdings der Kraft und Kürze ſeiner
Darſtellung zuweilen Eintrag gethan und ihn zu Um-
ſchreibungen verleitet, die an Cramer, den etwas weitſchweifigen Kanzelredner, erinnern. Aber nicht zu gedenken, daß ſo gar dieſer Fehler ſich in dem immer
regen und immer tönenden Strome ſeiner Strophen
verliert, ſo wird auch nicht leicht Jemand behaupten,
daß irgend einer unſerer ſpätern poetiſchen Ueberſetzer
der Pſalmen den Geiſt der morgenländiſchen Urſchrift
im Ganzen glücklicher aufgefaßt und zwangloſer im
Deutſchen wiedergegeben habe, als er. Bis zu welcher
Höhe der heilige Geſang emporſteigen dürfe, wenn er
noch auf Seelen von mittlerer Faſſungskraft wirken
und ſie mit Andacht, Liebe und Vertrauen zu ihrem
Schöpfer erfüllen ſolle, dieſe Gränze hat Cramer genau erforſcht und beachtet. Dabey iſt er ungemein
mannigfaltig in ſeinen Sylbenmaßen und nicht ſelten
fein hörend genug, um gerade den rechten Rhythmus
für den Ton und Inhalt ſeiner Urſchrift zu treffen.
Hätte er ihn überall zu erlauſchen vermocht, er würde
vielleicht dem Tadel noch weniger Blößen geben und
dem Vorwurfe eines von Zeit zu Zeit ermatteten
Feuers gänzlich entgangen ſeyn.

Als Heldensänger aufgetreten, oder, was gleich-
viel sagen will, berühmt als Deutschlands Alcäus,
ist Karl Wilhelm Ramler m) erst seit dem Jahre
1759; aber seinen Nahmen haben bereits in diesem
Zeitraume einige einzelne gedruckte Oden verherr-
licht n): denn es ist ein Vortheil für die Dichter
eines Volkes, dessen Litteratur im Werden ist, daß
einzelne Stücke bewirken, was später ganzen Sammlungen nicht gelingt. So wahr und richtig der für
die neueste Ausgabe seiner Werke gewählte Denk-

---

m) Er ward geb. zu Colberg d. 15. Febr. 1725, studirte
zwischen 1740 und 1745 zu Halle auf dem Waisenhause
und auf der Universität, wo er mit Gleim und Uz um-
ging, wurde 1746 bey der Cadetten-Schule in Berlin
als Lehrer angestellt und starb daselbst d. 11. April 1798.
(s. sein Leben am zweyten Theil seiner sämmtlichen
Werke vom Jahre 1801. und Schlichtegroll Nekrolog
auf das Jahr 1798. B. I. S. 83.)

n) Einer Nachricht in seinem Leben zufolge, sandte er
noch, als Student in Halle, verschiedene eigene Gedichte und etliche übersetzte Horazische Oden, doch
ohne seinen Nahmen, in die Bremischen Beyträge.
Die beyden ältesten Stücke, die er des Aufbehaltens
werth gehalten hat, ich meine die Ode auf Friedrich
Wilhelms des Zweyten Geburt und Sehnsucht nach
dem Winter, sind vom Jahre 1744, die Ode auf den
Granatapfel vom Jahre 1749. Die erste von ihm selbst
besorgte Sammlung seiner Oden (s. Allgemeine deutsche Bibliothek, B. VII. S. 3.) gehört dem Jahre 1767.
Seine Oden aus dem Horaz erschienen zuerst (s. A. d.
B. B. XI. S. 251.) 1769, seine geistlichen Cantaten
aber (s. Bibl. d. sch. W. Th. VII. S. 194.) bereits
1760.

ſpruch: „Mit Mühe bild' ich kleine Geſänge;" die
eine Seite ſeines poetiſchen Charakters ausdrückt, ſo
ungerecht wäre es, in Ramlern, wie uns einige
überkluge Kunſtrichter unſerer Tage bereden wollen,
nichts, als den nüchternen Verskünſtler, zu ſehen.
Dieſen Glauben können nur diejenigen hägen, die
alles lyriſche Verdienſt in einer reichen überſchäu-
menden Einbildungskraft ſetzen und das Genie, ich
weiß nicht, an welchen Maßſtab, halten, oder, was
daſſelbe iſt, Horazen ſelbſt für keinen Lyriker erkennen.
Uneingenommene Kunſtrichter, wenn ſie Ramlers poetiſche Verſuche in ihrer urſprünglichen Geſtalt mit den
ſpätern Ueberarbeitungen vergleichen, werden freylich
bemerken, daß die Ausbildung der einzelnen Theile
das Werk einer unermüdeten, oft nur zu ſcharfen
und emſigen Feile iſt; aber ſie werden ſchwerlich den
Beweis führen können und führen wollen, daß auch
Entwurf und Gedanke die Geburt der kalten Ueberle-
gung und des ruhigen ſinnenden Fleißes ſey. Nicht
zufällig erweckter Nachahmungstrieb, ſondern wirkliche Geiſtesverwandtſchaft feſſelte ihn frühzeitig an
Horaz, und ſo hat, was die römiſche Sprache durch
dieſen, die unſere durch ihn gewonnen, — Oden, die
die geſundeſte Philoſophie athmen, ohne ſie zu lehren, leicht zu überſehende Ganze bilden, ohne einen
abſichtlichen Plan zu verrathen, und in ihren kleinſten Theilen vollendet erſcheinen, ohne daß die ihnen

geschenkte Sorgfalt (einige Verbesserungen der letzten
Hand ausgenommen) wesentlichern Schönheiten
nachtheilig wird. Von der Mythologie der Griechen
hat er auf mehr denn eine Weise den glücklichsten
Gebrauch gemacht, ja, sie gewissermaßen in unsere
Poesie eingeführt, hingegen, ganz, wie seine Muster,
die Alten, sein Saitenspiel selten oder nie zu der Liebe
zärtlichen Tönen gestimmt, ungeachtet es ihm, wie
mehrere seiner Oden und geistlichen Cantaten zeugen,
nicht an tiefer Empfindung fehlt.

So ziemlich gleichen Schritt mit der Ausbildung
der höhern Lyrik hielt die der niedern, oder des Liedes. Es ist wahr, die gelungenen Versuche eines
Hagedorn, Gleim, Götz und Uz weckten damahls
schon eine Menge Nachahmer, die durch die anschei-
nende Leichtigkeit, auf diesem Gefilde Lorbern zu
brechen verführt, überall in verstimmte Saiten von
Wein und Liebe sangen und sich Anakreonte zu seyn
dünkten. Aber darum blieb das Gebieth des leichten
Gesangs keineswegs unangebaut liegen. Nicht nur
Lessing und Weiße o) erweiterten es, jener durch die

o) Gotthold Ephraim Lessing war geb. zu Camenz in der
    Ober-Lausitz d. 22. Jan. 1729 und starb, als herzogl.
    Braunschweigischer Hofrath und Bibliothekar, zu Wol-
    fenbüttel d. 15. Febr. 1781 (s. sein Leben von seinem
    Bruder Karl Gotthelf. Berlin 1793.) Sein Freund,
    Christian Felix Weiße, mit dem er zwischen den Jah-

muntern naiven Lieder, die in dem erſten Bande ſeiner
im Jahr 1753 erſchienenen kleinen Schriften p) enthalten ſind, und dieſer durch ſeine ſcherzhaften Lieder
vom Jahre 1758 q); auch Gleim vermehrte die
Sammlung ſeiner Lieder mit neuen und bereicherte
überdem noch die Gattung ſelbſt. Seine Romanzen r),
der erſte Verſuch, eine Dichtungsart, die bisher
hauptſächlich von den Spaniern und Engländern gepflegt worden war, im Deutſchen nachzubilden, empfehlen ſich heute noch, obgleich der ganze Ton und
Charakter der Romanze unter den Händen geſchickte-
rer Bearbeiter unendlich gewonnen hat, durch eine

ren 1745 und 1748 in Leipzig ſtudirte, wurde zu Annaberg im Erzgebirge d. 28. Jan. 1726, geboren und iſt
als Kreis-Steuer-Einnehmer zu Leipzig d. 16. Det.
1804 geſtorben. Von beyden um unſere Litteratur hoch
verdienten Männern wird bald ausführlich die Rede
ſeyn.

p) Berlin, 1753—1756. Sechs Theile in 12, nun in
der Ausgabe ſeiner ſämmtlichen Schriften vom Jahre
1771. Mehrere dieſer lyriſchen Stücke ſtanden zuerſt
im Naturforſcher, einer Wochenſchrift, die Mylius
1747 beſorgte, (ſ. Leſſings Leben, S. 64.) und in den
Kleinigkeiten, die Leſſing 1751 zu Berlin herausgab.
Die beſſern nahm er in die kleinern Schriften auf.

q) Nachher öfters gedruckt, zuletzt in ſeinen kleinen lyriſchen Gedichten, Leipzig, 1772. Drey Bände.

r) Sie erſchienen zuerſt 1757 und wurden gleich das
Jahr darauf (ſ. Bibl. d. ſch. W. B. III. S. 321.) in:
Fabeln, Lieder und Romanzen, Leipzig, bey Iverſen;
wiederholt.

gewiſſe natürliche Einfalt und Herzlichkeit, und die
preußiſchen Kriegslieder eines Grenadiers s), die,
wie Tyrtäus Elegien a u s der Zeit hervorgingen,
werden ſo wenig, wie dieſe, in ihr untergehn: ſo
rein poetiſch iſt ihr Gehalt, ſo eigenthümlich ihr
Vortrag, ſo unveraltet und kräftig ihr Ausdruck.
Schon im Jahre 1758 waren wir reich genug an ſing-
baren lyriſchen Stücken, daß Ramler ſich mit dem Ton-
ſetzer Krauſe vereinigen und eine eigene Sammlung r)
für geſellige Unterhaltung veranſtalten konnte.

Ich habe, weil ich von Klopſtock dem Lyriker
ſprechen mußte, es für das natürlichſte gehalten,
ſogleich eine Ueberſicht von dem geſammten Ertrage
unſerer lyriſchen Poeſie in der Periode vor 1759 zu
geben. Itzt kehre ich wieder zu der epiſchen Dichtungsart zurück.

Das einzige bibliſche Gedicht, das mit Stolz
genannt werden kann, und die Leſewelt für die ſcha-
len und langweiligen Patriarchaden, die nach der
Meſſiade wie Pilze hervorkeimten, entſchädigte, war
der Tod Abels, mit welchem Salomo Geßner v),

---

s) In den Feldzügen 1756 und 1757 mit Melodien. Verl.
1758. in 12.

t) Oden mit Melodien. Berlin.

v) Er ward geboren zu Zürich d. 1. April 1730 und ſtarb,
als Rathsherr und Buchhändler daſelbſt den 2. März
1788. (ſ. ſein Leben von Hottinger, Zürich, 1796.)

nachdem er ſich bereits, wie ich bald anzeigen werde, in einer geringern poetiſchen Gattung rühmlichſt aus, gezeichnet hatte, im Jahre 1758 hervortrat. Man hat dem Gedichte zu viel Ehre und dem Dichter zu wenig Gerechtigkeit wiederfahren laſſen, da man es bey ſeiner Erſcheinung als eigentliche Epopöe beurtheilte. Schon die ungebundene Redeform, die Geß, ner wählte, ſchließt es von der Claſſe der wahren Gedichte aus, und warum erwartete man überhaupt von ihm mehr, als er ſelbſt ankündigte und verſprach, mehr, als: „ein erhabenes Lied,“ in Vergleichung mit denen, die er bis dahin verſucht hatte? Der Tod Abels iſt ein kleiner wohl ausgeführter Roman, auf einen Mythus der Bibel, wie ſo mancher andere auf einen Mythus der griechiſchen Urwelt, gegründet, und poetiſch gehalten, damit die Würde der Einkleibung der Würde des Stoffes entſpreche. Aus dieſem Geſichtspunkte das Ganze betrachtet, fallen die meiſten Einwendungen hinweg, die man, bey ſeiner Erſcheinung, bald gegen die Handlung, bald gegen die Charaktere, bald gegen die Zeichnung erhoben hat, und aus dem epiſchen Gedichte wird eine epiſche Dichtung, die durch die Zartheit der idylliſchen Behandlung, die Menge wohl erfundener Gemählde und der Zauber der ſanften Färbung, ungeachtet einer gewiſſen in ihr herrſchenden Einförmigkeit, anzieht und erfreut. So haben unſtreitig auch die deutſchen

Leſer empfunden, die, allen kritiſchen Urtheilen zum
Trotz, das Gedicht mit Wärme aufnahmen, und
nicht anders die Franzoſen x) und andere gebildete
Völker Europa's, von denen mehrere es bekanntlich y) in ihren eigenen Sprachen leſen.

Unter den poetiſchen Erzählungen ernſthaften
Inhalts wird man ſich ſchwerlich einer Unterlaſſungs-
Sünde ſchuldig machen, wenn man ſich auf die moraliſchen Erzählungen von Wieland z) und auf den
Tempel der Liebe von Duſch a) einſchränkt, um ſo
mehr, da beyde eigentlich erſt, durch den ſpäterhin
ihnen geſchenkten Fleiß ihrer Verfaſſer, den Grad
von Vollkommenheit erlangt haben, der ihnen ein
Recht giebt, genannt zu werden. Deſto häufigere,

x) Man ſehe das eben angezogene Leben, S. 148.

y) Nahmentlich die Engländer und Dänen.

z) Sie wurden in dem Jahre 1752 gedichtet und ſtehen
itzt, unter der Aufſchrift: Erzählungen; in den Sup-
plementen zu ſeinen ſämmtlichen Werken, B. II.
S. 49.

a) Johann Jakob Duſch ward geboren zu Zelle im Hannöveriſchen, 1727 und ſtarb als däniſcher Juſtizrath
1787. (ſ. über ſein Leben Journal von und für Deutſchland vom J. 1788. B. I. S. 212 und B. II. S. 514.)
Sein Tempel der Liebe erſchien zuerſt Homburg 1757
und nachher ſehr verbeſſert im dritten Theile ſeiner
poetiſchen Werke unter der Aufſchrift: Aedon und
Themire. (ſ. B. d. ſch. Wiſſ. III. S. 362 und Allg. d.
Bibl. XII. 282.)

8. B. 1. St.   **K**

obwohl ſelten wohlgefällige Opfer wurden der Muſe
des Scherzes gebracht.   Schon die Streitigkeiten,
die zwiſchen den beyden Hauptpartehen des deutſchen
Parnaſſes obwalteten und ſich durch die Dazwiſchen-
kunſt der bibliſchen Epopöen-Dichter und die Einführung des Hexameters immer ſtärker entzündeten,
gebaren eine Menge Gedichte, die komiſch ſeyn ſollten und meiſtens witzloſe Schmähſchriften waren b);
auch Duſch, nicht aus eigenem Antrieb, ſondern
durch die Leſung Popens geweckt, wagte ein komi-
ſches Heldengedicht, der Schoßhund, das in das
Jahr 1756 fällt, doch ohne die Kritik im geringſten
zu beſtechen oder irre zu leiten.   Er wurde vielmehr
ſogleich für einen nüchternen Nachahmer des Locken-
raubs erkannt und bemühte ſich vergebens, das über
ihn ausgeſprochene Urtheil verdächtig zu machen c).

b) Zu den beſſern möchte vielleicht Bodmerias in fünf
    Geſängen 1754 (ohne Nahmen und Druckort) zu rech-
    nen ſeyn.

c) Das Gedicht war in der Bibl. d. ſch. Wiſſ. (B. I. S.
    355.) ſcharf, aber wahr, gewürdigt worden. Duſch
    ſuchte die Herausgeber mittelbar zu widerlegen und
    griff in ſeinen vermiſchten kritiſchen und ſatyriſchen
    Schriften (Altona 1758. vergl. B. d. ſch. W. B. IV.
    S. 532.) Uzens Liebesgott an, den ſie gelobt hatten.
    Dagegen vertheidigte ſich Uz ruhig und beſcheiden in
    einem beſondern Schreiben, das auch in der Sammlung
    ſeiner Werke (Th. II. S. 155) ſteht, und demüthigte durch
    ſeine Rechtfertigung Duſchen weit mehr, als dieſer ihn.
    Man vergl. über die Streitigkeit, außer den angezo-

Nur zwey Dichter lenkten durch ihre Versuche die
Aufmerksamkeit der Lesewelt auf sich und verdienten
sie, — Zachariä, der bereits in den Bremischen
Beyträgen nicht ohne Glück sich als scherzhaften
Dichter gezeigt hatte, und Uz. Dieser gab im Jahre
1753 den Sieg des Liebesgottes d) und jener im
Jahr 1754 das Schnupftuch und den Phaeton e)
und im Jahre 1757 den Murner in der Hölle
und die Tagostade oder die Jagd ohne Jagd
heraus f). Zwey Urtheile über die Arbeiten des
letztern, beyde aus seinen Tagen und von entgegen-
gesetzten Parteyen, mögen beweisen, wie schwer es
ist, in Sachen des Geschmacks ein für immer gel-
tendes Urtheil zu fällen. „Wie sehr wünschten

genen Schriften, noch Schlichtegrolls Nekrolog auf das
J. 1796. Th. I. S. 95. und die B. d. sch. W. Th. II.
S. 436. — Früher hatte Dusch bereits in seinen vermisch-
ten Werken, Jena 1754, ein komisches Gedicht, das
Toppee, eingerückt, was jedoch noch weniger Werth
hat, als der Schoßhund.

d) S. das Neueste a. d. a. Gel. von dem genannten Jahre
S. 239. In der Folge hat der Verfasser das Gedicht
vielfach verbessert und es auch in die Sammlung seiner Werke aufgenommen.

e) In den scherzhaften epischen Poesien, nebst einigen
Oden und Liedern. Braunschweig und Hildesheim.
Der Renommist und die Verwandlungen wurden hier
wiederholt.

f) Jenen zu Rostock, diese zu Leipzig.

wir," ſagt der eine Kunſtrichter g), nachdem er
das in reimende Verſe verfaßte Schnupftuch unbedingt gelobt hat, „daß wir eben das vom Phaeton
ſagen könnten! Der böſe Stern der itzigen Verderb-
niß hat leider! auch einen der beſten Dichter fortge-
riſſen. Die alpiniſche Seuche der Hexametriſten hat
einen feinen Kopf angeſteckt, der es gar nicht nöthig
hatte, den Mantel auf beyden Achſeln zu tragen,
um zu gefallen, ja bewundert zu werden. Es iſt er-
ſtaunend zu ſehn, wie der richtigſte Witz ſich in Meteore verliert, ſobald er Hexameter zu machen beginnt. Die Quäker und Herrnhuter, Alchimiſten und
Böhmiſten können ſich durch ihre beſondere Sprache
nicht mehr von allen Sterblichen unterſcheiden, als
ſich die deutſchen Sechsfüßler heute zu Tage von allen
vernünftigen Menſchen abſondern. Sie reden, wie
die Verwilderten. Kurz, wir bedauern es ſehr, auch
den wackern Zachariä auf dieſer Wildbahn anzutreffen." Dagegen ſchreibt ein anderer h): „Zachariä's
komiſche Epopöen ſind eine Dichtungsart, wozu ſeine
Muſe geſchaffen zu ſeyn ſcheint, und wodurch er ſich
einen Nahmen erworben hat, der neben einem Homer, Pope und Boileau zu ſtehen verdient. Ueber
den allgemeinen Werth dieſer Gedichte hat die Kritik

g) S. das Neueſte vom J. 1754. S. 682
h) Bibl. d. ſch. Wiſſ. B. XII. S. 293.

längst zu seinem Vortheile entschieden; die Rangord-
nung unter ihnen mag jeder nach seinem Geschmacke
machen. Wir haben immer den Phaeton für das
vorzüglichste gehalten, obgleich die glänzende Einbildungskraft durch alle in der Ausführung gleich
herrscht.‟ Es ziemt dem Geschichtschreiber der Litteratur nicht, an verdienstliche Werke aus früherer
Zeit den Maßstab der spätern zu legen. Aber wer
belächelt heute zu Tage nicht gleich sehr Zachariä's
Meteore und Zachariä's glänzende Einbildungskraft,
den sich versteigenden Hexametristen und den deutschen Pope?

Außer den Fabeln Gellerts, die er 1748 in einem
zweyten Theile sammelte, erhielt diese Dichtungsart
noch durch drey neu auftretende Fabeldichter in diesem Zeitraume einen besondern beträchtlichen Zu-
wachs. Die Eigenthümlichkeiten und Verdienste,
durch die sich jeder derselben auszeichnet, werden, im
Ganzen genommen, richtig gewürdigt seyn, wenn
man bemerkt, daß Lichtwer i), obgleich in der Schule
Gottscheds erzogen und nicht selten durch Gemein-

i) Magnus Gottfried Lichtwer (s. sein Leben in Schmids
Nekrolog S. 372) ward geboren zu Wurzen den 30.
Januar 1719 und starb als Regierungsrath zu Halberstadt den 6. Jul. 1783. Seine Fabeln erschienen zuerst
(s. Gottscheds Neuestes von 1751. S. 756.) mit der
Aufschrift: Vier Bücher äsopischer Fabeln in gebundener Schreibart, Leipzig, 1748, dann (s. Bibl. d. sch.

heit, Weitschweifigkeit und niedrige Spaßmacherey,
an sie erinnernd, dennoch in vielen seiner Versuche,
man mag auf die Wahrheit der Erfindung, oder auf
die Anschaulichkeit der in ihr enthaltenen Moral, oder
auf die Reinigkeit des Ausdrucks sehn, dem Phädrus
nahe kommt, Gleim k) nur zu oft weder als Erfinder noch als Moralist befriedigt, und, was bloßer
Einfall ist, Fabel nennt, aber für diesen Fehler
durch die Einfalt, Natur und Munterkeit seines Vor-
trages entschädigt, Lessing l) hingegen, ungeachtet er
den Reim und das Sylbenmaß, die, wie es scheint,
unerläßliche Zierde der Fabel, verschmäht, gleichwohl durch den Reichthum eigner und die kluge Benutzung fremder Erfindungen, durch den Gehalt und
die Neuheit seiner Maximen und Sittenlehren und
durch eine edle, körnige, runde Prosa, so über alle
neuern hervorragt, daß er sich, mit ihnen verglichen
zu werden, ohne Bedenken verbitten darf. In der

W. B. III. S. 57) Berlin 1758, mit einem Anhange
von Oden, darauf, von dem Verfasser selbst verbessert,
1762 und öfter.

k) Seine Fabeln (s. die vorhergehende Note r.) kamen
zuerst 1758. heraus. Die neueste Ausgabe ist vom
Jahre 1786.

l) Fabeln, drey Bücher, nebst Abhandlungen mit dieser
Dichtungart verwandten Inhalts, Berlin 1759, nun
im achtzehnten Bande von Lessings sämtlichen Schriften. Die wenigen gereimten, die er der Erhaltung
werth gefunden hat, stehen im zweyten.

an die Fabel so nahe gränzenden didaktischen Dichtungsart begegnen wir einer solchen Anzahl von
größern und kleinern Versuchen m), daß man schon
eine Auswahl unter den anzuführenden treffen muß.
Ich nenne daher weder die von Seiten des Umfangs,
wie von Seiten des innern Gehalts, vielfach
beschränkten Gedichte Lessings und Kästners n),
noch die, wenn auch oft starken, doch ungeschmeidi-
gen Withofs o), viel weniger Lichtwers Recht der
Vernunft p), an dem leider! die Vernunft so viel
und die Phantasie so wenig Antheil hat; die einzigen,
an die ich zu erinnern wage, sind Wielands Natur
der Dinge, seine moralischen Briefe und sein Anti-
Ovid q) und die Wissenschaften von Dusch r),

m) Man vergleiche Blankenburgs Zusätze zu Sulzers
    Theorie der sch. Künste, Th. II. S. 263 u. f.

n) Sie stehen in beyder vermischten Schriften.

o) Johann Philipp Lorenz Withof war geb. auf der Uni-
    versität Duisburg d. 1. Jun 1725 und starb als Gräf-
    lich-Bentheim-Steinfurtischer Hofrath, D. der Arz-
    neygel. und Prof. der Beredtsamkeit und griechischen
    Sprache daselbst d. 3. Jul. 1789. Von ihm als didak-
    tischem Dichter gehören hieher Aufmunterungen in
    moralischen Gedichten. Dortmund, 1755. (s. B. d.
    sch. W. B. I. S. 86.)

p) Leipzig 1758. (s. B. d. sch. W. B. III. S. 263.)

q) Zuletzt gedruckt in dem ersten und zweyten Bande der
    Supplemente zu seinen sämmtlichen Werken.

r) Umgearbeitet in dem ersten Theile seiner sämmtlichen
    poetischen Werke. (s. Neue B. d. sch. W. B. II. S.
    261. und A. d. Bibl. B. V. S. 3.)

ſämmtlich von den Jahren 1751 und 1752. So we⸗
nig eins von den genannten ſich der Vollkommenheit
nähert, (und wie ſehr dieß ihre Verfaſſer ſelbſt fühl⸗
ten, haben ſie theils ſpäterhin ausdrücklich bekannt,
theils durch die mit ihren Arbeiten vorgenommenen
Veränderungen und Umſchmelzungen ſtillſchweigend
angedeutet,) ſo ſehr beurkundet jedes die Fortſchritte
unſerer poetiſchen Sprache und die größere Geſchmei⸗
digkeit, die ihr für den ſinnlichen Ausdruck philoſo⸗
phiſcher Ideen zu Theil geworden war.

Mit Vergnügen verweilt der Kritiker bey der
Betrachtung der beſchreibenden oder mahleriſchen
Poeſie und des mit ihr verwandten Idylls, zweyer
Dichtungsarten, durch deren Anbau ſich Kleiſt und
Geßner unſterblich gemacht haben. Der Frühling
des erſtern erſchien zuerſt im Jahr 1749 r), und der
Verfaſſer konnte mit Recht von ſeinem Gedichte, wie
Gleim von Uzens Ode über den nähmlichen Gegen⸗
ſtand rühmen s), daß er etwas bisher im Deutſchen
noch nicht verſuchtes in die Saiten geſungen habe:
denn ſchon im Jahre 1747, alſo vor der Herausgabe

r) Man vergleiche über die urſprüngliche Geſtalt des Ge⸗
  dichtes Schmids Nekrolog S. 404. und die neue Aus⸗
  gabe des Frühlings von Körte, Berlin, 1804.

s) Siehe Gleims Vorrede zu der Ausgabe der lyriſchen
  Gedichte ſeines Freundes vom Jahre 1749.

der Messiade, beschäftigte er sich mit der Arbeit und
sammelte auf seinen Spaziergängen, die er seine poetische Bilderjagd nannte v), Ideen dazu. Aber
schwerlich würde die neue hexametrische Versart dem
Frühlinge so viele Bewunderer und Freunde erworben haben, wenn sich hier nicht die schönste sinnliche
Mahlerey mit den zartesten Empfindungen des Herzens und einer leisen Schwermuth, die gegen die
fröhliche belebte Natur so angenehm absticht, ver-
schwistert hätte. Diese eigenthümliche Mischung, die
so gar das Gefühl der Einförmigkeit, welches den
Beschauer nur zu leicht bey der Musterung einer langen Bilderreihe zu beschleichen pflegt, wenn nicht un-
terdrückt, doch mildert, charakterisirt auch die wenigen
Idyllen, die aus der Feder dieses liebenswürdigen
Sängers des Frühlings geflossen sind x).

Mit Kleist wetteifert in mehr denn einer Hinsicht
und geht als Sieger aus dem Wettkampfe hinweg
Geßner, der Dichter der Idyllen und des Schäfer-
Romans Daphnis y). Er hat die Natur nicht nur
eben so aufmerksam beobachtet, wie jener; er hat

---

v) Siehe Kleists Ehrengedächtniß von Nicolai.

x) Zuerst gedruckt in: Neue Gedichte von dem Verfasser
des Frühlings, Berlin 1758. (s. B. d. sch. W. B. III.
S. 335.)

y) Der Roman wurde 1754, die Idyllen 1756 zum ersten
Mahle gedruckt. (s. Geßners Leben S. 95. u. 97.)

auch ihre feinern Schattirungen auf das treuste aufgefaßt; er hat seine Gemählde nicht bloß eben so
reich ausgestattet; er hat ihnen noch dadurch einen
besondern Reiz verliehn, daß er sich ein idealisches
Hirtenland schafft, wo alle Blumen in höherm Lichte
glühen und alle Farben lebhafter spielen. Was ihm
hierbey zum vorzüglichen Lobe gereicht, ist, daß er
sich in einer so beschränkten Gattung, wie die seini-
ge, weder in Bildern erschöpft, noch bey der Sorgfalt, mit der er arbeitet, zu sehr ins Kleinliche oder
Kunstreiche verliert, noch des schönen übereinstimmen-
den Verhältnisses zwischen seiner Welt und ihren Be-
wohnern einen Augenblick vergißt. Seine Hirten
sind einfach, wie die Natur, in der sie leben, ihre
Empfindungen zart und jungfräulich, wie die Rose,
die sich in ihren Gefilden entfaltet, und ihre Sitten
rein, wie die Luft, die sie athmen. Auch hat er, um
den Charakter der Einfalt und Kunstlosigkeit allgemein zu bewahren, sich eine eigene Sprache gebildet,
eine Sprache, die, ohne die Fesseln des Sylbenmaßes
zu tragen, durchgängig Rhythmus, und, ohne sich
den Gesetzen der Harmonie ängstlich zu unterwerfen,
musikalischer Wohlklang ist.

Nach solchen Meistern in der mahlerischen Poesie, wie die beyden erwähnten, nennt man nur mit
einiger Schüchternheit die Tagszeiten und die vier

Stufen des weiblichen Alters von Zachariä z) und
die poetischen Gemählde und Empfindungen aus der
heiligen Geschichte von Schmidt a). Der Pinsel des
erstern ist leicht und gefällig, aber bey weitem nicht
fleißig genug, seine Farben sind rein, aber einförmig,
seine Zeichnungen wahr, aber zu wenig charakteri-
stisch, und die Haltung seiner Gemählde ungleich.
Der zweyte weiß die Gesinnung und Denkart der biblischen Personen, die er aufführt, mit Sicherheit zu
ergreifen und den Farbenton des morgenländischen
Himmels glücklich zu treffen, aber die Beschränktheit
der Welt, die er schildert, ist in seiner Darstellung
sichtbar und weder seine Prosa so fließend, noch sein
Hexameter so wohlklingend, wie er beyde späterhin
bilden lernte b). Weit über ihm steht, als Mahler,
sein Freund Heinrich Wilhelm von Gerstenberg c),

z) Jene erschienen 1755, diese 1757 und stehn nun in dem
zweyten Bande der sämmtlichen Werke des Dichters.

a) Jakob Friedrich Schmidt ward geb. zu Blasienzelle,
einem Flecken im Thüringer Walde, d. 2. April 1730,
und starb als Pastor der beyden Hauptkirchen zu Gotha
d. 2. März 1796. (s. Schlichtegrolls Nekrolog auf das
Jahr 1796 B. II. S. 133.) Seine Gemählde erschienen 1759. (s. die B. d. sch. W. B. I. S. 317.)

b) Daß er über den deutschen Hexameter gedacht und ihn
früher noch, als Voß, nach römischen Mustern zu ver-
bessern und wohlklingender zu machen versucht habe,
beweist sein deutscher Horaz, der 1776 herauskam.

c) Er ist geb. zu Tondern im Schleswigischen den 3. Ja-

wofern man anders dessen Tändeleyen und prosaische Gedichte *d)* nicht lieber zu der erzählenden und
lyrischen Gattung zählen will. Reich an Erfindungen
und Phantasie, taucht er seinen Pinsel bald in milde
bald in glühende Farben und schildert mit gleicher
Gewandtheit itzt eine liebliche leichtfertige Scene in
Paphos und itzt Bacchus triumphähnlichen Zug nach
Cypern, oder seine Vermählung mit der Königinn
dieses Eylandes.

Am wenigsten stolz dürfen wir auf die Fortschritte derjenigen poetischen Gattung seyn, von welcher man denken sollte, sie müsse sich schneller, als
die übrigen alle, vervollkommnen, weil sie am meisten
in das Leben eingreift und die meisten Freunde und
Beurtheiler findet, ich meine auf die Fortschritte der
dramatischen. In der That war, bey dem allgemeinen Antheile an dem Aufblühn der Kunst und Litteratur in Deutschland, auch das Theater nicht leer
ausg gangen. Die Schauspieler hatten sich wirklich
gebessert. Aus den alten, zum Theil sich ganz auf-
lösenden, zum Theil sich zersplitternden Gesellschaften

nuar 1737, und lebt, nach Verwaltung mehrerer öffentlichen Aemter, itzt als Privatmann zu Altona.

d) Beyde erschienen im Jahr 1750, jene zu Altona, diese
zu Leipzig. (s. die Litteratur Briefe Th. IV. S. 210.
und Th. II. S. 232. und die Bibl. d. sch. W. B. V.
S. 301 und B. VI. S. 323.)

entstanden einige neue, die Ruhm verdienten, wie die
Koch:sche, Ackermannische und Döbbelinische e). In
verschiedenen Städten bildete sich ein stehendes Theater. Einige Vorsteher sparten keine Kosten, um entweder ihre Nebenbuhler zu unterdrücken, oder sich
selbst durch die Kunst zu bereichern. Das Aeußere
der Bühne war im Ganzen überall anständiger und
der Schauspieler und sein Beruf mehr geachtet. Aber
bey allen diesen Vorschritten ins Bessere, wirkte die
Richtung, die Gottsched unserer Bühne gegeben hatte, noch immer fort. Das französische Drama war
und blieb das ausschließende Vorbild des deutschen,
französische Dramen in deutsche Alexandriner zu
zwingen, die Hauptbeschäftigung unserer scenischen
Dichter, und die bänderreiche Wiener Schaubühne
und die sämmtlichen übersetzten Werke eines Destou-
ches, Regnard und Saintfoix der wichtigste Bestand-
theil einer theatralischen Bibliothek. Man durch-
blättere das Verzeichniß der deutschen Schauspiele
von dem Jahre 1750 bis 1760, in dem zweyten Theile
von Gottscheds nöthigem Vorrathe zur Geschichte
unserer dramatischen Dichtkunst, und man wird ge-
stehn, daß ich nicht zu viel gesagt habe, Nur ein
einziger Mann verdient unter den Theater-Dichtern

e) Die erste 1750, die zweyte 1753 und die dritte 1756.
f. die Chronologie des deutschen Theaters.

dieſer Periode mit Auszeichnung genannt zu werden,
und dieſer eine iſt Leſſing. Schon mehrere kritiſche
Anſichten, die er zuerſt, in Gemeinſchaft mit Mylius,
in den Beyträgen zur Aufnahme und Hiſtorie des
deutſchen Theaters f) und nachher allein in der theatraliſchen Bibliothek g) in Umlauf brachte, die zur
rechten Zeit eintretende und oft wiederholte Erinnerung, daß es unter den neuen Nationen, außer den
Franzoſen, noch zwey andere, die Italiäner und Engländer, gebe, deren Theater zu beachten ſey, und die
lebhafte Empfehlung Thomſons in der Vorrede zu
deſſen verdeutſchten Schauspielen h) beförderten eine
freyere Kritik und halfen die Einſeitigkeit der theatraliſchen Regeln beſchränken.   Aber noch weit mehr
wirkte Leſſing allerdings durch die eigenen Stücke,
die er zwiſchen den Jahren 1747 und 1756 arbeitete i), und, nachdem mehrere davon aus der Hand-

f) Vier Stücke, Stuttgard 1750. ſ. die Vorrede zum
   XXII. Theil ſeiner Schriften.

g) Vier Stücke, Berlin 1754 — 1758. ſ. den XXIII Theil
   ſeiner Schriften.

h) Der Ueberſetzer war Geßner. Die Vorrede ſteht auch
   in dem angezogenen Theile der Leſſingiſchen Schriften
   S. 318.

i) Ihre chronologiſche Ordnung iſt folgende. 1747 wurde
   der junge Gelehrte, 1748 der Miſogyn, 1749 der Frey-
   geiſt und die Juden, 1750 der Schatz, 1755 Miß Sara Sampſon und 1758 der zu Berlin einzeln gedruckte
   Philotas geſchrieben. ſ. die Angaben der Jahre auf den

schrift gespielt worden waren k), in dem fünften und
sechsten Theile seiner kleinen Schriften herausgab.
Bey allen Mängeln, die wir heute in seinen frühern
Dramen wahrnehmen, und die Niemand weniger
übersah, als er selbst, bleibt es dennoch entschieden,
daß das erste bessere deutsche Lustspiel jener Tage sein
junger Gelehrter, so wie das beste deutsche Trauerspiel seine Miß Sara Sampson war. Auch bewies
der Beyfall, mit dem man seine Versuche aufnahm,
zur Genüge, daß man in ihm von allem Anfange an
den Dichter erkannte, der die Menge zu lenken, nicht
sich von ihr lenken zu lassen, berufen sey: Fügen
wir zu den sechs oder sieben Lessingischen Dramen
noch einige Lustspiele von Krüger l), zwey oder drey

Titeln der Stücke und außerdem noch Lessings Leben
S. 65, 173 und 205. Zwey mit dem jungen Gelehrten
gleichzeitige, aber von Lessing verworfene Lustspiele,
Damon oder die wahre Freundschaft und die alte Jung-
fer, hat Schmid in seiner Anthologie der Deutschen,
Frankfurt und Leipzig, 1770, S. 103 und 147, wieder
abdrucken lassen.

k) Wie unter andern der auf der Meißner Fürstenschule
begonnene und in Leipzig umgearbeitete junge Gelehrte, den die Neuberin zuerst aufführte.

l) Seine beyden Lustspiele die Candidaten und der blinde
Ehemann (s. Chronologie d. deutschen Theaters S.
136 und 142) sind vom Jahre 1748 und 1749 und stehen auch in Krügers poetischen und theatralischen
Schriften, herausgegeben von J. F. Löwen. Leipzig
1763.

von Romanus m), Lady Johanna Gray, ein Trauerspiel in reimlosen Jamben von Wieland n), und den
Kodrus von Cronegk o) und den Freygeist von Brawe p), zwey Tragödien, (die eine in Alexandrinern, die

m) Karl Franz Romanus war geb. zu Leipzig 1731 und
starb zu Dresden als geheimer Kriegsrath 1787. Seine Schauspiele, von denen mehrere (s. Chronologie d.
d. Th. S. 181 und 187.) bereits 1755 und 1756 auf
die Bühne kamen, wurden von ihm selbst 1765 unter
der einfachen Aufschrift: Komödien; gesammelt. Gewürdigt sind zwey seiner bessern Stücke, die Brüder
und Crispin als Vater, in Lessings Dramaturgie II.
S. 306 und in den Litteratur-Briefen, Th. XXIII.
S. 53.

n) Geschrieben im Jahre 1758 und zum ersten Mahl zu
Zürich aufgeführt. Es steht in dem vierten Bande der
Supplemente zu Wielands Werken.

o) Johann Friedrich von Cronegk war geb. zu Anspach d.
2. Sept. 1731 und starb den 31 Dec. 1758. Seine
sämmtlichen Schriften erschienen erst im Jahre 1761
und enthalten im ersten Theile den auch als Anhang
zum ersten und zweyten Bande der Bibl. d. sch. W.
gedruckten Kodrus, nebst mehrern theatralischen Versuchen, und im zweyten seine Einsamkeiten in sechs und
in zwey Gesängen, seine Lehrgedichte und seine Oden
und Lieder, lauter Arbeiten, die einen Dichter von
Geist und Herz verkündigen und die Klagen seiner Zeitgenossen um ihn rechtfertigen. Sein Leben steht vor
der Ausgabe seiner Werke.

p) Joachim Wilhelm von Brawe war geb. zu Weißenfels
d. 4. Febr. 1738 und starb d. 7. April 1759, ebenfalls
viel zu früh für den Ruhm unserer Litteratur. (s. B.
d. sch. Wiss. B. III. S. 403.) Seinen Freygeist haben
die Herausgeber der Leipziger Bibl. zugleich mit dem
Kodrus drucken lassen.

andre in Proſa,) welche die Verfaſſer der Leipziger
Bibliothek q) durch einen ausgeſetzten Preis veranlaß-
ten, ſo möchten wir leicht — denn Klopſtocks Adam r)
kann hier ſo wenig, wie Bodmers patriarchaliſche
Trauerſpiele s), auf eine Erwähnung Anſpruch machen — den ganzen brauchbaren Vorrath, den unſere Bühne an urſprünglich deutſchen Stücken erhielt,
genannt haben.

Es bedarf kaum der Bemerkung, daß Gottſchebs
Einfluß auf unſer Theater bey ſolchen Bemühungen
immer mehr ſinken mußte, weil auch der lauteſte kritiſche Schreyer nichts gegen die Ueberzeugung vermag, welche beſſere Muſter gewähren. Indeß verdient dennoch das Ereigniß, an dem ſein kunſtrichter-
licher Ruhm ganz eigentlich Schiffbruch litt, hier um
ſo mehr eine Stelle, da es mit der Wiedergeburt
einer dramatiſchen Gattüng, die ſeitdem auf unſerm
Theater ein ſo entſchiedenes Glück gemacht hat, genau zuſammenhängt.

q) B. I. S. 14.

r) Zuerſt gedruckt 1757, und ſkt in dem VIII Bande von
Klopſtocks Werken. Wie durchaus undramatiſch das
Stück ſey, iſt längſt anerkannt (ſ. B. d. ſch. W. B.
II. S. 212.)

s) Der erkannte Joſeph und der keuſche Joſeph. Zwey
(ſeyn ſollende) tragiſche Stücke von Bodmer. Zürich
1754.

2. B. i. St.   L

Meine Leſer wiſſen bereits, welch ein Aergerniß
Gottſched an der deutſchen Oper nahm, die, als er
zur Verbeſſerung unſerer Bühne herzueilte, unumſchränkt auf ihr herrſchte, wie er nicht müde ward,
ſie zu verfolgen, und wie es ihm endlich gelang, ſie
ganz zu verdrängen. Dieſes Triumphes freute er
ſich, wie Herkules alten Andenkens der Ueberwindung
der Hydra, und fürchtete nicht, daß das Ungeheuer
je wieder aufleben werde, als plötzlich im Jahr 1752
die Kochiſche Schauſpielergeſellſchaft in Leipzig,
hauptſächlich um ein leeres Haus zu füllen und dem
luſtigen Theil der Zuſchauer einen Erſatz für den verbannten Hannswurſt zu geben, die Oper des Engländers Coffey, die verwandelten Weiber oder der Teufel iſt los, nach einer Bearbeitung von Weiße auf
das Theater brachte *) und beyde Zwecke, die Erhöhung der Einnahme und die Beförderung des Vergnügens auf das vollkommenſte erreichte. Eine
Kränkung, wie dieſe, gelaſſen zu ertragen und den
Sieg der Oper mit eignen Augen anzuſehn, war
Gottſched nicht Mann genug. In dem erſten
Schmerze erließ er ſelbſt ein Schreiben in ſchlechtem
Franzöſiſch an den damahligen Dresdner Hofmarſchall, den Herrn von Dieskau, in welchem er ſeinen
Unwillen gegen die neue Oper und die Furien in den

*) Nachtrüge Th. VII. S. 399.

Dresdner Balletten Luft machte v). Seine Frau
schrieb ein Paar Bogen unter dem Titel: Der kleine
Prophet von Böhmischbroda x); und bespöttelte
darin die neue Erscheinung nicht minder. Ihnen
folgten mehrere ihrer Anhänger. Die Gegenpartey
regte sich ebenfalls und bald erlebte man so gar Ver-
haftungen und Processe. Da trat derselbe Satyr,
der Gottscheden schon einmahl gezüchtigt hatte, Rost,
damahls Secretair bey dem Grafen von Brühl, hervor und ließ ein in drolligen Knittelversen abgefaß-
tes Schreiben: der Teufel an den Herrn Professor;
drucken, das den Kampf entschied y). Alle Lacher
traten auf Rosts Seite; der Beleidigte suchte Ge-
nugthuung bey Brühl und ward verspottet, und die

v) Chronologie des d. Theaters, S. 160.

x) Eigentlich halb Uebersetzung halb Nachahmung des
Petit Prophète de Boehmischbroda, den H. von Grimm
zu Paris gegen die Lobredner der französischen Musik
(f. Flögels Gesch. der komischen Litter. B. III. S. 541.
vergl. S. 511.) geschrieben hatte. Man vergleiche über
diese und andre theatralische Streitschriften, die damahls in Leipzig erschienen, das Neueste, Jahrg. 1753,
S. 715.

y) Siehe, außer der angezogenen Chronologie d. d. Theaters, noch Schmids Nekrolog S. 456. und Nicolai
über einige Nachrichten von J. A. Hiller in der Berliner Monatschrift von 1805, Januar, S. 13 und 31,
wo der komische Auftritt zwischen Gottsched und Brühl
umständlich erzählt und Rosts Gedicht in einem richti-
gern Abdrucke, als Schmids Anthologie der Deutschen
S. 213 liefert, mitgetheilt wird.

Oper nahm ihre verlorne Stelle auf dem Theater wieder ein.

Wenn der Freund der vaterländiſchen Poeſie ſein Auge rückwärts kehrt und erwägt, wie es vor dem Jahre 1748 um die deutſche Litteratur ſtand, ſo kann er nicht anders als mit einem gewiſſen Stolze bey dem Zeitraume verweilen, von dem ich ſo eben eine Ueberſicht zu liefern verſucht habe. Wie wenig Jahre enthält er, und wie viel iſt in ihm geleiſtet worden! Bey allen Lücken, die wir theils im dramatiſchen Fache, theils in andern Gattungen der Poeſie, vorzüglich in Abſicht auf den Roman, der ſeit der Erſcheinung der ſchwediſchen Gräfinn nicht weiter fortgerückt war z), bemerken, ja ſelbſt bey der größten Achtung für die überraſchenden Fortſchritte der ſpätern Tage, dürfen wir gleichwohl ohne Ungerechtigkeit behaupten, daß ſich nie eine ſchönere und ſchnellere poetiſche Blüthe in unſern Gefilden entfaltet habe, als zwiſchen den Jahren 1748 und 1759. Wie eifrig und glücklich iſt nicht nur in dieſer Zeit die poetiſche Sprache von der proſaiſchen je länger

z) Die Geſchichte des Grafen von P. Leipzig, 1755. und die Geſchichte des Herrn Redlich und ſeiner Bedienten, Wittenberg, 1756. gehörten damahls (ſ. Kochs Compendium der Litteratur, Th. I. S. 276.) zu den geleſenſten Romanen.

se schärfer gesöndert, die Sphäre der erstern erweitert und die verschiedenen Arten des Ausdrucks in ihr
gebildet und vervollkommnet worden; welch ein eigen-
thümliches Gepräge haben nicht überhaupt die mächtigen Genien, die unter uns hervorgingen, unserer
Poesie aufgedrückt, welche Wege ihr aufgeschlossen,
welche bleibende Richtungen ihr gegeben! Es ist hier
der Ort die vornehmsten derselben zu bezeichnen.

Die Kenner des griechischen Alterthums urtheilen, daß die Werke Homers in die gesammte Poesie
und Litteratur seines Volkes mächtig eingegriffen,
und beyder Gang und Bildung auf eine entschiedene
Weise bestimmt haben, und urtheilen hierin ganz richtig. Die Fabel, die er ausführte, die Sagen, die er
in sie verwebte, das Göttersystem, das er, zur Erreichung des Wunderbaren, sich schuf, selbst die dramatische Form, die er beobachtete, — alles das ist für
die spätern Dichter der Griechen Muster und Vorbild und gleichsam die Grundlage ihrer poetischen
Darstellungen geworden. Diese Götter und Göt-
ter-Charaktere spiegeln sich in allen ihren Dichtungen wieder, in diesem Fabelkreis bewegt sich ihr
Hymnus und ihre Tragödie, und diese Art der
Behandlung ist bis ins alexandrinische Zeitalter herab die herrschende. Eines solchen Einflusses kann
sich Klopstock nicht rühmen. Der Stoff, den er zur

Grundlage ſeiner Epopée wählte, iſt dichteriſch von
ihm erſchöpft und vollendet, und dem chriſtlichen Re-
ligionsſyſtem an Dichtung von ihm abgewonnen worden, was ihm abzugewinnen war. Alle, die nach
ihm ſich der heiligen Geſchichte zu dichteriſchen Zwek-
ken bedienen wollten, haben durch Einförmigkeit und
Armuth an Erfindungen mißfallen, und ihm ſelbſt
iſt es nicht gelungen, die in der Bibel enthaltenen
Ueberlieferungen und Begebenheiten für eine andere
Gattung, als die epiſche, mit Glück zu benutzen a).

a) Unſtreitig, weil weder er noch ſeine Nachfolger ſich
den Kreis des Wunderbaren zu erweitern getrauten,
ohne gegen die Würde der chriſtlichen Religion und die
reinern Religions-Begriffe zu verſtoßen. Wäre unſere Sprache in den Jahrhunderten des Aberglaubens
gebildet und die Fabeln und Legenden des Katholicis-
mus von vaterländiſchen Dichtern für das bibliſche Heldengedicht genutzt worden, ſo hätten ſich vielleicht unter uns ſo gut, wie unter den Griechen, eine eigene
Volks-Poeſie und Volks-Epopée entwikkelt und eine
chriſtliche Mythologie und ein weiter, und immer zu
erweiternder, für Ernſt und Scherz gleich brauchbarer
Kreis von Wundern, deren zuletzt keine Poeſie entra-
then kann, geſtaltet, ſtatt, daß wir nun, wenn wir von
dem chriſtlich Wunderbaren Gebrauch machen wollen,
ängſtlich umherſchauen und, was ſchicklich und zuläſſig
iſt, unterſuchen, oder die überſinnlichen Weſen, deren
wir bedürfen, aus dem Alterthume entlehnen und mit
ihnen zugleich ſo viel Fremdartiges in unſere poetiſchen
Darſtellungen aufnehmen müſſen. Aehnliche Betrachtungen ſcheinen denen vorzuſchweben, welche die Jungfrau Maria und die katholiſchen Heiligen gern wieder
in unſere Poeſie einführen möchten. Aber was der

Aber wenn weder der Gegenstand, den er sang, so
reichhaltig, noch die Dichtungen, die er mit ihm in
Verbindung setzte, so mannigfaltig, noch die Behandlung, die er wählte, so allgemein faßlich war,
um so tief in das Ganze unserer Poesie einzugreifen
und sie so zu durchdringen, wie der Geist der homerischen Schöpfungen die griechische, so darf er sich
dennoch rühmen, in anderer Hinsicht kräftig und
dauernd genug gewirkt zu haben. Dieser ernste,
feyerliche, gehaltene Ton, der noch als Hauptton in
unserer Poesie vorwaltet, und hoffentlich immer vor-
walten wird, dieses schöne unabläßige Streben nach
dem Ideale, diese seltne Kunst hervorzuziehn und
auszusprechen, was auf dem Grunde der Seele verborgen ruht, — in welchem Maße ist das alles
Klopstocken eigen und durch ihn in unsere poetische
Sprache und Darstellung übergegangen! Zweifle
man, ob dieß der Charakter beyder sey, so durchlaufe
man nur die Reihe unserer lyrischen Dichter und
frage sich, ob nicht gerade die trefflichsten unter ihnen durch das erhöhte Gefühl, wozu sie das Gemüth
stimmen, durch das Auffassen des Unendlichen und
Uebersinnlichen und durch Ideenfülle sich auszeichnen. Man erinnere sich, welche Wirkung unter uns

Vernunft so hart widerstrebt, läßt die Phantasie sich
nicht aufdrängen, am wenigsten, wenn es ihr in arm-
seligen Sonetten und geistlosen Liedern gereicht wird.

von jeher die rührenden, pſychologiſchen Romane her-
vorbrachten, und wie geneigt wir uns ſo gar finden
ließen, Empfindeley und Rührung für eins zu nehmen. Man bedenke, wie wir ſelbſt im Schauſpiele
das Ernſte und Ergreifende vorzüglich lieben. Man
erwäge endlich, wie unſere Sprache überhaupt für
keine Art des Ausdruckes ſich mehr gebildet hat, als
für die des Großen, Erhabenen, Geiſtigen und Ele-
giſchen. Richtungen, wie dieſe, erhalten Litteratur
und Poeſie immer nur durch Schriftſteller, die mit
Macht in ihr Zeitalter eingreifen und es beherrſchen.

Nicht ſo entſchieden kündigt ſich allerdings der
Einfluß der übrigen deutſchen Dichter dieſes Zeitraums und ihre Einwirkung in unſere Poeſie an,
doch zeichnet neben Klopſtocks Verdienſt auch das
ihrige ſich noch immer kenntlich genug aus. Es iſt
wahr, wenn man die Urtheile, die in den kritiſchen
Schriften jener Tage vorkommen, muſtert, ſo entdeckt man nicht ohne Befremden, wie wenig Gottſcheden und ſeinem ihm blind ergebenen Anhange die
Trennung einleuchtete, die zwiſchen ihnen und einigen
beſſern Köpfen im Stillen vorgegangen war. Noch
rechnete der Leipziger Ariſtarch alle, die in leichten
Reimen ſchrieben, gleich viel, ob Dichter oder Dichterlinge, zu den Seinigen, und ein Gleim, Uz und

Zachariä gelten bey ihm so viel, wie Schönaich und
Neukirch. Selbst die Schweizer begriffen, oder wollten eine zeitlang nicht begreifen, daß Gellert mehr
werth sey, als Stoppe b). Aber diese Verblendung,
die auf der einen Seite, durch gänzliche Geschmack-
losigkeit und auf der andern theils durch Parteygeist,
theils durch einseitige und unmäßige Bewunderung
der Messiade genährt ward, hinderte schon damahls
nicht, die glückliche Richtung zu erkennen, die unsere
Poesie, unabhängig von Klopstocks Bemühungen,
durch andre Genien erhielt, und läßt sich itzt um so
sicherer würdigen, da wir auch die entfernten, von
ihr ausgehenden Wirkungen übersehen. Die Poesie
hat ihren mittlern und geringern Styl so gut, wie
die Prosa, und wenn Kraft erfodert wird, um sich in
das Gebieth des Erhabenen aufzuschwingen und darin zu erhalten, so bedarf es eines feinen Gefühls
und einer eigenthümlichen Gewandtheit, um sich vor
dem Gemeinen und Platten zu bewahren. Gerade
diese zarte Gränzlinie war es, welche der ungebildete
Geschmack der Gottschedischen Schule verkannte.
Wie sie geneigt war, in dem Großen und Starken
nur Aufgedunsenheit und Schwulst zu ahnden, eben
so bereitwillig ließ sie sich finden, das Nüchterne,

b) Ich habe, wie sich Bodmer noch im Jahr 1746 über
    Gellert äußerte, bereits S. 76. n. aus Langens freund-
    schaftlichen Briefen angeführt.

Leere und Kleinliche mit dem Einfachen, Naiven und
Niedlichen zu verwechſeln, und geiſtloſe Scherze mit
geiſtreichen Tändeleyen in eine Claſſe zu ſtellen. Dieſen Unterſchied begründet und durch Muſter und Beyſpiele geſichert zu haben, dürfen die Dichter, die ſich
die Ausbildung der leichtern Gattung der Poeſie vor
1759 angelegen ſeyn ließen, mit Recht ihr Verdienſt
nennen. So gut iſt es ihnen freylich nicht geworden,
wie Klopſtocken. Wenn dieſer ſeinen Rang noch immer ohne Einſpruch behauptet, ſo iſt dagegen nicht
zu läugnen, daß wir ſelbſt in den leichtern Spielen
der Muſen itzt mehr Gehalt und in dem Witze mehr
Gediegenheit ſuchen. Die meiſten unſerer frühern
ſcherzhaften Dichter müſſen ſich daher mit dem Lobe
begnügen, daß ſie das Schwerfällige, das unſere
Sprache drückt, glücklich gemindert, das Ungeſchmei-
dige ausgeglättet und die Rechte des naiv Empfundenen und witzig Gedachten vor den Anmaßungen
platter Reimer gerettet haben; aber welcher billige
Kunſtrichter wird nicht auch dieſe Bemühungen dankbar anerkennen?

Wenn endlich Mannigfaltigkeit in proſodiſchen
Formen für jede ſich dichteriſch geſtaltende Sprache
Gewinn und ſie ihr zu geben verdienſtliches Geſchenk
iſt, wer kann läugnen, daß uns das Glück auch in
dieſer Hinſicht begünſtiget habe? Ich werde mich mit

Niemanden streiten, der behauptet, daß der Hexameter Klopstocks mehr ein wohlklingender hexametrischer
Rhythmus, als ein wahrer hexametrischer Vers sey;
aber sicher wird ihm auch in dieser unvollkommenen
Gestalt kein fein empfindendes Ohr mit dem schleppenden Alexandriner, dessen wir uns vormahls einzig
zu langen Gedichten bedienen konnten, noch mit dem
eintönigen Jambus der Engländer vertauschen wollen. Nicht zu gedenken, daß ohne den Hexameter
eine Menge von Schönheiten in der Messiade dahin
schwinden, oder vielmehr das ganze Gedicht aufhö-
ren würde zu seyn, was es ist; welche höhere Ausbildung hat er nicht schon durch die Bemühungen ge-
schickterer Künstler erhalten und welche kann ihm
vielleicht noch zu Theil werden? Und den Einfluß der
griechischen Sylbenmaße in die Uebersetzung der Alten, — ist es nöthig ihn zu beweisen, oder durch eine
Lobrede zu verherrlichen? Ohne diese glückliche Nachahmung, hätten wir Deutschen höchstens einen popi-
schen Homer aufzuweisen und entbehrten nicht nur
des Vergnügens, das uns aus der Aneignung der
lyrischen Gesänge eines Horaz zuwächst, sondern zugleich, was weit bedeutender ist, aller der erhabenen
Oden und trefflichen Lieder, die im griechischen Syl-
bentanz dahinschweben und nur in ihm sich mit Würde, Leichtigkeit und Anmuth bewegen.

Es iſt leicht zu vermuthen, daß, bey ſo regem
Anbaue der Poeſie, auch die Theorie derſelben, oder,
wie man ſie ziemlich allgemein nannte, die Aeſthetik,
nicht zurückbleiben konnte, und wirklich bildete ſich
in dieſem Zeitraume das Syſtem, welches, obgleich
vielfach verändert und umgeſtaltet, ſich dennoch bis
auf den heutigen Tag erhalten hat und bey allen
Mängeln, die es drücken, nicht ohne Nutzen für den
ausübenden Künſtler geweſen iſt. Meine Leſer wiſſen
bereits, daß der treffliche Philoſoph Alexander Baumgarten den erſten Gedanken zur Begründung deſſelben
faßte: aber Geſchäfte aller Art hinderten ihn auszuführen, was er begonnen hatte, und ſo geſchah es,
daß ihm ſein Schüler, der oft ſchon erwähnte Georg
Friedrich Meier, zuvorkam und zwiſchen den Jahren
1748 und 1750 in ſeinen Deutſch geſchriebenen und
aus drey Bänden beſtehenden Anfangsgründen aller
ſchönen Wiſſenſchaften die Grundſätze ſeines Lehrers
umſtändlich entwickelte c). Was den meiſten Erklä-
rern und Dollmetſchern der Ideen großer Denker zu
wiederfahren pflegt, das iſt auch Meiern wiederfahren. Er hat den Sinn des Erfinders zwar richtig
genug aufgefaßt und deutlich vorgetragen: allein die
Eigenthümlichkeit der Anſichten und Begriffe des hell-

---

c) Erſterhin gab er noch einen Auszug aus dem Werke,
der in der H. d. ſch. W. Th. III. S. 130 beurtheilt
wird.

sehenden Schöpfers tritt in der verwässerten Darstellung so wenig hervor, daß jeder unbefangene Richter die lateinische, wenn auch kurz und dunkel ge-
schriebene Aesthetik *d*), die Baumgarten selbst in den
Jahren 1750 und 1758 ans Licht stellte, der klaren
redseligen Fülle der Meierschen Anfangsgründe vor-
ziehen wird. Ein Auszug aus dem einen oder andern Werke stünde hier durchaus nicht an seinem
Orte. Es wird hinlänglich seyn zu bemerken, daß
das Baumgartensche System auf dem Grundsatze,
die Poesie sey eine vollkommen sinnliche Rede, be-
ruhe, daß aus diesem Grundsatze, — doch nicht in
Beziehung auf die schönen Künste überhaupt, sondern
einzig in Beziehung auf die Poesie, — die Erfindung, Anordnung und Bezeichnung ästhetischer Gedanken abgeleitet werde, daß unter diesen Abtheilun-
gen ungefähr das vorkomme, was unsere neuern Phi-
losophen ihren Lehrbüchern der Aesthetik, als Einleitung in den praktischen Theil oder in die besondern
Dichtungsarten, vorauszuschicken pflegen, und daß
beyde, Meier sowohl als Baumgarten, diesen praktischen Theil ihrer Aesthetiken oder richtiger Poetiken
schuldig geblieben sind *). Der Mangel einer solchen

---

d) Aesthetica. Scripsit A. G. Baumgarten. Traiecti cis
  Viadrum. Zwey Theile. (s. B.bl. d. sch. Wiss. Th.
  IV. S. 438.)

*) Einer der ersten, der Baumgartens Begriffe weiter

in das Einzelne eingehenden Anweiſung ſuchten zwey
deutſche Kunſtrichter, durch die Ueberſetzung und
Verarbeitung zweyer Werke des Franzoſen Batteux e), nähmlich Adolph Schlegel durch deſſen Einſchränkung der ſchönen Künſte auf einen einzigen
Grundſatz, die, mit Abhandlungen begleitet, zuerſt
1752 herauskam f), und Ramler durch ſeine Einleitung in die ſchönen Wiſſenſchaften nach dem Franzöſiſchen des Batteux, die, mit eigenen Zuſätzen, von
1756 bis 1758 in vier Bänden g) erſchien, zu erſetzen.
Kein Menſch zweifelt heute, daß die Nachahmung
der Natur, auf welche Batteux ſein Syſtem baute,
eine unſichere morſche Grundlage war; allein Niemand wird deshalb läugnen, daß die Bemerkungen,
Abhandlungen und Erläuterungen aller Art, welche
die beyden deutſchen Kritiker ihrer Bearbeitung der
franzöſiſchen Urſchrift theils hinzufügten, theils ein-
webten, von entſchiedenem Nutzen für die Bildung

verfolgte, war Mendelsſohn. Man ſehe ſeine Betrachtungen über die Quellen und Verbindungen der ſchönen Künſte und Wiſſenſchaften in der Leipziger Bibl.
Th. I. S. 231 und unter dem Titel: Ueber die Haupt-
grundſätze der ſchönen Künſte und Wiſſenſchaften; in
ſeinen vermiſchten Schriften, Th. II. S. 95.

e) Les beaux arts reduits à un même principe, und
Cours de belles lettres, on Principes de litterature.

f) Wiederholt und verbeſſert, 1758 und 1770.

g) Zum vierten Mahle, verbeſſert und vermehrt, gedruckt
1774.

des Geschmacks und für die Verbreitung gesunderer
Ansichten und Urtheile über die Gegenstände des
Schönen gewesen sind.

Doch mehr, als alle Theorien, wirkte die Kritik,
die sich um diese Zeit immer mehr von den engen be-
schränkenden Rücksichten loswand, und mit Freymü-
thigkeit nicht nur das Schöne und Fehlerhafte in den
Werken der Kunst bemerkbar machte, sondern auch die
Bildung besonderer Parteyen und Schulen kräftig ver-
hinderte. Zwar was Gottscheden betraf, so führte er
nicht weiter irre und gewann eigentlich keine neuen
Anhänger mehr. Sein Andenken lebte nur noch in
den Herzen derer fort, die ihn auf der Akademie gehört und die Verehrung für ihn in ihre Aemter mit
hinüber genommen hatten, und alles Lob, das man
ihm hie und da brachte, war nichts, als ein Nachklang früherer Bewunderung, der berühmten Männer, auch dann, wenn sie längst aufgehört haben,
berühmt zu seyn, noch eine zeitlang zu folgen pflegt.
So gar mit Bodmern verhielt es sich im Grunde,
wie ich bereits erinnert habe, nicht anders. Seine
Noachide, die, wenn sie früher, als die Messiade,
erschienen wäre, sicher Aufsehen erregt und den Geschmack vielleicht gemißleitet hätte, vermochte nicht
durchzudringen. Die jungen Dichter, die er unter
den Schutz seiner kritischen Fittige zu nehmen suchte,

fühlten, daß ſie dieſes Schutzes entbehren konnten *b*);
und als ihn ſeine Eitelkeit gar verleitete, das Gute
zu beſtreiten und Leſſings Fabeln leſſingiſche unäſo-
piſche *i*) entgegen zu ſetzen und deſſen Philotas in

h) Der unparteyiſche Hottinger ſagt hierüber in dem Leben Gesners S. 73. „Es war einmahl die Schwachheit dieſes großen Mannes, alles, was in ſeiner Sphäre auf Größe Anſpruch zu machen ſchien, und für ſich
allein ſtehen wollte, mit einer Art von mißtrauiſcher
Eiferſucht anzuſehen. Man mußte ſeine Oberherrſchaft
anerkennen, und ihr freywillig huldigen, um von ihm
gelitten zu ſeyn. So lange er ſich daher als den litterariſchen Vormund von Klopſtock und Wieland anſehen
konnte, ſo begünſtigte er ihren Ruhm aus allen Kräf-
ten: ſo bald aber die Mündel ſich majorenn fühlten,
ſo fand er ungemein vieles an ihnen auszuſetzen, und
tadelte ſo gar oft das, wofür er ſie vormahls gelobt
hatte. Um in die Ausführung eines ſo glänzenden Unternehmens, als die Geſchmacksverbeſſerung der Deutſchen war, ohne unangenehme Kolliſion ſich mit ihm
theilen zu können, dazu ward gerade ſo ein Mann er-
fordert, wie Breitinger war. Selten iſt ein Schriftſteller ſo frey von Eitelkeit. Sein Ehrgeiz ſchränkte
ſich auf das Wirken ein: bey Bodmern ging er aufs
Herrſchen. Breitinger wollte nur dann herrſchen,
wenn es zum Wirken nothwendig war. Er begnügte
ſich bey dieſem Geſchäfte ſeine Rolle zu ſpielen und ſah
nicht ſcheel dazu, wenn es Leute gab, welche Bodmern
dabey für die Hauptperſon hielten. Auch zog er ſich,
da ſeine Rolle ausgeſpielt war, klüglich zurück, da hingegen Bodmer den kritiſchen Despotismus, zu welchem
er in der Kindheit des deutſchen Geſchmacks gelangt
war, auch in das männliche Alter ausdehnen wollte;
und mit jedem Jahre tiefer ſank.‟

i) Leſſingiſche unäſoriſche Fabeln, enthaltend die ſinnrei-
chen Einfälle und weiſen Sprüche der Thiere, nebſt

einem ſo genannten Trauerſpiele Polytimet k) zu pa-
robiren, da wurde die Ueberzeugung immer allgemeiner, daß er mit dem Zeitalter nicht Schritt halte.
Aber wenn es keiner beſondern Zurüſtungen bedurfte,
um die bisherigen Häupter des deutſchen Parnaſſes
und ihre Einwirkungen unſchädlich zu machen; ſo
wurde es deſto nöthiger, den neu entſtehenden Secten
entgegenzugehn, der überhand-nehmenden Reim- und
Verſe-Wuth zu ſteuern, und überhaupt durch eine
ſcharfe unumwundene Kritik die Vollkommenheit unſerer Sprache und Poeſie zu befördern. Das Verdienſt, dieſe Bedürfniſſe erkannt und beherzigt und
unſerer Litteratur eine beſſere kritiſche Richtung gegeben zu haben, eignet ſich mit Recht der Buchhändler
Friedrich Nicolai l), ein damahls noch junger, aber
einſichtsvoller, kenntnißreicher und unternehmender
Mann, zu. Schon im Jahre 1755 hatte er ſeinen
Beruf zum Kunſtrichter durch Briefe über den itzigen

damit einſchlagender Unterſuchung der Abhandlung
Herrn Leſſings von der Kunſt Fabeln zu verfertigen.
Zürich, 1760, wiederholt 1767. (ſ. Leſſings Recenſion
des Buchs in den Litteratur-Briefen, Th. VII. S.
177.)

k) Polytimet, ein Trauerſpiel, durch Leſſings Philotas
veranlaßt. Zürich, 1760.

l) Geboren zu Berlin, d. 18. März 1733.

2. B. 1. St.   M

Zuſtand der ſchönen Wiſſenſchaften in Deutſchland
beurkundet und hauptſächlich *m)* auf die Schwächen
der epiſchen Gedichte Bodmers aufmerkſam gemacht.
Der Beyfall, den ſein Urtheil bey verſtändigen Leſern
erregte, konnte nicht anders, als ermunternd für ihn
ſeyn, und da er wohl einſah, daß man, um unſerer
ſchönen Litteratur zu nützen, nicht bloß zuweilen und
gelegentlich ein Wort ſagen, ſondern wiederholt und
abſichtlich über die neueſten Erzeugniſſe derſelben ſich
verbreiten müſſe, ſo beſchloß er, ſich der Herausgabe
einer eigenen kritiſchen Zeitſchrift zu unterziehen, die
auch wirklich, nach einigen Verzögerungen, die der
Verlag verurſachte, im April des Jahres 1757 unter
der Aufſchrift: Bibliothek der ſchönen Wiſſenſchaften und freyen Künſte; in Leipzig heraus kam *n).*

m) Im 5—7 und im 14 und 15 Briefe.

n) Die Geſchichte ihrer Stiftung hat Nicolai in einer
Note zu ſeinem Briefwechſel mit Leſſing (ſ. Leſſings
Schriften, Th. XXVI. S. 84.) umſtändlich erzählt. —
Früher noch, als die Bibl. d. ſch. Wiſſ., fallen die kritiſchen Nachrichten aus dem Reiche der Gelehrſamkeit,
die Ramler und Sulzer im Jahre 1750 herausgaben,
aber (ſ. Ramlers Leben von Göcking) auch nur das
eine Jahr beſorgten. Zu dem Neueſten aus dem Reiche des Wißes, einer Beylage, die monatlich zu der
Berliniſchen Zeitung im Voſſiſchen Verlage gegeben
wurde, trug Leſſing im Jahr 1751 (ſ. ſeine Schriften
Th. XXIII. S. 341.) mehreres bey. In das Jahr 1754
gehören ſeine (ſ. Schriften Th. IV. S. 113 u. f.) mit
Lange über deſſen verdeutſchten Horaz gewechſelten

Selbst die Schriftsteller, deren Eitelkeit durch sie beleidiget worden ist, haben nicht umhin gekonnt, zu bekennen, daß die bessere Kritik in Deutschland mit ihr begonnen hat. Nicht nur dadurch empfahl sie sich, vom ersten Anfange an, daß sie freymüthigere und belehrendere Urtheile enthielt, als die bisherigen Zeitschriften; auch das gereichte ihr zur Ehre, daß sie, mit Uebergehung des Schlechten und Mittelmäßigen, das immer noch aus Gottscheds und der Schweizer Saat hervorkeimte, nur das bemerkte, was sich wahrhaft auszeichnete, oder, weil es durch einzelne Schönheiten verführen konnte, eine Warnung verdiente. So entbehrte sie gleich in ihrem Entstehen des Glücks sich eine Partey zu erwerben, aber nicht der Belohnung, zur Veredlung des Geschmacks beyzutragen. Der Herausgeber setzte sie indeß, hauptsächlich von Moses Mendelssohn unterstützt, nur bis zum fünften Bande fort. Von da an, übergab er sie, weil ihn seine veränderte Lage an der fernern Besorgung hinderte, seinem Freund Weiße und gründete im Jahre 1759, in Vereinigung mit Moses und Lessing, eine neue Zeitschrift, die Litteratur-Briefe o),

Streitschriften, die schon ganz den feinen, gewandten und unbestechlich strengen Kunstrichter verrathen.

o) Die Geschichte ihrer Entstehung hat Nicolai im Göttingischen Magazin der Wissenschaften und Litteratur,

deren Schickſal und Wirkungen in den folgenden
Zeit=Abſchnitt gehören.

Jahrgang III. St. 3. S. 387, und aus dieſem in Leſ=
ſings Schriften Th. XXVi. mitgetheilt.

Nachträge

zu

Sulzers allgemeiner Theorie
der schönen Künste.

Achten Bandes zweytes Stück.

Charaktere

der

vornehmsten Dichter

aller Nationen;

nebst

kritischen und historischen Abhandlungen

über Gegenstände der schönen Künste

und Wissenschaften.

Von

einer Gesellschaft von Gelehrten.

Achten Bandes zweytes Stück.

Leipzig,

im Verlage der Dykischen Buchhandlung.

1808.

Uebersicht

der

Geschichte der deutschen Poesie

seit

Bodmers und Breitingers kritischen Bemühungen.

Dritter Abschnitt.

Von der Gründung der Literatur=Briefe[†] bis zur Erscheinung der Iphigenia von Göthe und der Kritik der Urtheilskraft von Kant oder von 1759 bis 1787.

Es ist wohl nicht leicht ein Zeitraum in der Geschichte der deutschen Poesie, der so abweichend beurtheilt worden wäre, wie der, zu welchem wir fortgehn. Während die Genien, die ihn verherrlichten,

---

[†] Der Anfang des Abschnittes würde richtiger bezeichnet werden durch Wielands Einwirkung in unsere Poesie vermittelst der Uebersetzung Shakespears (1761) und seiner eigenen erzählenden Gedichte. Die Kantische Kritik fällt bekanntlich einige Jahre (1790) später, als Göthens Iphigenia; aber ihre Wirkungen sind dennoch gleichzeitig.

und die Leſer, die ihnen Unterricht und Vergnügen
dankten, ſich jahrelang überzeugt hielten, es ſey
alles in ihm geſchehen, ſprach unerwartet das nach-
kommende Geſchlecht ihm beynah jedes Verdienſt ab.
Während ältere Kunſtrichter behaupten wollten, die
Sonne des guten Geſchmacks ſey in ihm auf- und
mit ihm untergegangen, wollten die jüngern kaum
die erſten Strahlen der werdenden Morgenröthe
wahrnehmen a). Während endlich die einen ſich
nicht entſchließen konnten, als Greiſe etwas von
dem aufzugeben, was ſie als Knaben bewundert hatten, ſuchten die andern ihr und der Ihrigen Neueſtes
allein geltend zu machen. Ohne jetzt ſchon eine Lö-
ſung dieſer widerſprechenden Räthſel zu verſuchen,
oder in der Streitſache ſelbſt ein voreiliges Urtheil zu
fällen, wollen wir uns bemühn, zuvörderſt die einzelnen poetiſchen Richtungen und Strebungen des
Zeitalters und die Führer, die den jedesmahligen
Anſtoß gaben, kennen zu lernen. Was jene für Folgen hatten, und dieſe leiſteten, wird ſich größtentheils aus getreuer Darſtellung von ſelbſt ergeben,
oder ſich am Schluſſe zuverläſſiger ausmitteln laſſen.

a) Man vergleiche, ſtatt aller, die merkwürdigen Worte
A. W. Schlegels über den gegenwärtigen Zuſtand der
deutſchen Literatur in der Zeitſchrift Europa von 1803.
B. II. S. 4 u. f.

Wie wir unmittelbar bey dem Eintritte in die vorige Periode dem Manne begegneten, der seine Zeitgenossen mächtiger, als alle Geister um und neben ihm, ergriff und beherrschte, eben so treffen wir an der Schwelle des gegenwärtigen sogleich auf den Dichter, der weniger angestaunt und vergöttert, aber fleißiger gelesen, als jener, und allgemein verstanden, den entschiedensten Einfluß auf der Deutschen Geschmack und Bildung gehabt hat. Wieland fing um diese Zeit an sich zu verwandeln. Der Jüngling hatte bisher, an Bodmern und den biblischen Epopöen-Dichtern haltend, ausschließend, für höhere Sphären gelebt und sich in überirdischen Schwärmereyen gefallen. Der Mann begann mit einer Verdeutschung des Shakspeare und entwickelte bald darauf in eigenen Werken jenen Charakter, der ganz das Gegentheil von dem bis dahin behaupteten war oder zu seyn schien, und seitdem in allem, was aus seiner Feder geflossen ist, sich offenbart hat. Was für äußere Umstände zu der, soll man sagen, Umbildung oder endlichen Entfaltung seines Genius beytrugen, welcher Antheil seinem Herzen, welcher den Studien, die er gemacht hatte, gebührte, — diese Fragen beantworten kann er allein. Hieher gehört bloß der Eindruck, den er in seinen Zeitgenossen hervorbrachte, und die Aufnahme, die er bey ihnen fand.

So groß auch immer die Fortſchritte unſerer
Poeſie und die Anzahl der Verehrer Klopſtock's in
dem vorigen Zeitalter waren, ſo kann dennoch kein
Unbefangener ſich verbergen, daß weder durch ihn,
noch, mit kleiner Ausnahme, durch andere, für die
Bedürfniſſe der großen Leſewelt und nahmentlich für
die Claſſe von Weltleuten, die ihre Bildung durch
Frankreichs Sprache und Schriftſteller erhalten hatten, im geringſten geſorgt war. Das Edelſte und
Erhabenſte, deſſen die deutſche Muſe ſich rühmte,
widerſtrebte dieſen beydes durch ſeinen Inhalt und
ſeine Form; die ſcherzhaften Gedichte Zachariä's la-
gen meiſtens außer der Sphäre des höhern Lebens
und ermangelten des flüchtigen, prickelnden Witzes,
der ſo nöthigen Würze für lüſterne an franzöſiſche
Koſt gewöhnte Gaumen; anziehende Romane wurden noch erwartet; nichts blieb für ſolcher Leſer Genuß übrig, als ein Dutzend Theaterſtücke, zur Hälfte
ſelbſt nach franzöſiſchen Vorgängern gearbeitet, und
eine Anzahl lyriſcher Blumen, zum Theil auch über
dem Rhein gewachſen und von dorther verpflanzt.
Wäre Friedrich der zweyte damahls mit ſeinem Buche
über die deutſche Literatur hervorgetreten, man hätte
ſeine Beſchuldigungen gegründeter und den uns vor-
geworfenen Tadel der Armuth gerechter gefunden.
Unter dieſen Umſtänden erſchien Wieland, nun ge-

reift und seine Bestimmung erkennend, ein Dichter, wie ihn die Zeit brauchte. Eine glückliche Mischung von feiner Sinnlichkeit, zarter Empfindung und einer schmeichelnder Lebensweisheit, eine Belesenheit in den trefflichsten Werken aller Zeiten und Völker, eine Phantasie, nicht durch Selbstständigkeit und Erfindungskraft glänzend, aber erobernd und fähig alles Eroberte sich als Eigenthum anzueignen, eine Gewandtheit, die auch oft Gesagtes zu verschönern und mit dem Reize der Neuheit zu schmücken wußte, eine Herrschaft über den Ausdruck, die sich einzig mit der, welche er über den Reim ausübte, vergleichen ließ; endlich ein Geschmack, hauptsächlich ein Umgang mit französischen und welschen Mustern gebildet, und in ihre Wendungen und Formen sich schmiegend, — solche Vorzüge waren es, mit denen Wieland, man darf wohl sagen, die deutsche Lesewelt überraschte und sich unbedingt unterwarf.

Die poetische Gattung, die er diesen ganzen Zeitraum hindurch anbaute und erweiterte, war überhaupt die epische und vorzüglich die romantische Epopöe *b*). Seine komischen Erzählungen (1765), seine Musarion, Idris und Zenide (beyde 1768), die Grazien (1769), der neue Amadis (1771),

---

b) Von seinen Romanen wird besser unten die Rede seyn.

der verflagte Amor (1772), Ganbalin, oder Liebe
um Liebe (1776), Oberon (1780), und Klelia
und Sinibald (1783), kleinere Arbeiten, wie Kom-
babus (1771), Sixt und Klärchen (1775), Schach
Lolo (1778) und Pervonte (1779), nicht mitge-
zählt c), haben alle des Dichters Ruhm, wie der
Leſer Antheil an ihm, erhöht, und wahrlich nicht
ohne Grund. Es iſt wahr, der Gehalt dieſer Verſuche iſt ungleich. In einigen derſelben hat der Un-
beſtochene ſchwerlich von allem Anfange an etwas anders entdecken und lieben können, als die runde ge-
wandte Sprache, die leichte gefällige Unterhaltung
und den Ton des angenehmen Geſellſchafters. Aber
abgerechnet, daß ſolche Vorzüge, wenn ſich in ihnen
auch bloß der zierliche Schriftſteller, nicht der wirkliche Dichter ſpiegelt, zu keiner Zeit unbedeutend,
und, wo die Dichtkunſt ſich erſt vielſeitig zu geſtalten anfängt, bedeutend ſind, ſo ragen überdem mehrere ſeiner Werke durch ſo entſchiedene Vorzüge und
eigenthümliche Schönheiten hervor, daß nur die Parteylichkeit den Werth jener Gedichte verkennen oder
ſie unter ihren wahren herabſetzen kann. Ihr Verfaſſer hat die deutſche Muſe, die Gefahr lief, ſich

---

c) Seit dem Jahre 1773 erſchienen, ſo viel ich weiß, die
neueſten Gedichte Wielands immer zuerſt im deutſchen
Merkur.

ganz in überirdische Gegenden zu versteigen und in
ideenreichen aber uncharakteristischen Darstellungen zu
verlieren, zur Wirklichkeit zurückgerufen und der
Sphäre der Menschheit wiedergegeben. Unbeleidi-
gend und mit dem feinsten Gefühle des Schicklichen
hat er in unserer Sprache gesagt, was in ihr unter
allen Sprachen am wenigsten möglich schien, und mit
jener seltenen Kunst, die für ein Eigenthum der französischen Schriftsteller, wie das erstere für den Vorzug ihrer Sprache galt, die Geheimnisse des Herzens
ausgeforscht und entschleyert. Gleich vertraut mit
der griechischen wie mit der romantischen Welt, ist
er so glücklich gewesen, aus beyden trefflichen Stoff
für unsere Poesie zu gewinnen und die Grazien der
einen, wie die leichtfertigen Zauberey und losen Feen
der andern, in sie einzuführen. Und damit die ersten
wie die letzten durch das nordische Organ nicht zu
sehr einbüßten, hat er es geschmeidigt, so gut er vermochte, und vorzüglich in der nachgebildeten süd-
lichen Stanze, wenn nicht ihre ursprüngliche Weichheit und ihren unnachahmlichen Wohlklang erreicht,
doch gerade so viel niedergelegt und wiedergegeben,
als ohne Aufopferung größerer Vollkommenheiten ge-
schehen konnte. Mögen immerhin Franzosen und
Welschen und unter diesen vorzüglich Ariosto und
Tasso manchen Plan, manche Dichtung, und manch

Gemählde als ihnen gehörig zurückfodern; er kann
vieles missen, ohne deshalb arm zu werden, und mit
Zuversicht fragen, ob von allen, die seinen Spuren
folgten, einer ihm an Erfindungskraft oder in der
Behandlungsart überlegen sey. Weder Ludwig
Heinrich von Nicolay *d*), der seit 1773 mehrere zer-
streute und von einander getrennte Episodien aus den
Gesängen des rasenden Rolands vereinigte und in
zwangloses Sylbenmaß umbildete, ich fürchte, nicht
selten verbildete, noch die Verfasser der oft nur lü-
sternen und die sinnliche Gluth aufregenden Gedichte
im Geschmack des Grecourt*e*), noch Moritz August
von Thümmel*f*), der Dichter der Inoculation der
Liebe (1771), mögen ihm an die Seite treten, viel
weniger sich rühmen, eine eigne Bahn gebrochen,
oder die Gattung erweitert zu haben. Nur das komische Heldengedicht des letzten, Wilhelmine oder der
vermählte Pedant *g*), darf, wenn von Eigenthüm-

d) Geboren zu Straßburg 1737 d. 29. Dec., lebt als kaiser-
licher Staatsrath zu Petersburg.

e) So lautete die Aufschrift der Gedichte vom Jahre 1771.
Die vierte Ausgabe von 1786 führte den Titel: Gedichte
nach dem Leben.

f) Geboren zu Schönfeld bey Leipzig 1738, lebt, als Ko-
burgischer geheimer Rath, auf seinem Gute Sonneburg,
ohnfern Gotha.

g) Zuerst gedruckt 1764, dann öfter, zuletzt in Thümmels
poetischen Schriften. Wien bey Schrämbl, 1792.

lichkeit, seinem Witze und glücklicher Laune die Rede
ist, die Vergleichung mit Wielands Arbeiten, Reim
und Sylbenmaß ausgenommen, nicht scheuen und
der erste Schiffer, dieses lieblichste aller Gedichte
Geßners, sich mit Recht in die Reihe unserer kleinen
aber allgemein bewunderten Epopöen stellen *h*).

Wenn die Richtung der epischen Muse Deutschlands, diesen ganzen Zeitraum über, im Ganzen dieselbe blieb, so waren die Strebungen der lyrischen
desto vielfacher und abwechselnder. Man kann in der
That wenigstens sieben Arten von Oden, das Wort
in seiner allgemeinsten Bedeutung genommen, unterscheiden, nähmlich die anakreontische oder tändelnde,
die petrarchische oder schwärmerische, die horazische,
die pindarische oder dithyrambische, die norddeutsche
oder Barden- und Skalden-Ode, die schildernde oder
beschreibende und die volksgemäße. Der Ursprung
mehrerer dieser Gattungen fällt allerdings schon in
den vorigen Zeitraum, aber ausgebildet haben sich
alle erst in dem gegenwärtigen und verdienen daher
hier eine genauere Erwähnung.

h) Es erschien zum ersten Mahle 1762. Man sehe Geßners Leben von Hottinger S. 119. Auch das kleine epische Gedicht von Kleist, Cissides und Paches vom Jahre
1759 (s. Jördens Dichter-Lexicon Th. II. S. 687.) ist
der Erwähnung würdig.

Als Haupt der deutſchen Anakreontiſten wird mit Recht Gleim genannt. Wein und Liebe waren der Ton, den er bereits in ſeinen früher erſchienenen ſcherzhaften Liedern angab, und zu eben dieſem Ton ſtimmte er ſeine Leyer in ſeinen ſieben kleinen Gedich= ten nach Anakreons Manier (1764), in ſeinen Lie= dern nach dem Anakreon (1766) und in ſeinen neuen Liedern nach dem Anakreon (1767) i). Es konnte nicht fehlen, daß der Gegenſtand dieſer Lieder jugendliche Phantaſieen lebhaft ergreifen und der ſchöne Lorber= kranz, der ſich in dieſer Gattung, wie es ſchien, ohne alle Mühe erwerben ließ, zu Verſuchen anrei= zen mußte, zumahl, da Weiße, Götz und Leſſing, auf demſelben Pfade, obwohl unabhängig von Gleim, auch Beyfall errungen hatten. In dieſer Hoffnung warf ſich eine ganze Menge eben ausfrie= chender Dichter in die Manier Anakreons, über= ſchwemmte die Leſewelt mit einer Fluth von anakreon= tiſchen Kleinigkeiten, Tändeleyen, Scherzen und Sammlungen zärtlicher Lieder, ermüdete eben ſo bald und brachte die ganze Gattung in ſchlimmen Ruf, um ſo mehr, da viele von ihnen ihren Bemü=

i) Man findet ſie in der Leipziger (unächten) Ausgabe ſei= ner Schriften vom Jahre 1802. Th. I. 375. 383. und Th. II. S. 109. Literariſche Nachweiſungen liefert Jör= dens Th. II. S. 145.

hungen eine nicht geringe Wichtigkeit beylegten, sich
für die echten Lehrer wahrer Lebensweisheit erklärten, einander mit wechselseitigem oft fadem Lobe über-
schütteten und auf jeden Kritiker schmählten, der ihre
Arbeiten und fein gesponnenen Gedichte nicht für das,
was sie ihnen galten, erkennen wollte. Am feind-
seligsten bewiesen sich gegen diese Dichterzunft, und
überhaupt gegen alle Sänger der Freude, die Schweizer Kunstrichter, welche die Spiele der tändelnden
Anakreonten, oder, wie sie sich ausdrückten, Ana-
kreontchen, gar nicht mit ihren Begriffen von der
Würde der Poesie und ihrer Achtung für die heilige
insbesondere reimen konnten und deshalb laut über
die Grazien des Kleinen spotteten *k*). Doch fehlte es
ebenfalls in Nord-Deutschland nicht an Leuten,
welche der anakreontischen Trunkenheit abhold waren
und sich vorzüglich gegen Johann Georg Jacobi *l*),
Gleims persönlichen Freund und eifrigsten Beförde-

k) Unter andern in einem Schriftchen: Von den Grazien
des Kleinen, im Nahmen und zum Besten der Ana-
kreontchen. In der Schweiz 1769. vergl. A. d. Bibl.
B. XI. St. 2. S. 183.

l) Er ward geboren zu Düsseldorf b. 2. Sept. 1740 und
lebt, als Professor der schönen Wissenschaften, zu Frei-
burg im Breisgau. Seine sämmtlichen Werke erschienen
in drey Theilen zu Halberstadt 1770 — 74 und der erste
Theil einer neu verbesserten Ausgabe 1807. Literarische
Nachweisungen über ihn und seine Schriften findet man
bey Jördens Th. II. S. 496.

rer der ſcherzhaften Poeſie, eben nicht ſchonend er⸗
klärten m). Wie immer, ſo hat die Zeit, was
wahr iſt, auch hier ausgemittelt. Man hat aner⸗
kannt, daß zwiſchen der Muſe eines Chapelle, Chau⸗
lieu und de la Fare, dem eigentlichen Vorbilde der
Deutſchen, und der Muſe des Griechen Anakreon
allerdings ein mächtiger Unterſchied obwalte, daß
franzöſiſche Weichheit mit deutſchem Ernſte ſich in der
Länge nicht wohl vertrage und übergroße Süßigkeit
dem Geſchmack widrig werde. Aber man geſteht
willfährig zu, daß unſere Anakreontiſten die leichte
Gattung der Poeſie theils mit eignen Liedern, theils
mit glücklichen Nachahmungen bereichert, ſo wie die
Sprache überhaupt empfänglicher für den Ausdruck
des Feinen und Zarten gemacht und, im Ganzen,
ſich und ihren Bemühungen nur durch Uebermaß und
unzeitigen Eifer geſchadet haben.

Das petrarchiſche Gedicht, welches, wie es
damahls behandelt ward, oft in das anakreontiſche
hinüberſpielte, oft ganz ſich in ihm verlor, ging
ebenfalls, wie jenes, von Halberſtadt aus. Eigent⸗
lich war es abermahls Gleim, der der Gattung B⸗

m) Gegen ihn und die Anakreontiſten fand beſonders die
Berliner Bibliothek mehreres zu erinnern. Schonender
verfuhren Kloz und Schirach. Man vergleiche die nach⸗
gewieſenen Recenſionen über Gleims und Jacobi's Ver⸗
ſuche bey Jördens Th. II. S. 145 und 504.

stand und Nahmen gab *n*), und ein Freund von ihm, Klamer Eberhard Karl Schmidt, der sie aufnahm und fortzubilden sich mühte *o*): aber die Redseligkeit ohne Bedeutung, die Schwärmerey ohne Erhebung und die Weichheit ohne Empfindung waren nicht geschickt, ihr Freunde und Anhänger zu gewinnen. Am meisten wirkten jedoch dem gehaltlosen Anakreontismus, wie dem gemüthleeren Petrarchismus die kräftigern und geistreichern Dichter entgegen, die, um die nähmliche Zeit, von ihren glücklichen Versuchen theils eigne Sammlungen veranstalteten, theils sie den jährlichen Musen-Almanachen und den Monatsschriften, von denen nachher die Rede seyn wird, zur Ausstellung übergaben. Ohne Anakreonte, oder Katulle — denn auch katullische Gedichte gab es — *p*), oder Petrarche seyn, und eine eigne Manier haben zu wollen, dichteten Gotter, Göckingk, Bürger, Miller, Hölty, Voß, die beyden Grafen

n) Seine petrarchischen Gedichte kamen 1764 zu Berlin heraus und stehn in der angeführten Ausgabe seiner sämmtlichen Schriften Th. I. S. 358.

o) Klamer Schmidt, geboren zu Halberstadt 1746 lebt noch daselbst als Dom-Vicarius. Seine Phantasieen nach Petrarca's Manier 1772, sind, wie seine Elegieen an Minna 1773, und ähnliche Versuche, durch bessere Arbeiten von ihm in Vergessenheit gerathen.

p) Des eben gedachten Klamer Schmidts Hendecasyllaben 1773 und Katullische Gedichte 1774, sind wenigstens noch den Literatoren bekannt.

von Stolberg q) und andere, wie ihnen die Stimmung eingab, oder das Herz geboth, bald ſcherzhaft,

q) Friedrich Wilhelm Gotter war geb. zu Gotha d. 3. Sept.
1746 und ſtarb daſelbſt, als Legations = Secretair, d. 18.
März 1797. Seine Gedichte erſchienen 1787 u. 88, in
zwey Bänden, von denen der erſte ſeine lyriſchen Stücke
und poetiſchen Epiſteln enthält. Nachrichten über ihn ertheilen Schlichtegroll im Nekrolog auf das Jahr 1797,
B. II. S. 248 u. f., und Jördens Th. II. S. 197. —
Leopold Friedrich Günther von Göckingk ward geboren zu
Grüningen im Fürſtenthum Halberſtadt d. 13. Jul. 1748
und lebt, als geheimer Finanzrath, zu Berlin. Hier
wird er genannt wegen der Lieder zweyer Liebenden, die
zuerſt 1777 und, vermehrt und verbeſſert, 1779 zu
Leipzig erſchienen. Außerdem finden ſich noch lyriſche Gedichte von ihm in dem dritten Theile ſeiner zu Frankfurt
1780 — 82 herausgekommenen Werke. Jördens handelt
von ihm Th. II. S. 157. — Gottfried Auguſt Bürger
ward geboren den 1. Jenner 1748 zu Wolmerswende im
Halberſtädtiſchen und ſtarb, als außerordentlicher Profeſſor, zu Göttingen den 8. Jun. 1794. Die erſte Ausgabe ſeiner Gedichte erſchien zu Göttingen 1778, die
letzte, nach ſeinem Tode von Reinhard beſorgte, eben daſelbſt 1796 — 98 in vier Bänden, von denen der dritte
und vierte vermiſchte Schriften enthalten. Vor dem letzten ſteht ſein Leben von Althof, vergl. Jördens Th. I.
S. 251. — Johann Martin Miller geb. zu Ulm d. 3.
Dec. 1750 lebt daſelbſt als Profeſſor der griechiſchen
Sprache am Gymnaſium. Seine zerſtreuten Gedichte
ſind von ihm ſelbſt (Ulm 1783) geſammelt worden. Eine
nicht ungerechte Würdigung derſelben enthält d. a. d. Bibl.
B. LVII. S. 465. — Ludwig Heinrich Chriſtoph Hölty,
geb. den 21. Dec. 1748 zu Marienſee im Hannöveriſchen,
ſtarb zu Hannover, amtlos, d. 1. Sept. 1776. Seine
zerſtreuten Gedichte vereinigten ſeine Freunde Leopold
Graf zu Stolberg und Voß in ein Bändchen, Hamburg
1783. Die letzte von Voß beſorgte und vermehrte Ausgabe iſt vom Jahr 1804. Voran ſteht des Dichters Le-

bald gefühlvoll, bald mehr der Spur der Alten,
bald mehr dem Pfade der Neuern folgend, meiſtens
ſich ſelbſt und der Natur getreu, und beſchenkten uns
mit Liedern, die, wir mögen auf ihren reichen und
bedeutenden Inhalt, oder auf ihre liebliche und gefällige Form ſehen, zu dem Schönſten gehören, was
die lyriſche Muſe hervorgebracht hat.

Die Nachbildung der horaziſchen Ode durch
Ramler fällt ganz eigentlich in die Zeiten des ſieben-
jährigen Krieges, deſſen Held ihn durch ſeine großen
Thaten begeiſterte. Ich will hier nicht wiederholen,
was ich früher ſchon über die Eigenthümlichkeiten des
Ideengangs und Vortrags, die aus den Geſängen
dieſes Dichters hervorleuchten, erinnert habe. Ich
ſetze bloß noch hinzu, daß das Gegengewicht, welches Ramler, er, ſo ausgezeichnet durch den Adel
ſeiner Empfindung, dem Reichthum ſeiner Gedanken
und die Würde, Fülle und Kraft ſeiner Sprache, in

ben, vergl. Jördens Th. I. S. 438. — Johann Heinrich
Voß, geb. zu Sommersdorf im Mellenburgiſchen d. 20.
Febr. 1751 lebt jetzt, als Hofrath, zu Heidelberg. Die
erſte Ausgabe ſeiner Gedichte in zwey Bänden erſchien zu
Hamburg 1785, die letzte in ſechs Bänden zu Königsberg
1802. — — Die Gedichte der beyden Grafen von Stolberg, Chriſtians (geb. zu Kopenhagen den 15. Oct. 1748
und Friedrich Leopolds (geb. daſelbſt d. 7. Nov. 1750)
gab Bole 1779 zu Leipzig heraus. — Die übrigen lyriſchen Dichter dieſes Zeitraums lernt man von ihrer vor-
theilhaften Seite am beſten aus Matthiſſons lyriſcher Anthologie, Zürich, 1803. (Th. II — XI.) kennen.

die Wagſchale der leichten, oft allzuleichten Poeſie unſerer deutſchen Lyriker legte, zu ſeinen unerkann=
ten Verdienſten gehört und gewiß nicht wenig zur Er=
haltung des ſchwankenden Gleichgewichts gewirkt
hat. Seine Schule iſt bekanntlich nicht klein, und
wenn viele ſeiner Anhänger ihr Verhältniß zu ihm
mehr durch die äußere Form und die emſig gebrauchte
Feile, als durch Auffaſſung des innern Lebens und
Geiſtes ſeiner Gedichte, beurkunden, ſo wird Deutſch=
land doch nie vergeſſen, daß ſein Beyſpiel nicht nur
einen Maſtalier r) und andere treffliche Köpfe zur
Nacheiferung geweckt, ſondern überhaupt in die ge=
ſammte vorzüglich höhere Lyrik wohlthätigen Ein=
fluß gehabt und eine Menge einzelner edler Früchte
erzeugt hat.

Dieß iſt keineswegs der Fall mit den pindari=
ſchen oder dithyrambiſchen Oden, die Johann Gott=
lieb Willamov s) im Jahr 1763 zuerſt verſuchte.

r) Karl Maſtaller, geb. zu Wien d. 16. Nov. 1731, ſtarb
daſelbſt, als Profeſſor der ſchönen Wiſſenſchaften an der
Univerſität, den 6. Oct. 1795. Seine Gedichte nebſt
Oden aus dem Horaz kamen zuerſt 1774 zu Wien heraus
und in einer vermehrten und verbeſſerten Auflage eben=
daſelbſt 1782.

s) Er ward geboren zu Morungen in Preußen 1736 und
ſtarb zu Petersburg den 6. Mai 1777. Die einzige voll=
ſtändige Ausgabe ſeiner Gedichte iſt die (unechte) zu
Wien bey Schrämbl 1793 in zwey Bänden erſchienene.
Nachrichten von des Dichters Schickſalen und Schriften

Es ist nicht zu läugnen, daß in den Enkomien, Dithyramben und Oden, wie dieser feurige und sprachgewaltige Kopf seine Gedichte späterhin eintheilte und benannte, ein gewisser bacchischer Taumel und mehrere Eigenheiten der pindarischen Muse sichtbar werden: aber es ist nicht minder gewiß, daß die gehäufte Mythologie und alterthümliche Gelehrsamkeit jeder Art, die hier nicht bloß zu bescheidenem Schmuck dient, sondern oft der Gedichte Stoff und Grundlage selbst ist, ermüdet und weder die Kühnheit der Redeformen und Bilder, noch der regellos hinstürmende Rhythmus den Leser lyrisch zu stimmen vermögen. Darum ist unstreitig auch der Ton dieses Saitenspiels bald überhört und späterhin nur selten ein Nachklang aus ihm, wie in den Gedichten des jüngern Grafen von Stolberg, vernommen worden. Willamov und sein Vorbild Pindar haben gewisser Maßen gleiches Schicksal unter uns gehabt. Man hat häufig von ihnen gesprochen und sie wenig gelesen, sie laut bewundert, und selten verstanden.

Als lyrischer Dichter, hauptsächlich durch herzvolle tiefempfundene Elegieen, mehrte Klopstock den

enthält das vorgesetzte Ehrengedächtniß, eine richtige Würdigung seiner Dithyramben die allg. d. Bibl. B, V. St. I. S. 37. vergl. Herders Fragmente über die neuere deutsche Literatur St. 2. S. 298.

ganzen Zeitraum hindurch ſein Verdienſt, und fand
mehrere Fort- und Nachbildner ſeines Geſanges, bald
glückliche, wie in Hölty, Voß und dem eben genannten
Stolberg, bald minder glückliche, wie in Niemeyer
und andern. Aber der kühne Sänger, wie er durch
Benutzung der heiligen Geſchichte das Gebieth der
Dichtkunſt erweitert, oder ſich vielmehr eine eigene
poetiſche Gattung geſchaffen hatte, ſo verſuchte er
jetzt etwas Aehnliches durch Anwendung der deutſchen
Geſchichte und der vaterländiſchen oder doch für va-
terländiſch gehaltenen Sagen. Seit dem Jahre
1766 wichen allmählig der griechiſche Apollo dem
nordiſchen Braga, die Muſe der Göttinn Teutona,
die Aganippe dem Mimer oder Bardenquell, und
Herrmann und Thusnelda wurden bald in Oden ge-
feyert, bald handelnd in Schauſpielen, Bardiette
genannt, dargeſtellt. Große Muſter werden immer
durch ihre Fehler verführeriſch, und nie mehr, als
wenn dieſe, wie bey Klopſtock, mit wahrhaften Tugenden und echten Schönheiten gepaart ſind. Seit er
ſeine Leyer in den Bardenton ſtimmte und, was als
mitwirkende Urſache ebenfalls nicht zu überſehen iſt,
des Barden Oſſians Gedichte durch Ueberſetzungen †)

---

†) Die erſte verdanken wir den Herrn Engelbrecht und Wittenberg. Beyde überſetzten in Proſa und gaben ihre Verſuche zu Hamburg 1763 und 64 heraus.

in Deutschland bekannter wurden, sangen alle von
Vaterlandsliebe, Eichenwäldern, Varus Niederlage
und Herrmanns Siegen. An die Stelle der griechischen Gottheiten traten germanische, deren Nahmen
und Bedeutung man erst erlernen mußte; dem Aus-
ländischen, das man verbannen wollte, schob man
Einheimisches unter, das aber in der That fremder
und zugleich dürftiger war, als das, was man aufgab; die Hoffnung endlich, durch Erfassung vater-
ländischer Gegenstände eine recht lebendige Theilnahme zu erregen, blieb unerfüllt, indem man fast immer von der Macht der Sprache erwartete, was einzig von der Empfindung und der Beziehung auf sie
ausgehen mußte. Verehrte Nahmen aus den Tagen
unserer jüngern Barden werden jedoch jederzeit
der Skalde Gerstenberg *t*), Denis oder der Barde
Sined *v*), und Kretschmann oder der Barde Rin-

---

t) Sein Gedicht eines Skalden erschien zuerst 1766 zu Kopenhagen, und steht in der unechten, aber einzig vollstän-
digen Ausgabe seiner poetischen Schriften, die Schrämbl
zu Wien 1794 besorgt hat, Th. I. S. 115. Beurtheilungen des Gedichtes weist Jördens Th. II. S. 104 nach.

v) Michael Denis ward geboren den 27. Sept. 1729 zu
Schärding in Baiern und starb als Hofrath und erster
Custos der kaiserlichen Bibliothek zu Wien den 29. Sept.
1800. Seine sämmtlichen eigenen und übersetzten Gedichte sind erschienen unter der Aufschrift: Ossians und
Sineds Lieder. Fünf Bände. Wien 1784. Nachweisungen über ihn liefert Jördens Th. I. S. 376.

gulph x), und ein unveråchtlicher Gewinn für unſere Poeſie mehrere vaterlåndiſche Lieder Klopſtocks y), in denen aber freylich von Braga und Telyn gerade am wenigſten vorkommt, und mehrere Oden auf Maria Thereſia, Joſeph den zweyten und Deutſchlands' Helden und Edle bleiben.

An größern beſchreibenden oder mahleriſchen Gedichten, an denen der vorige Zeitraum ſo reich war, hat der jetzige, des jüngern Stolbergs Helle-beck ausgenommen z), nichts merkwürdiges aufzuweiſen; wohl aber nahm die lyriſche Poeſie ſelbſt, nicht mehr auf zufällige, bloß eingewebte Schilderungen ſich beſchränkend, eine beſtimmte Richtung zur Landſchaftsmahlerey und ſtrebte durch dieſe Gedicht-Claſſe ihren Umfang zu erweitern. Schon in einzelnen Liedern, die von Hölty und Voß um dieſe Zeit in den Blumenleſen ausgeſtellt wurden und ſpä-

---

x) Karl Friedrich Kretſchmann, geb. zu Zittau den 4. Dec. 1738, lebt daſelbſt als Gerichts-Actuarius. Seine Barbengeſänge fallen zwiſchen die Jahre 1768 — 71, und ſtehen in dem erſten Bande ſeiner ſämmtlichen Schriften. Leipzig 1784 — 1799. Sechs Bände.

y) Wer unter uns kennt nicht: Was that dir, Thor, dein Vaterland? Ich bin ein deutſches Mädchen; und andere?

z) Es ſtand zuerſt im Sept. des deutſchen Muſeums vom J. 1776, nun in ſeinen Gedichten; vergl. Kochs Compendium der deutſchen Literatur-Geſchichte Th. II. S. 206.

terhin in ihre Sammlungen gekommen sind, findet man einige, deren Hauptcharakter mahlerisch ist. Aber am meisten bearbeitete Friedrich Matthisson a), der überhaupt in seiner Empfindungsweise sich merklich an Hölty anschmiegt, diese Gattung und gab einige Naturgemählde, die durch ihre Frische und ihren lieblichen Farbenton anzogen und erfreuten. Da nicht nur die spätern Kunstrichter b) diese von den frühern übersehene Eigenheit seiner Muse erkannt und gewürdigt, sondern auch die, obwohl beschränkte, Manier mehrere Nachahmer gefunden hat, so schien hierin ein hinlänglicher Grund zu liegen, sie als Auszeichnung zu bemerken.

Am meisten von sich reden machten jedoch unter allen Lyrikern dieser Periode die Volksdichter. Wohl war bereits hie und da ein Wörtchen von Natur- und Volks-Dichtung gefallen und die Aufmerksamkeit der Deutschen auf sie gelenkt worden. Die Samm-

---

a) Er ward geb. zu Hohendodeleben bey Magdeburg 1761 und lebt, als Badischer Legations-Rath, zu Dessau. Lieder von ihm erschienen bereits 1781 zu Breslau. Die fünfte Ausgabe seiner Gedichte ist vom Jahr 1802.

b) Man sehe unter andern Schillers Beurtheilung der Matthissonischen Gedichte in der allg. Literatur-Zeitung vom J. 1794. B. III. Nr. 298. u. s. wieder abgedruckt in den kleinen prosaischen Schriften Th. IV. S. 268.

lung alt-engliſcher Balladen, die Percy beſorgte, c)
hatten auch in Deutſchland Freunde gefunden; die
fliegenden Blätter von deutſcher Art und Kunſt d) re-
deten ausdrücklich zu Gunſten der Volks-Poeſie; und
ein und das andere Lied im Volkston war in der
That ſchon erklungen e). Mit Ernſt jedoch und bald
mit unmäßiger oft lächerlicher Hitze fing dieſe Dichtungsart erſt dann an, aufgenommen und bearbeitet
zu werden, als Bürger im Winter 1778 f) mit ſeiner
Lenore hervortrat. Dieſe ſo lebendige und doch ſo
allgemein faßliche, ſo poetiſche und doch Jedermann
anſprechende Ballade begeiſterte, man darf es ohne
Uebertreibung ſagen, halb Deutſchland und ergriff Alt
und Jung, Gebildete und Ungebildete, Vornehme
und Gemeine mit gleicher Gewalt. Der Ruhm des
Dichters war auf einmahl gegründet und das Glück
der Gattung durch Lenoren gemacht. Er, fortfah-
rend ſeine Leyer in den Volkston zu ſtimmen, und

c) Unter dem Titel: Reliques of ancient Engliſh Poetry
conſiſting of old Ballads, Songs and other Pieces of our
earlier Poets. London 1765. 3 Bände (vergl. Neue Bibl.
d. ſch. Wiſſ. B. II. S. 54.)

d) Hamburg 1773. Sie wurden von mehrern unſerer deut=
ſchen Zeitſchriften, wie unter andern von der Allg. d.
Bibl. Zweyter Anhang, Th. II. S. 1169, mit vieler
Wärme empfohlen.

e) Wie z. B. einige des nachher zu nennenden Claudius.

f) S. ſein Leben im vierten Theil ſeiner Schriften S. 36.

theils g) im May des deutschen Museums von 1776, theils in der Vorrede zur ersten Ausgabe seiner Gedichte Gemeinfaßlichkeit für das Siegel aller poetischen Vollkommenheit erklärend, fand mit jedem Tag neue Anhänger und sah Wirkungen, die ihn, wie er in der Folge bekannte, selbst überraschten h). Der schauerlichen Ballade wich die leichte, gefällige, scherzhafte Romanze, die seit Gleim vorzüglich Löwen und Schiebeler i), letzterer auf mythischem Grund und Boden, anzubauen versucht hatten; die vergessenen alt-deutschen Volkslieder wurden plötzlich ein Gegenstand sorgfältiger Aufmerksamkeit k) und eine

g) Unter dem Nahmen Wunderlich, vergl. Neue B. d. sch. Wiss. B. XXII. S. 84.

h) Man sehe die Vorrede zur zweyten Ausgabe seiner Gedichte S. 16 u. f.

i) Johann Friedrich Löwen ward geboren 1729 zu Clausthal und starb 1773 als Registrator zu Rostock (s. Schmidts Nekrolog S. 551.) Seine Romanzen, die jetzt schwerlich mehr gelesen werden, stehen im dritten Theile seiner Schriften, die 1765 u. 66. in vier Bänden zu Hamburg herauskamen. — Daniel Schiebeler war zu Hamburg 1741 geboren und starb das. als Canonicus d. 19. August 1771. Eine Sammlung seiner auserlesenen Gedichte gab Eschenburg zu Hamburg 1773 heraus, und setzte ihr eine Nachricht von des Dichters Leben und Charakter vor.

k) Ich erinnere an die Beyträge Eschenburgs und anderer im Museum und in mehreren Zeitschriften und an den feynen kleynen Almanach vol schöner echter lieblicher Volkslieder gesungen von G. Wunderlich, herausgegeben von D. Seuberlich (Friedrich Nicolai), Berlin 1777, zwey Jahrgänge.

neue Ausgabe von Hans Sachſens Werken in Vorſchlag gebracht l); man wetteiferte in Ueberſetzungen
zu geben, was Spanier, Engländer, Litthauer, Mor-
lacken und andere Völkerſchaften an Volksgeſängen
beſaßen m); unſere Sprache mußte ſich zu Abkürzun-
gen, Wegwerfungen, Vorbildungen und Verſtümme-
lungen mancher Art bequemen, um mehr volksmäßig zu
werden n); ſelbſt geachtete und unter einem beſtimmten Charakter gekannte Lyriker verläugneten den bisher behaupteten und fröhnten der Mode, des Ein-
fluſſes der letzten auf andere Dichtungsarten nicht
einmahl zu gedenken o).   Es war natürlich und

l) Eine Probe davon gab Bertuch, Weimar 1778. Aber
ſchon früher, im April des deutſchen Merkurs von 1776,
hatte Wieland die Wiedererweckung des deutſchen Mei-
ſterſängers empfohlen.

m) Die wichtigſten Sammlungen fremder Volkslieder aus
jenen Tagen ſind: Auguſt Friedrich Urſinus Balladen und
Lieder altengliſcher und altſchottiſcher Dichter, Berlin
1777, und Herders Volkslieder, Leipzig 1788, zwey
Theile.

n) Aſmus omnia ſecum portans, oder ſämmtliche Werke
des Wandsbecker Bothen (Matthias Claudius), in ſieben
Theilen, von denen die vier erſten zwiſchen 1775 und 83
fallen und ein vorzügliches Glück machten, ſind hoffentlich, ſo wie der in ihnen herrſchende Volkston und ihre
ſo häufig nachgeahmte Spracheigenheiten, noch nicht vergeſſen. Nachrichten über den Verfaſſer bringt Jördens
Th. I. S. 309 bey.

o) Gleim z. B. ſang ſeine Gedichte nach den Minneſän-
gern, Berlin 1773 (in den ſämmtlichen Schriften ſtehen
dieſe nicht); die Dichter der Muſen-Almanache gaben

keineswegs ungerecht, daß der ausschließliche Werth,
den man der so genannten volksgemäßen, oder, wie
Bürger sich ausdrückte, populären Poesie beylegte,
die Beeinträchtigung der Sprache und Sprachgesetze,
der Mißbrauch, der mit den Bürgerschen Ausrufun-
gen Sa sa, Hop hop und andern getrieben wurde,
endlich die Gemeinheit, gegen welche selbst Bürger
nicht, geschweige denn seine Nachahmer, sich gehörig verwahrten, den Unwillen der Kritiker und die
Züchtigungen der Kritik vielfach, erfuhren. p) Aber
was beyden weniger zum Ruhme gereicht, ist, daß
sie die Versuche dieser Dichterzunft nicht selten nach
einem falschen Maßstabe würdigten, an den muth-
willigen Verstoßen gegen die Reinheit und Nettig-
keit des Ausdrucks ein übergroßes Aergerniß nahmen,
gehaltlos nannten, was in der That einfach und an-
spruchslos war, und überhaupt in den Geist dieser

Minnelieder in Menge; Wieland dichtete (1776) Geron
den Adelichen; Bürger durchspickte seine in Jamben um-
gesetzte Ilias mit altdeutschen Ausdrücken; u. s. w.

p) Die Mißgriffe der so genannten Volksdichter zu rügen,
war unter andern auch die Absicht des oben angeführten
Almanachs von Nicolai. Man sehe die Vorrede und die
Anzeige in der Allg. d. Bibl., dritter Anhang, B. VI.
S. 3371. Dem gesammten Unwesen in unserer Poesie,
hauptsächlich dem in unserer Lyrik galt eine eigene, darauf berechnete, aber leider! nicht sehr witzige, Satire:
Die neue Deutschheit ninniger Zeitverstreichungen. Göttingen, 1776. Dreyzehn Pröbchen.

Dichtungsart ſchwerlich eindrangen. Wir werden
auf den letzten Punkt zu ſeiner Zeit noch einmahl zurückkommen. Für jetzt ſey es erlaubt, einen Augenblick bey den Urſachen zu verweilen, welche die Fortſchritte der lyriſchen Poeſie in dieſem Zeitraume beförderten.

Die eine und wichtigſte war die, daß zwiſchen
den Jahren 1768 und 1776 in Göttingen geſchah,
was früher in Leipzig und Halle geſchehen war. Der
Zufall vereinigte abermahls auf einer hohen Schule
eine Anzahl trefflicher Köpfe, und wiewohl die hier
zuſammentreffenden ebenfalls, wie die Glieder der
Leipziger Geſellſchaft, an Jahren, Kenntniſſen und
Uebungen ſich ungleich waren, ſo wurden ſie doch
alle von der nähmlichen Liebe für die Kunſt der Muſe
getrieben und wirkten wechſelsweiſe auf einander. Zu
den ältern unter ihnen gehörten Gotter und Boie, die
ihre Studien ſchon vollendet hatten, zu den jüngern
Bürger, Hölty und die etwas ſpäter nachkommenden
Miller, Voß, die Grafen von Stolberg, Leiſewitz
und Karl Friedrich Cramer q). Es iſt durch einige
von ihnen ſelbſt bekannt geworden, nicht nur, wie
herzliche Freunde ſie waren und wie werth ſie waren
dieſes zu ſeyn, ſondern auch, daß ein eigener Bund,

q) Man ſehe Bürgers Leben von Althoff (Schriften Th. IV.
S. 28.) und Voſſens Vorrede zu Hölty's Gedichten.

der die gemeinsame Beurtheilung ihrer Versuche und
und die Beförderung des Schönen und Edlen zum
Zweck hatte, unter ihnen bestand. Auch sprechen
eine Menge glücklicher Gedichte aus jenen Jahren
beydes für ihren schon gebildeten Sinn und für den
rühmlichen Wetteifer, der sie entflammte.

Ein andrer Umstand, der zur Aufnahme der
lyrischen Poesie nicht wenig beytrug, war die be-
queme Gelegenheit, die jungen Dichtern damahls eröffnet wurde, der Welt ihre Arbeiten bekannt zu machen, ohne Taugliches und Untaugliches sogleich in
eigene Sammlungen zu vereinigen. Schon seit lan-
ger Zeit bestand in Frankreich die Sitte, die kleinen
flüchtigen Poesieen der Dichter jährlich zu sammeln
und in einen Musen=Almanach niederzulegen. Die
Nützlichkeit dieser Einrichtung leuchtete Gottern und
Boien ein. Sie faßten den Entschluß eine ähnliche
Blumenlese jährlich in Deutschland zu veranstalten,
und da Kästner den Gedanken gut hieß, so wählten
beyde Freunde unter ihren Gedichten die am meisten
vollendeten aus und untermischten sie mit den Stücken
älterer Dichter, die entweder einzeln gedruckt oder in
fliegenden Blättern zerstreut waren r). Auf diese
Art erschien in Göttingen der erste deutsche Musen-

---

r) So Althoff in dem eben angezogenen Leben S. 24.

Almanach für das Jahr 1770, erhielt Beyfall und
an dem Hamburger bald einen würdigen Nebenbuhler s). Ungemein genützt haben beyde Blumenleſen
unſerer Literatur, ſo lange ſie noch die einzigen waren, die anerkannten Dichter unſers Vaterlandes ſie
mit ihren Arbeiten ſchmückten, und unter den Verſuchen der neu aufblühenden eine ſtrengere Sonderung ſtatt finden konnte. Wenn ſie mit dem Aus-
gange dieſer Periode aufhörten zu ſeyn, was ſie geweſen waren, und ſpäter faſt nur noch durch die
Beyträge ihrer Herausgeber Aufmerkſamkeit erregten, ſo lag die Urſache hiervon in nichts anderm,

s) Den Göttingiſchen Muſen-Almanach beſorgten 1770
Boie und Gotter gemeinſam, den von 1771 — 75 Boie
allein, hierauf von 1776 — 78 Göckingk, nach ihm von
1779 — 94 Bürger, endlich von 1795 — 1803 Karl
Reinhard, der dem letzten oder fünf und dreyßigſten
Jahrgang für 1807 (Münſter, bey Waldeck) eine Vorrede, die Geſchichte des Almanachs enthaltend, beyfügte.
Den Hamburger-Muſen-Almanach gab von 1776 — 79
Voß allein, von 1780 — 88 Voß und Göckingk zuſammen
und von 1789 — 1800 Voß wieder allein heraus. Gleichzeitig mit dem Göttingiſchen fällt der Almanach der deutſchen Muſen, den Chriſtian Heinrich Schmidt, Profeſſor
in Gießen, für 1771 — 75 bey Schwickert zu Leipzig und
für 1776 — 81 bey Weygand daſelbſt in Verlag gab. Die
Geſchichte des Almanachs, der auch Beurtheilungen der
jährlich erſcheinenden poetiſchen Neuigkeiten lieferte,
hat der Herausgeber ſelbſt in ſeiner Literatur der Poeſie
S. 82 erzählt. Nachrichten von ähnlichen Sammlungen
der Art ertheilen die Allg. d. Bibl. und andere kritiſche
Zeitſchriften.

als daß ihre Anzahl sich zusehends mehrte und, was ursprünglich eine Anstalt für junge Dichter seyn sollte, allmählig ein Gegenstand der Ueppigkeit und des buchhändlerischen Gewerbes ward. Ueberdem erwuchsen und blühten neben den Musen - Almanachen mehrere Zeitschriften, die ebenfalls einen nicht kleinen Theil der jährlichen poetischen Erzeugnisse in sich überleiteten: Der deutsche Merkur (seit 1773) unter Wielands Aufsicht, das deutsche Museum (1776 — 88), das Boie herausgab, und die Iris (1775 — 78), die Jacobi besorgte, haben in diesem Zeitraume ungemein kräftig auf unsere Literatur gewirkt, indem sie theils unmittelbar die Aufnahme und Verbreitung des Schönen begünstigten, theils mittelbar durch Abhandlungen und Kritiken den Ton angaben und die öffentliche Meinung zu leiten wußten.

In dem Gebiethe des Idylls bahnte sich Voß, während Blum und andere e) den Kleistischen und

---

e) Joachim Christian Blum (f. Schlichtegroll Nekrolog auf das Jahr 1790. B. II. S. 198 u. f. und Irrheus Th. I. S. 91.) war geboren zu Ratenau in der Mittelmark d. 19. Nov. 1739 und starb daselbst, als amtloser Gelehrter, d. 28. August 1790. Seine Idyllen wurden zum ersten Mahle 1773 zu Berlin gedruckt und stehen nun im zweyten Theil seiner sämmtlichen Gedichte, Leipzig 1776. Mehrere Dichter in dieser Gattung weisen nach Blankenburg in den Zusätzen zum Sulzer Th. II. S. 131. und Koch im Compendium der deutschen Literatur = Geschichte Th. II. S. 185. Eine ehrenvolle Aufnahme unter dem

Geßneriſchen Fußſtapfen, der mehr der minder ängſtlich, folgten, einen neuen Weg, indem er den Theokrit zu ſeinem Vorbilde erwählte. Gleich dieſem hielt
er ſich an die wirkliche Welt und mahlte das Land
und das Landleben, wie es war, nicht wie eine ver-
ſchönernde Einbildungskraft jenes in Arkadien und
dieſes in das goldne Weltalter umzaubert. Seinen Hirten gab er weder die jungfräuliche Un-
ſchuld, noch die zarten reinen Empfindungen, noch
die beſcheidenen Sitten, wie Kleiſt und mehr noch
Geßner den ihrigen; aber er gab ihnen, was wenigſtens eben ſo viel werth iſt, Wahrheit, Charakter
und Leben. Die Natur, in der ſie auftreten und
handeln, prangt nicht mit der Fülle der Ueppigkeit
und dem Farbenwechſel, wie die Geßnerſche; aber
ſie iſt mannigfaltig und friſch und ſagt dem Beſchauen-
den zu. Seine Sprache endlich erſcheint ſo veredelt
und verfeinert nicht, wie bey Geßner, aber ſie iſt
treuherzig, einfältig, bieder und nicht bloß wohlklingend, ſondern wirklicher Vers. Schon in den
Jahren 1774 und 75 erſchienen Voſſes erſte Ver-

vielen Mittelgute macht der Mahler Friedrich Müller,
geb. zu Kreuznach 1750, jetzt in Rom. Doch dürfte met-
tern ſeiner Idyllen dieſer Nahme nur ſehr uneigentlich
zukommen.

suche in dieser Gattung v), und von den drey Idyllen, die nun in seiner Luise zu einem Ganzen vereinigt sind, machte er das zweyte in dem Hamburger
Musen=Almanach von 1783, das erste eben daselbst
1784 und das dritte im November des deutschen
Merkurs von dem nähmlichen Jahre bekannt. Aber
das Ansehen Geßners, die Einseitigkeit eines verwöhnten Geschmacks, und das vorlaute Geschrey
der Kunstrichter x) war Schuld, daß Vossens Idyllen nicht sogleich den Eingang fanden, den sie verdienten. Man setzte lange den flüchtigen Farbenreiz
der bestimmten Zeichnung und die liebliche Schilderung der richtigen Darstellung nach und erkannte
erst ein volles Jahrzehend später, zu welcher Eroberung die Bekanntschaft mit den Alten geführt hatte.

Weder ein artistisches noch ein philosophisches
Lehrgedicht von Umfang und Werth hat dieser Zeit-
abschnitt aufzuweisen: denn Halladat oder das rothe
Buch von Gleim y) ist kein zusammenhängendes
Ganzes, sondern eine Sammlung einzelner Dichtun-

---

v) Zuerst in den Musen=Almanachen, dann gesammelt im
    ersten Theile seiner Gedichte von 1785, nun im zweyten
    Bande der letzten Ausgabe seiner Gedichte, auch einzeln
    unter der Aufschrift: Idyllen. 1801.

x) Eine ungünstige Beurtheilung erfuhren sie unter andern
    in der Zürcher Bibliothek, B. 1. S. 135.

y) In dem zweyten Bande der Ausgabe von 1802. S. 275.

gen im morgenländiſchen Geſchmacke, zur Belebung
ſittlicher Wahrheiten und Erweckung edler Gefühle z).
Eben ſo wenig haben wir in der ſatyriſchen Dichtungsart, außer etlichen Verſuchen von Michaelis
in gereimten Alexandrinern a) und den Jamben des
jüngern Stolberg b), etwas Bedeutendes erhalten;
und wie weit ſtehen ſelbſt dieſe beyden Dichter, von
denen der eine ſich mehr zum beißenden Spott, der
andere ſich mehr zum ſtrafenden Ernſt hinneigt, hin-
tern ihren Vorbildern, Horaz und Juvenal, der
erſte im feinen Weltton, der zweyte in der kräftigen
Zeichnung zurück? Deſto eifriger dagegen und nach
mehr denn einer Richtung hin hat man die poetiſche
Epiſtel zu erweitern geſucht. Nicht zu verkennen
ſind die Muſter, denen Gleim, Jacobi und Klamer
Schmidt c) folgen. Wie ſie in ihren Liedern bemüht
geweſen ſind, den Charakter eines la Chapelle, Chau-

z) Aufgeführt findet man freylich mehrere bidaktiſche Dichter dieſes Zeitraums bey Koch Th. I. S. 239 und Blankenburg Th. II. S. 263, aber wer hält Löwens Lehrgedichte und ähnliche heute noch für merkwürdige Erſcheinungen im Gebiethe der Poeſie.

a) In der Wiener Ausgabe ſeiner poetiſchen Werke Th. I.
S. 209.

b) Leipzig 1787.

c) Die Epiſteln der beyden erſten ſtehen in ihren Werken;
die des letztern erſchienen unter der Aufſchrift: Poetiſche
Briefe, Deſſau 1782, und: Neue poetiſche Briefe, Berlin 1790.

lieu und ähnlicher französischer Lyriker auszudrücken,
eben so haben sie sich bestrebt, die gefällige tändelnde
Manier jener Dichter in der Epistel aufzufassen und
selbst in der äußern Form, in der Anwendung der
kurzen Verse und der Einmischung der Prosa, wiederzugeben. Den einsichtsvollern Kunstrichtern hat
es indeß immer geschienen, als ob die meisten dieser
Stücke mehr den Forderungen eines vertrauten Zir-
kels von liebenswürdigen Freunden und Bekannten,
als den höhern Ansprüchen der Lesewelt, Genüge leiste-
ten und des Alltäglichen und Flachen zu viel unter
dem Titel des Natürlichen und Leichten verkauft werde.
— Von ganz anderm Gehalt sind Michaelis poetische
Briefe d). Weit entfernt tändelnd zu scherzen, oder
scherzend zu tändeln, verräth er überall, in Ton,
Sprache und Rhythmus, deutschen Ernst und männliche Würde. Sein Ausdruck empfiehlt sich durch
Wärme, Neuheit und Kraft, so oft er als Freund
zum Freunde redet oder Gedanken mittheilt, und
spielt er, was nicht selten geschieht, auf die Tho-
ren und Thorheiten seines Zeitalters an, so steht ihm
gewöhnlich sein Satyr zur Seite und giebt durch bey-
gemischten Spott der Darstellung eine anziehende Eigenthümlichkeit. Was würden seine Episteln vol-

d) In der oben genannten Ausgabe seiner Werke.

lends werth ſeyn, wenn er lange genug gelebt hätte,
um ihnen noch die Leichtigkeit und Glätte zu geben,
die ihnen nicht ſelten abgehn! — Die beyden letzten
Vorzüge ſeinen Epiſteln e) zu ertheilen, hat es Ebert
nicht an hartnäckigem Fleiße fehlen laſſen; und man
muß bekennen, daß ihm ſein Bemühn, ungeachtet
der langen und verwickelten Redeſätze, in denen er
ſich gefällt, im Ganzen gelungen iſt. Auch gelehrte
Anſpielungen und andre poetiſche Verzierungen hat
er nicht geſpart, um den Inhalt zu heben und ihm
das Anſehn des Gedachten und Gedankenreichen zu
leihen. Aber alle angewandte Kunſt verbirgt nicht,
daß der Dichter ſich in einem engen Ideenkreiſe bewegt, das immer wiederkehrende Lob des achtzehnten
Mais oder ſeines ehelichen und häuslichen Glücks
eine gewiſſe Einförmigkeit hervorbringt, die der ein-
tönige Fall des vierfüßigen Jambus, ſeines Lieb-
lingsverſes, gar ſehr vermehrt, und die Sorgloſig-
keit, mit der er ſich der Leitung des ihm immer zu-
ſtrömenden Reimes überläßt, üppige Auswüchſe
aller Art und eine Menge leerer Stellen veranlaßt
hat. — Göckingk in ſeinen Epiſteln f) verräth, wenn
auch keine Geiſtesverwandtſchaft, doch Aehnlichkeit
der Denkungsart mit Horaz. Wie dieſer, freut er

e) Hamburg 1789.
f) Im erſten und zweyten Theile ſeiner Gedichte.

sich der Unabhängigkeit, die ihm der goldne Mittel-
stand bey eignem Heerde gewährt, sagt freymüthig
und unbefangen, was und wie er über den Glanz
der Höfe und die Großen der Erde denkt, eilt seinen
Freunden, die sich auf dem Pfade durchs Leben zu
verirren Gefahr laufen, mit gutem Rathe entgegen,
und preist mit einer Innigkeit, die vom Herzen
kommt, die Schönheiten der Natur und die Reize
des Landlebens. Auch von dem biedern treuherzigen Ton des Römers, seiner prickelnden Laune und
seinem spöttelnden Muthwillen ist ihm etwas zu Theil
geworden. Die Gattung der Epistel hat offenbar
durch ihn gewonnen, und der Gewinnst würde noch
größer seyn, wenn er, bey einer Ueberarbeitung seiner Stücke, sie von dem Müßigen, das auch sie
drückt, befreyen und der zuweilen verletzten Haltung
nachhelfen wollte. — Nicolay ist nicht bloß ein philosophischer, sondern auch ein sehr methodischer Dichter. Seine Episteln g) gleichen alle mehr überdach-
ten Abhandlungen, als wirklichen sich gleichsam zufällig ordnenden Briefen, und seine Muse scheint
mehr absichtlich unterrichten, als lehrreich unterhal-
ten zu wollen. Es ist kein freyer Spaziergang, den
man auf gut Glück mit ihr macht; es ist ein bestimm-

---

g) Man findet sie beysammen im zweyten Theile der letzten
    Ausgabe seiner Gedichte.

ter Weg nach einem beſtimmten Ziele, den ſie verfolgt. Denſelben Charakter fleißiger Ausarbeitung
tragen auch ſeine Sprache, die jederzeit natürlich und
rein, und ſein Vers, der immer fließend und leicht
iſt. Man kann nicht ſagen, daß er der didaktiſchen
Epiſtel alle die Gewandtheit, Abwechſelung und bele-
bende Kraft, deren ſie fähig iſt, mitgetheilt habe,
aber man darf behaupten, daß er ſie mit einigen ge-
dankenvollen Stücken bereichert hat. — Gotter, wiewohl ein ſo fleißiger Leſer und großer Verehrer der
franzöſiſchen Dichter und nahmentlich der Briefe eines
Voltaire, Dorat und anderer, iſt ihnen dennoch, in
Hinſicht des Stoffs und der Erfindung, wenig oder
nichts ſchuldig. Was er ihnen verdankt, iſt allein
die Feinheit des Tones, die Geſchmeidigkeit der Ue-
bergänge und die Vollendung des Ausdrucks, die
ſeine Verſuche auszeichnen. Zu dieſen Vorzügen ge-
ſellt ſich aber noch ein ihm eigenthümlicher, die zarte
Empfindung ſeines für Umgang, Freundſchaft und
Liebe geſtimmten Herzens, die ſich ſchon in einer ſeiner früheſten Epiſteln, ich meine die über die Stark-
geiſterey *h*), ſo lebendig ausſpricht und auch den
Werth der jüngſten, der über die Flucht der Jugend *i*), erhöht. Vor allen Epiſtel-Dichtern dieſes

h) Vom Jahre 1773.
i) Vom Jahre 1787.

Zeitraums gebührt ihm sicher der Vorrang, wenn die
Entscheidung auf die glückliche Vereinigung innern
Gehalts und warmen Gefühls mit äußerer Schönheit und gefälliger Form gegründet wird. — Unter
Pfeffels Episteln *k*) ist die an Phöbe unstreitig eine der
schönsten, aber gewiß nicht die einzig schöne. Leichtigkeit und Angemessenheit der Sprache macht das
geringste Verdienst seiner Briefe aus; den höhern
Werth giebt ihnen der redliche Sinn für Wahrheit
und Tugend, der sich überall so schön verkündigt,
und die edle Theilnahme an Menschenrecht und Men-
schenwohl, die nicht wenig gewinnt, daß ein leiser
Anflug von Melancholie sich ihr von Zeit zu Zeit zu-
gesellt.

Unser Fabelvorrath ist, während dieses Zeitraums, durch mehr denn einen guten Dichter, unter
andern durch Michaelis, dessen muntre oft satyrische
Laune auch der Fabel manchen neuen Reiz zu ertheilen wußte, und durch Nicolay vermehrt worden.
Aber als Erweiterer der Gattung sind hauptsächlich
drey Dichter merkwürdig. Der eine, der Dithyram-

---

k) Konrad Gottlieb Pfeffel, geb. zu Kolmar 1736, lebt,
nach Aufhebung der dasigen Kriegsschule, amtlos, in seinem Geburtsort. Die vierte rechtmäßige Ausgabe seiner
poetischen Versuche erschien 1802 — 4 zu Tübingen in
sieben Theilen. Eine, im Ganzen richtige, Würdigung
seines dichterischen Verdienstes findet sich in der Neuen
Allg. d. Bibl. B. LXXXVI. S. 489.

benſänger Willamov, gab uns ſchon im Jahr 1765
eine Sammlung dialogiſcher Fabeln l), in denen er
Thiere und andere Weſen redend einführte, ohne die
Unterhaltung ſelbſt durch Erzählung ein- und fort-
zuleiten.   Man kann ſich nicht verbergen, daß er
die der Fabel ſo weſentliche Lehre oder Maxime nicht
immer zur Anſchauung bringt, die zur Anſchauung
gebrachte bald alltäglich bald zweydeutig iſt, von
dem Charakter der Redenden oft nichts in ihren Reden erſcheint, und überhaupt nur der kleinere Theil
ſeiner Stücke auf den Nahmen wahrer Fabeln Anſprüche machen kann.   Aber dieſer kleinere Theil
rühmt ſich auch in der That echt äſopiſcher Kürze
und Einfalt und jener eigenthümlichen Lebhaftigkeit,
die der Dialog vor der Erzählung voraus hat. —
Es war kein unglücklicher Einfall von Zachariä, zumahl im Jahr 1771, wo Jedermann von den mit
Unrecht vergeſſenen und verkannten Dichtern der deutſchen Vorzeit ſprach, die alte treuherzige Weiſe unſers vaterländiſchen Fabuliſten, des Burkard Waldis, an den ſchon Gellert lobend erinnert hatte, wieder zu beleben m).   Er ſuchte dieß theils durch Fa-

l) Nun in der Wiener Ausgabe ſeiner Werke Th. 2. S. 129.
verglichen über ihn als Fabuliſten Neue Bibl. d. ſch.
Wiſſ. B. I. S. 123.

m) Fabeln und Erzählungen in Burkard Waldis Manier.
Frankfurt und Leipzig.

beln von eigner Erfindung, theils durch solche, die
er dem Waldis selbst und andern nachbildete, zu leisten, und man muß bekennen, daß er die naive drol-
lige Redseligkeit des Alten und dessen sprichwörtliche
Kraft mit vielem Glücke erreicht und mit nicht gerin-
germ die öft lästige Schwatzhaftigkeit und Weitläuf-
tigkeit seines Vorgängers vermieden hat. Er ist al-
terthümlich, ohne altväterisch, nachlässig, ohne ver-
nachlässigt, und munter, ohne possierlich zu seyn,
kurz, was er seyn mußte, um den Aesop des sech-
zehnten Jahrhunderts in das achtzehnte einzuführen.
— Neue Formen und Einkleidungen für die Fabel
hat Pfeffel nicht erfunden: aber es giebt unter den
Fabeldichtern unserer Zeit keinen, der die Gattung
mit vorzüglichern Stücken bereichert hätte, als er.
Die Wahrheiten und Lebensregeln, die er versinnlicht,
wie die Beyspiele, in denen er sie darstellt, überra-
schen, was bey der großen Menge von Fabeln viel
sagen will, durch ihre Neuheit, und empfehlen sich,
jene durch ihre Fruchtbarkeit, diese durch ihre Anschaulichkeit. Viele seiner Lehren sind nicht bloß für
den Verstand berechnet; mehrere treffen zugleich das
Herz. Die Natur hat er aufmerksam beobachtet
und von den bekannten wie von den unbekannten Ei-
genschaften der Thiere, Bäume und Pflanzen manche
glückliche Anwendung gemacht. Reim und Sylben-

maß legen ihm ſelten Zwang auf, und wiewohl ſeine Sprache des Schmuckes keineswegs entbehrt, ſo hat ſie deſſen doch gerade nur ſo viel, als die Gattung und der Zweck derſelben verträgt.

An kleinen Gedichten aller Art, an gefälligen wie an witzigen, an ſchmeichelnden wie an ſtechenden, iſt dieſer Zeitraum ebenfalls nicht leer ausgegangen. Mehrere Dichter, vorzüglich die, welche den franzö‐ ſiſchen huldigten, wie Jacobi und Götz, haben eine Menge niedlicher Madrigale und was dieſen ver‐ wandt iſt, theils aus dem Franzöſiſchen überſetzt, theils frey nachgeahmt, theils ſelbſt erfunden, und andere, unter denen Göckingk, Ewald und Hensler n) ſich leicht den erſten Rang zueignen möchten, die Zahl gelungener Epigrammen gemehrt. Da jedoch beyde Gattungen, mehr in der Richtung, die ihnen Ha‐ gedorn und Leſſing gaben, durch die genannten Dich‐ ter fortgeführt und bereichert, als wirklich, was in

n) Nachweiſungen über Friedrich Ewald (geb. 1727) liefert Jördens, der deſſen Sinngedichte zu Berlin 1791 heraus‐ gab, im Dichter‐Lerikon Th. I. S. 489, über Peter Wilhelm Hensler (geb. d. 14. Febr. 1747 zu Preez im Holſteiniſchen, geſt. als Landſyndicus zu Stade d. 29. Jul. 1779) ſein Bruder und Voß, durch deren Beſor‐ gung des Verſtorbenen Gedichte zu Altona 1782 erſchie‐ nen, vergl. Jördens Th. II. S. 352. — Das Vorzüglichſte wie aller, ſo auch der übrigen Epigrammen‐Dichter die‐ ſes Zeitraums, verſpricht uns die Anthologie des jüngern Schütz und die von Weiſſer und Haug beſorgte.

dem folgenden Zeitraume geschah, fortgebildet und
erweitert worden sind, so glaube ich nicht besonders
bey ihnen verweilen, sondern sogleich zu den dramatischen Dichtungsarten übergehen zu dürfen.

So sehr auch die Muse der deutschen Schau-
spielkunst in den vorigen Zeitabschnitten hinter ihren
übrigen Schwestern zurückgeblieben war, so hatte sie
sich doch gerade genug ausgezeichnet, theils, um
mehrere für ihren Dienst zu gewinnen, theils, um
die Rechtmäßigkeit ihrer Ansprüche auf äußere Achtung und sorgsamere Pflege zu begründen. In bey-
derley Rücksicht geschah vieles in diesem Zeitraume.
Nicht allein Schauspieler von ausgezeichneter Anlage
und eben so großem Eifer für die Kunst, wie ein Eck-
hoff, Brückner, Böck, Borchers, Brockmann,
Schröder und andere, und neben ihnen Schauspielerinnen, wie eine Stark, Steinbrecher, Hensel, Böck,
Brandes und die beyden Ackermann o), entwöhnten
sich der alten schwülstigen Manier, der sie zum Theil
in ihren frühern Jahren selbst noch gefröhnt hatten,

o) Brauchbare Nachweisungen über die genannten Schauspieler und Schauspielerinnen, wie überhaupt schätzenswerthe Beyträge für den künftigen Geschichtschreiber des
deutschen Theaters, liefert das von Heinrich August Ot-
tokar Reichard seit 1775 herausgegebene Taschenbuch für
die Schaubühne. Mehrere hieher gehörige Schriften nennt
Blankenburg in den Zusätzen zu Sulzers Theorie. Th. I.
S. 433.

und brachten Vortrag und Darſtellung der Wahrheit
und ſchönen Natur näher *p*); auch das ganze Schau-
ſpielweſen veredelte ſich merklich.   Mehrere Städte
Deutſchlands, wo die Muſen des Schauſpiels noch
in Buden oder armſeligen Verſchlägen wohnten, bau-
ten Theater oder erweiterten und verſchönerten die beſtehenden *q*); manche bisher wandelnde Geſellſchaft
bekam hie und da, oft ſogar in den Sitzen kleiner
Fürſten *r*), eine bleibende Stätte; der Nachtheil, der
dem Aufblühn der Bühne daraus erwuchs, daß ihre
Verwaltung von dem Eigenſinne, der Habſucht und
der Parteylichkeit eines das Ganze leitenden Schau-

p) Man vergleiche unter andern, was Iffland in ſeinem
    Theater = Almanach Berlin 1807 S. 139 über den (frühern
    und ſpätern) Vortrag in der höhern Tragödie geſagt hat.

q) In Hamburg z. B. führte Ackermann 1763 auf dem
    Platze des alten Opernhauſes ein neues Schauſpielhaus
    und in Leipzig Zemiſch und einige andere Kaufleute 1766
    das jetzt noch ſtehende auf. (Chronologie des deutſchen
    Theaters S. 238. 243.) In Berlin erbaute der jüngere
    Schuch 1765 das nun eingegangene Theater in der Beh-
    renſtraße. Der Hanswurſt trieb jedoch hier ſein luſtiges
    Spiel fort, bis es endlich dem Eiferer Döbbelin, der
    1766 von der Ackermanniſchen Geſellſchaft zur Schuchiſchen
    trat, allmählig gelang, regelmäßige Stücke einzuführen.
    (Plümicke im Entwurf einer Theater = Geſchichte von Ber-
    lin S. 252 u. f.)

r) Wie die Kochiſche Geſellſchaft 1768 und, nach deren Ab-
    gang 1771, die Seyleriſche zu Weimar.   Letztere ließ
    ſich, nach dem unglücklichen Brände des daſigen Schloſſes,
    1774 in Gotha-nieder.

spielers abhing, wurde allmählig erkannt und das
Theater an einigen Orten unter Aufsicht besonderer
Ausschüsse, oder, wo Fürsten es unterhielten, unter die Obhut der Höfe genommen; die Bühnenver-
zierung und Kleidung empfahl sich durch Zweckmäßigkeit, Uebereinstimmung und Schönheit; man dachte
auf besoldete Theater=Dichter und Dramaturgen und
suchte sogar den Schauspieler nicht gelegentlich sondern
absichtlich durch öffentliche Kritiken zu bessern *s*). Am
thätigsten bewiesen sich jedoch, wie billig, die Dichter.
An ihnen wenigstens lag es nicht, wenn sie das in dem
vorigen Zeitraume Versäumte nicht itzt nachholten:
so groß war der Eifer und so verschieden die Wege,
die sie einschlugen, um unsere Bühne mit spielbaren
Stücken zu bereichern. Es gehört ganz eigentlich
hieher, die ersten auszuzeichnen.

s) Frohe Aussichten eröffneten sich vorzüglich 1767 in Hamburg, aber sie waren leider! von keinem Bestand. (Chronologie d. deutschen Theaters S. 257. 270.) In Wien
kämpfte man seit 1764 sehr lebhaft gegen den theatralischen Ungeschmack, die niedrigen Possen und die Stücke
aus dem Stegreife, die dort noch immer ihr Glück machten. Besonders erwarb sich H. von Sonnenfels durch
seinen Rath, wie durch seine Kritiken, um das dortige
Theater große Verdienste. Nachrichten über die Bemühungen aus jenen Tagen gewähren die Chronologie des
deutschen Theaters und Sonnenfels Briefe über die Wien-
erische Schaubühne, vier Theile 1768, über die Veränderungen seit 1772 die Wiener Theater=Kalender und
Reichards oben genanntes Taschenbuch.

Die beyden Hauptrichtungen des Trauerſpiels,
das ſich nicht nur zuerſt und vorzüglich unter uns aus⸗
bildete, ſondern auch auf die übrigen dramatiſchen Gat⸗
tungen und deren Geſtaltung vielfach einfloß, kündi⸗
gen ſich Jedem von ſelbſt an.   Die eine war die von
franzöſiſchen Muſtern ausgegangene, wel⸗
cher ſich die Dichter, wie die Zuſchauer, in dem gan⸗
zen vorigen Zeitabſchnitte überlaſſen hatten und beyde
viel zu ſehr ſchätzten, um ſie ſo leicht aufzugeben.
Schon der Mangel an urſprünglich deutſchen Stücken
trug zur Erhaltung der franzöſiſchen Tragödie nicht
wenig bey, da unſere Armuth uns unaufhörlich nö⸗
thigte, bey dem reichern Nachbar zu borgen und bey
ihm am leichteſten und wohlfeilſten zu borgen war.
Aber gewiß hatten einen eben ſo großen Einfluß auf
die Verfolgung des betretenen Pfades Vorurtheil und
Gewohnheit.   Die Form des franzöſiſchen Trauer⸗
ſpiels galt einmahl für die einzig zu billigende und
geſchmackvolle, weil ſie den Alten abgelernt und von
ihnen entlehnt zu ſeyn ſchien; die Dichter, ſo lange
an die Geſetze der Regelmäßigkeit gewöhnt, glaubten
ſich von ihnen gar nicht entbinden zu können, und den
Zuſchauern ſelbſt ging es, wie gewiſſen Leuten, die,
in einer beſtimmten Ordnung grau geworden, jede
andere, als die ihrige, für Unordnung halten. Den⸗
noch regte ſich vielfach auch in der deutſchen Tragö⸗

die nach französischen Mustern der beßere und freyere
Genius, der einmahl in und für die deutsche Dichtkunst erwacht war. Man hielt sich allerdings im
Ganzen an die von Corneille und Racine beobachteten
Einheiten, aber man ließ doch nicht selten von denen
des Orts und der Zeit nach; man arbeitete, jener
Beyspiele gemäß, mehr auf Rührung, als auf Erschütterung hin, aber man wich doch der Erweckung
der letztern nicht furchtsam aus; man war noch nicht
von der Einwebung glänzender Prunkreden zurückge-
kommen, aber man fühlte immer allgemeiner, daß
rednerischer Schmuck nicht tragische Kraft sey; man
bediente sich noch immer, zumahl im Anfange dieses
Zeitraums, des eingeführten Alexandriners, aber
man fing allmählig an, auch die Last einer, für den
Ausdruck der Leidenschaft immer etwas unbequemen,
Fessel zu fühlen und sich ihr zu entziehen. Als die
Tonangeber und Beförderer dieses Trauerspiels darf
man wohl mit Recht Weiße und Gotter nennen, von
denen jener schon im Jahre 1759 mit seinem Eduard
dem dritten und Richard dem dritten hervortrat, und
dieser noch im Jahre 1783 Voltaires Alzire in gereimte Alexandriner für die Wiener Bühne, die der
französischen Tragödie am längsten treu blieb, übersetzte. Aus welchem Gesichtspunkte der letztere diese
tragische Gattung betrachtete, darüber findet sich in

der Vorrede zum zweyten Bande ſeiner Gedichte r)
eine merkwürdige Stelle, die ich hier um ſo lieber
einrücke, da ſie nicht bloß des Dichters, ſondern
ſicher vieler Zuſchauer Anſicht enthält und in ihr leicht
das Beſte zuſammengedrängt ſeyn möchte, was man
damahls zur Rechtfertigung der franzöſiſchen Tragödie ſagte. „Wenn auch gleich die Franzoſen, (ſo
lautet ſie,) von den Alten nichts, als den regelmäßi-
gen Zuſchnitt, die Gleichheit des Tons, den Rhythmus und den ſpruchreichen Vortrag entlehnt haben,
wenn ſie gleich mehr auf Verſchönerung, als auf
Nachahmung der Natur ausgehn, und daher weder
auf die hohe Einfalt der Griechen, noch auf die
lebendige Darſtellung Anſpruch machen können, in
der die Engländer unſere Vorgänger und Muſter
ſind; ſo bleibt ihr Trauerſpiel doch immer eine ſchätz-
bare dichteriſche Zuſammenſetzung. Es ſteht gleichſam zwiſchen dem epiſchen Gedichte und der Oper in
der Mitte. Es gewährt einen um ſo reinern Genuß,
je ſorgfältiger es alles vermeidet, was die Aufmerkſamkeit zerſtreuen, oder die Täuſchung ſtören, oder
widrige Empfindung erwecken kann; aber eben des-
wegen berührt es auch in den meiſten Fällen nur die
Oberfläche der Seele: denn idealiſche Weſen und ihre

---

r) Er enthält die in Verſen geſchriebenen Schauſpiele des
　Dichters.

zu künstlich verketteten Schickfale flößen uns nicht den
Antheil ein, den wir an Menschen, deren Gefühlart
der unsrigen gleich ist, und an Begebenheiten, deren
Faden, Verwickelung und Auflösung mit dem gewöhnlichen Laufe der Dinge übereinstimmt, zu nehmen pflegen."

Dieser Richtung entgegen strebte eine andere,
die sich von der Bekanntschaft mit der englischen
Bühne herschreibt, oder, mit Lessing v) zu reden,
die Erfahrung, daß die Tragödie noch einer andern
Wirkung fähig sey, als ihr Corneille und Racine zu
ertheilen vermocht hatten. Wie Stand und Her-
kunft ihre unziemlichen Vorrechte durch Verjährung
zu schützen wissen, so geschieht es nicht selten, daß
durch ähnliches Verjährungsrecht auch der Geschmack
seine, man weiß nicht wie, errungene Herrschaft,
trotz aller kritischen Einsprüche, behauptet. Das
englische Theater war dem deutschen in der That nicht
erst seit gestern bekannt geworden. Zwar konnte die
Uebersetzung, die ein gewisser Herr von Bork, einst
preußischer Gesandter in London, von Shakspeare's
Julius Cäsar schon im Jahr 1741 und in Versen
gab, den großen Dichter auf keine Weise empfehlen,
sondern diente zu nichts, als Gottscheden und seinen

---

v) Dramaturgie Th. II. S. 386.

Anhang in der Verachtung der Britten, und in ihrer
Vorliebe für die Franzoſen zu beſtärken. Allein auch
die folgenden bey weitem beſſern Verſuche, uns zum
Verſtehn der engliſchen Tragiker zu zwingen, die
Leipziger Ueberſetzung des Thomſon x), die ungleich
gelungenere Verdeutſchung der vorzüglichſten Stücke
deſſelben Dichters in Jamben durch Johann Heinrich
Schlegel y), und die Wärme, mit der Leſſing und
andere ſich gelegentlich für die Britten erklärten, ver-
mochten nicht, das beſtehende Vorurtheil zu verdrängen. Das Uebergewicht in die ſchwankende Wagſchale legte zuerſt die Ueberſetzung Shakſpeare's, die
Wieland zwiſchen den Jahren 1762 und 1766 mit
beharrlichem Muthe unternahm und, ſo viel Ausſtellungen ſich auch im Einzelnen gegen ſie machen laſſen,
im Ganzen mit Geiſt und Glück ausführte z).

Einige Wirkung des deutſchen Shakſpeare's
verſpürte man bald nach deſſen Erſcheinung. Meh-

---

x) Vom Jahre 1756 mit Leſſings Vorrede, vergl. S. 158 h,
wo jedoch fälſchlich ſteht, daß ſie von Geßnern herrühre.
Der Ueberſetzer waren, dem Vorredner zufolge, mehrere.

y) Er gab zuerſt in Leipzig 1758 (ſ. Bibl. d. ſch. Wiſſ. Th.
V. S. 117.) die Sophonisbe des Engländers heraus, der
1760 Agamemnon und Koriolan nud 1764 Eduard und
Eleonore und Tankred und Sigismunde folgten.

z) Ueberarbeitet und vervollſtändigt von Johann Joachim
Eſchenburg. Zürich, 1775 — 82. Dreyzehn Bände. Neue
ganz umgearbeitete Ausgaben daſelbſt, 1798.

rere Stücke von englischen Dichtern wurden übersetzt,
und hie und da eins auf das Theater gebracht;
Weiße selbst arbeitete (1767), freylich ganz nach
französischem Zuschnitt, Romeo und Julie zum Gebrauche der Bühne um; Gerstenberg schrieb (1768)
seinen kräftigen, für die Aufführung zu kräftigen
Ugolino, und alle unsere bedeutenden Zeitschriften
nahmen, wenn auch nicht für den Uebersetzer Shakspeare's, doch für den Uebersetzten Partey. Zur
gänzlichen Erschütterung des französischen Geschmacks
schien es indeß gleichwohl auch jetzt noch eines stär-
kern und eines mehr unmittelbar treffenden Anstoßes
zu bedürfen, und dieser Anstoß erfolgte wirklich erst
1773. In diesem Jahre trat nähmlich Göthe a)
mit seinem Götz von Berlichingen hervor, und der
allgemeine Beyfall, mit dem ihn das Zeitalter aufnahm b), zeigte wenigstens, daß es die Empfänglichkeit für das Große und Treffliche nicht verloren

a) Johann Wolfgang von Göthe, geb. zu Frankfurt am
Main d. 28. August 1749, lebt zu Weimar als Minister
des Herzogs. Nachweisungen, giebt Jördens Th. II. S.
164.

b) Koch und Schröder brachten das Stück, bald nach seiner
Erscheinung, trotz aller mit der Vorstellung, zumahl für
jene Zeit, verbundenen Schwierigkeiten, auf die Bühne.
Siehe das Schreiben über die Kochische Vorstellung in
Schirachs Magazin der deutschen Kritik, Bd. III. Th. I.
S. 120. und Th. 2. S. 207.

hatte. Ganz deutſch in Handlungen, Geſinnungen,
Sitten, Sprache, wie das Stück war, und in dieſer kraftvollen Darſtellung, ergriff es, allgemein
verſtanden und empfunden, mächtiger, als irgend
ein früheres, und trug nicht wenig dazu bey, den
Unterſchied zwiſchen dem Weſentlichen und bloß Ueblichen im Drama, zwiſchen Geiſt und Form, recht
einleuchtend zu machen. Es läßt ſich kaum bezwei-
feln, daß ſelbſt vielen der beſſern Köpfe unter uns
erſt durch Götz klar ward, daß Shakſpeare und wes-
halb er ein großer dramatiſcher Dichter ſey.

Die Bearbeitung und Aufführung des Shakſpeariſchen Hamlets durch Schröder (1777), deſſen
Beyſpiele bald mehrere Theater-Vorſteher folgten,
die regelloſen aber gehaltvollen Trauerſpiele des geiſtreichen Klingers c), die Räuber von Schiller d)

c) Friedrich Maximilian Klinger, geb. zu Frankfurt am
Main 1753, lebt, als Ruſſiſcher General-Major, zu Petersburg. Seine Stücke ſind von ihm geſammelt in ſeinem Theater, Riga, 1786. Vier Bände; und in ſeinem
neuen Theater, Petersburg und Leipzig, 1790. Zwey
Bände.

d) Friedrich von Schiller ward geboren zu Marbach im Wir-
tenbergiſchen d. 10. Nov. 1759 und ſtarb, als Hofrath, zu
Weimar d. 9. May 1805. Ueber ſein Leben iſt noch nichts
Befriedigendes erſchienen. Schätzenswerthe Beyträge
zur Würdigung ſeines ſchriftſtelleriſchen Charakters liefert das Intelligenz-Blatt der Halliſchen Litergtur-Zei-
tung vom Jahre 1805, Nr. 93. und die Leipziger Literatur-Zeitung von eben dem Jahre, Nr. 92 und 113. Eine

(1781), in Abſicht der großen Wirkung mit Göß
von Berlichingen vergleichbar, die Verſchwörung
Fiesco's (1783) von eben demſelben und die lange
Reihe von hiſtoriſchen Schauſpielen und von
Ritterſtücken, die ſich beſonders ſeit Babo's e)
Otto von Wittelsbach, (1782) leicht dem beſten unter den aufführbaren, zu mehren anfingen,
möchten ungefähr die bemerkenswerthen Strahlen-
brechungen der neuen theatraliſchen Sonne bezeichnen f), der reine Gewinn aber, den uns die Bekannt-
ſchaft mit Shakſpeare gebracht hat, um deſto über-
zeugender erkannt werden, je unpartheyiſcher wir zuvor den Nachtheil, der ſie begleitete, würdigen.
Mich dünkt, er laſſe ſich nach einer dreyfachen Rückſicht beſtimmen.

---

vollſtändige Ausgabe ſeiner Stücke, unter der Aufſchrift:
Schillers Theater; kommt ſeit 1805 in Tübingen bey
Cotta heraus.

e) Franz Marius Babo, geb. zu Ehrenbreitſtein d. 14. Januar 1756, lebt als geheimer Sekretair zu München.

f) Es wäre ganz gegen den Zweck dieſer Ueberſicht, auch
nur die vorzüglichern Trauerſpiele, die in dieſer Periode
auf unſere Bühne kamen, einzeln aufzuführen. Wer die
bunte Reihe von Tragödien, die damahls gegeben wurden, kennen lernen will, findet die vor 1776 in der Chronologie des deutſchen Theaters und die ſpätern in Reichards Taſchenbuch verzeichnet (vergl. Leſſings Dramaturgie, Blankenburgs Zuſätze zum Sulzer, und Kochs Compendium). Es verſteht ſich, daß dieſe Bemerkung auch
von unſern Komödien und Opern gilt.

Zuerſt kommen natürlich die Tragiker ſelbſt in Betrachtung. Sie irrten darin, daß ſie ſeit Shakſpeare die Darſtellung der wahren Natur, wie ſie ſagten, in der That der rohen, zu ihrem Augenmerk machten und überall die Wirkung, nirgends die Schönheit beachteten. Von dieſem Grundſatze ausgehend, nannten ſie fortan die Regel ein Aergerniß und Erwerbung von Kenntniſſen eine Thorheit. Der Genius in ihnen war für ſie ausſchließender Lehrer und die Welt ihr einziges Buch. Aber es konnte nicht fehlen, daß der Lehrer ſie öfters gar ſchlecht berieth, und die Welt ihnen nicht immer den für die Bühne brauchbaren Stoff lieferte. Wirklich erfolgten auch bald Erſcheinungen, wie ſie den angegebenen Urſachen gemäß erfolgen mußten. Die Grundlage unſerer Trauerſpiele war ein buntes Gemiſch von Ereigniſſen, weil in der bunten Miſchung, wie man meinte, ſich die Fruchtbarkeit eines dichteriſchen Geiſtes ganz eigentlich offenbare; das Gräßliche ward geſucht, und das Schauerliche gehäuft, weil den Zuſchauer zu erſchüttern und in Schrecken zu ſetzen, für den Triumph der Bühne galt; die Sprache endlich legte ihre Züchtigkeit und Furchtſamkeit ab, weil Unverſchämtheit und Derbheit als das Siegel der Meiſterſchaft erkannt wurde. Anſtatt, Shakſpearen gegenüber, in ihr eigenes Talent und ihre bildende

Kraft einen Zweifel zu setzen, vertrauten sie einer un-
gebändigten Phantasie und glaubten, seine eben so
reiche als tiefe Menschenkenntniß, große Charakter-
zeichnung und seelenvolle Darstellung durch Wildheit,
Uebertreibung und Ausschweifungen aller Art zu erreichen.

Auf den Schauspieler blieb das neue Trauerspiel ebenfalls nicht ohne nachtheiligen Einfluß. Er
war gewohnt gewesen, mehr den Dichter zu tragen,
als von ihm getragen zu werden, und von den Hülfs-
mitteln der Kunst ohngefähr eben so viel zu erwarten,
wie von der Anlage einer glücklichen Natur. Reim
und Sylbenmaß beschränkten ihn vielfach, und die
gemäßigte Sprache der Leidenschaft machte ihm eigene
Mäßigung zum Gesetz. Itzt entband die obwaltende
Regellosigkeit auch ihn von der Regel. In dem
Schwanken des Dichters fand das Schwanken des
Schauspielers, und in der Abweichung des ersten von
der Linie des Schönen die Abweichung des letzten eine
gerechte Entschuldigung. Es war unbillig, über den
zu zürnen, welchen der Führer verließ oder mißlei-
tete, und schwer, dem mimischen Ausdrucke Gränzen
vorzuzeichnen, da der poetische keine mehr erkannte.
Auf unserer Bühne traten nun von Zeit zu Zeit glückliche Natursöhne, aber seltener vollendete Künstler
auf. Man schenkte seinen Fleiß mehr dem Einzel-

nen, als dem Ganzen, und erwartete ſeine Belohnung weniger von einer durchaus vollendeten Darſtellung, als von gelungenen Momenten g).

Die Zuſchauer endlich machten mehr das Auge,
als das Ohr, mehr den augenblicklichen Eindruck,
als das bedächtige Urtheil zum Maßſtab des Schauſpiels. Die neue Tragödie, ſo reich an Ereigniſſen,
und weder an Zeit noch Ort gebunden, führte häu-
fige Verwandlungen der Bühne, prächtige Verzierungen, ausländiſche Kleidung und koſtbare Aufzü-
ge, ja gleich das erſte Shakſpeariſche Stück, das
in Hamburg gegeben ward, ein Theater auf dem
Theater herbey, und der unſichre Geſchmack der Menge nahm bald nach dem Außerweſentlichen und Zufälligen ſeine Richtung. Es war nicht mehr die Uebereinſtimmung in der Handlung, ſondern die Mannigfaltigkeit der Erſcheinungen, nicht die Haltung
der Charaktere, ſondern die Ausſchweifung der Leidenſchaften, nicht der Dichtung innerer Werth, ſondern der Umgebungen äußerer Glanz, was des Zu-

g) Merkwürdig iſt, was ein Meiſter der theatraliſchen
  Kunſt, Iffland, über die Einführung der Shakſpeariſchen
  Stücke und Ritterſpiele, in Bezug auf die ſceniſche Dar-
  ſtellung, im erſten Theile ſeiner Werke S. 84. und in
  ſeinem Theater-Almanach für 1807. S. 151 u. ſ. äußert.
  Es ſind wenige Züge, aber ſie ſchildern den nachtheiligen
  Einfluß jener Neuerung auf den Schauſpieler ungemein
  treffend.

schauers Beyfall bestimmte. Die nach französischen Mustern gearbeitete Tragödie weckte und bildete wenigstens das Gefühl für Zweckmäßigkeit und Zusammenhang, die nach englischen Mustern wirkte diesen gerade nicht selten entgegen, ohne daß sie das Genialische des Vorbildes erreichte, oder der Zuschauer es herauszufinden und sich anzueignen vermochte.

Es waren unstreitig diese auffallenden Verirrungen, die früh genug den Eifer gewisser Kunstrichter aufregten und sie zu dem Wunsch verleiteten, man möchte den Shakspeare am liebsten gar nicht, oder höchstens einzelne Scenen aus ihm übersetzt haben h). So lächerlich dieser Wunsch schon an sich war und es noch mehr durch der Eiferer ungebehrdiges Benehmen und wildes Toben wurde, so empfanden gleichwohl auch ruhige und unbefangene Kunstrichter, und unter ihnen selbst Lessing, daß wir, ohne nöthige Vorsicht, auf dem neuen Wege eben so viel verlieren, als erobern könnten. Das Bedenken, welches der Letztere in seiner Dramaturgie i) abgegeben hat, ist zu merkwürdig, um es nicht wörtlich mitzutheilen.

h) Man lese unter andern, was gegen einen Aufsatz, den Eschenburg zur Empfehlung Shakspeare's geschrieben hatte, in der Neuen Bibl. d. sch. Wiss. B. XXIII. S. 227. erinnert ward; vergl. Eschenburgs Antwort in seinem Buche: Ueber Shakspeare; S. 513.

i) Th. II. S. 386.

„Geblendet, schreibt er, von dem plötzlichen Strahl, daß es noch eine andere Tragödie, als die des Corneille und Racine geben könne, prallten wir gegen den Rand eines andern Abgrundes zurück. Den englischen Stücken fehlten zu augenscheinlich gewisse Regeln, mit welchen uns die französischen so bekannt gemacht hatten. Was schloß man daraus? Dieses: daß sich auch ohne diese Regeln der Zweck der Tragödie erreichen lasse; ja, daß diese Regeln wohl gar Schuld seyn könnten, wenn man ihn weniger erreiche. Und, fährt er fort, das hätte noch hingehen mögen! — Aber mit diesen Regeln fing man an, alle Regeln zu vermengen und es überhaupt für Pedanterey zu erklären, dem Genie vorzuschreiben, was es thun und was es nicht thun müsse. Kurz, wir waren auf dem Punkte, uns alle Erfahrungen der vergangenen Zeit muthwillig zu verscherzen, und von den Dichtern lieber zu verlangen, daß jeder die Kunst aufs neue für sich erfinden solle."

So wieder um- und einzulenken fand selbst der gerathen, der die Fehler der französischen Tragödie am gründlichsten aufgedeckt und am stärksten getadelt hatte, und fand es bereits im Jahre 1769, als Shakspeare mehr noch in dem Munde der Menschen, als auf dem Theater war, und die Folgen, welche einseitige Schätzung erzeugen konnte, mehr geahndet, als wirklich gefühlt wurden.

Aber Lessing ließ es nicht bloß bey seiner kunst-richterlichen Warnung bewenden; er gab uns zugleich im Jahre 1772 seine Emilia Galotti, ein Stück, das sich eben so weit von ängstlicher Umsicht, als verwegener Uebertreibung entfernt, den nüchternen Redeprunk nicht minder sorgfältig vermeidet, als die berauschende Kraftsprache, die Empfindung ergreift, ohne sie zu bestürmen, und der Gesetzmäßigkeit dient, ohne sie durch Einbuße höherer Vorzüge zu erkaufen. Wenn ihm unsern Dank dafür gebührt, daß er das französische Regelgebäude in seinen Grundvesten er-schütterte, so wollen wir darüber nicht vergessen, daß es ihm wenigstens eben so viel Ehre bringt, mit Einsicht und Unparteylichkeit erkannt zu haben, was von Shakspeare zu gewinnen sey, und in welchen Gränzen sich die Nachahmung desselben halten müsse.

Denn in der That, wer könnte sichs läugnen, daß einzig die Ueberschreitung jener Gränzen die an dem Nahmen Shakspeare verübte Schuld trägt, und von dem Dichter selbst heute noch gilt, was Lessing zu seiner Zeit von der Wielandischen Uebersetzung des-selben äußerte *k*), daß wir noch lange an den Schön-

k) Dramaturgie Th. I. S. 120.

heiten, die er enthält, zu lernen haben? Oder wie
könnten wir überſehn, daß mehrere unſerer beſten
Köpfe und unter ihnen auch ſolche, die Shakſpeare
ohne Maß bewundert und verherrlichet hatten, ſich
frühzeitig wieder fanden und, während Schwärmen-
de um und neben ihnen, unbekümmert und jeden
Augenblick ſtürzend, der großen Heerſtraße über Berg
und Thal folgten, ſich dem Ziele auf einem ſichern
Nebenpfade zu nahen ſuchten? Clavigo von Göthe
(1774), Julius von Tarent von Leiſewitz (1776),
Kabale und Liebe von Schiller (1784), und mit
ihnen, wenn auch in mannigfaltigem Abſtande von
ihnen, Graf von Waltron von Möller (1776),
Albert von Thurneiſen von Iffland (1781), Agnes
Bernauerinn (1781) und einige andere Stücke jener
Tage, zum Theil gern geſehn auf der Bühne, kommen ſämmtlich darin überein, daß ſie gleich behut-
ſam vor der Klippe der ängſtlichen Regel und der
wilden Regelloſigkeit, des mattherzigen Anſtandes
und des aufbrauſenden Ungeſtüms, der flachen Darſtellung und der grellen Zeichnung vorübergehn und
nicht bloß durch die Lebendigkeit einzelner Geſtalten
uns zu ergreifen, ſondern auch durch die geſchickte
Anordnung aller zu befriedigen ſtreben.

Klopſtocks biblische Trauerſpiele und

Barbiet[1] kann man bloß als literarisch merkwürdig erwähnen: denn wiewohl der große Geist des
Dichters auch in ihnen sichtbar wird, und die letztern
sogar zur Darstellung von ihm bestimmt waren, so
haben sie doch aus mehr denn einem Grunde nie gegeben werden und eben darum auch auf die Bühne
nicht wirken können.   Anders verhält es sich mit Lessings Nathan, dessen Aufführung bald nach seiner
Erscheinung (1779) und noch neuerlich versucht worden ist.   Aber die Benennung eines dramatischen Gedichtes, die der Dichter für sein Stück gewählt hat,
läßt zweifeln, ob er es selbst für die Vorstellung ge-
eignet glaubte.

Desto gegründetern Anspruch auf Beachtung
macht eine Gattung von Dramen, die zwischen dem
Trauerspiel und Lustspiel gewisser Maßen in der Mitte
steht, und von ihren Urhebern ausdrücklich mit dem
Nahmen dramatischer Familiengemählde
bezeichnet wurde.   Es läßt sich nicht bestimmen, ob
einiger Antheil und welcher dem bürgerlichen
Trauerspiele, daß auf unserer Bühne so vielen
Eingang fand, an der Einführung jener Gattung ge-
bühre; aber es ist kein Zweifel, daß das Theater
Diderots, welches Lessing 1760 so meisterhaft über-

1) Salomon 1764, Herrmanns Schlacht 1769, David 1772,
Herrmann und die Fürsten 1784, Herrmanns Tod 1787.

ſetzte, und der Hausvater des Franzoſen, den man
ſeitdem oft genug und immer mit allgemeinem Beyfall geſpielt hat, auf ſceniſche Darſtellungen aus
dem Kreiſe des häuslichen Lebens leitete. Die erſten
merkwürdigen Verſuche der Art möchten indeß doch
nicht früher geſetzt werden können, als in die Jahre
1780 und 1781, in denen Großmann Nicht mehr
als ſechs Schüſſeln, ein Familien-Gemählde, und
Otto von Gemmingen den deutſchen Hausvater oder
die Familie ſchrieben. Beyde Stücke fanden bekanntlich eine um ſo dankbarere Aufnahme, je mehr der
Geſchmack an dem Wilden und Ausſchweifenden ſich
ſchon merklich verloren hatte, und die Gattung, was
eigentlich ihr Glück entſchied, um die nähmliche Zeit,
einen Dichter, der gleichſam für ſie geboren zu ſeyn ſchien,
erhielt. Was ein mir Unbekannter im Jahre 1787 m)
Rühmliches von Iffland, dem Sittenmahler, ſagte,
iſt ſo treffend, beſonders in Hinſicht ſeiner frühern
theatraliſchen Arbeiten, und entwickelt zugleich die
Urſachen, wodurch ſie ſich den Zuſchauern empfahlen, zu wahr, als daß ich mir den Ausſpruch nicht
aneignen ſollte. „Iffland, (urtheilt jener Kunſtrichter,) weiß, ohne die Regeln der Kunſt aus den Au-

---

m) Allgemeine Literatur-Zeitung B. IV. Nr. 270. a. S.
370.

gen zu verlieren, bald Menschen, wie es viele giebt,
und die gewöhnlichsten Handlungen des Lebens mit
täuschender Treue zu schildern, bald seinen Idealen,
mittelst kleiner oft nur leise angedeuteter Züge, einen
Anstrich von Wahrheit zu geben und das Roman-
hafte in der Handlung des Ganzen und der Verwickelung durch Einwebung alltäglicher Vorfälle zu mil-
dern, weiß seine Dichtungen unserer Theilnahme um
so unfehlbarer zu nähern, je sorgfältiger und glücklicher er überall das in Deutschland Übliche in Putz
und Tracht beobachtet.   Vorzüglich aber besitzt er
die Kunst, diejenigen Saiten zu treffen, die in dem
Herzen eines jeden noch nicht ganz verdorbenen Menschen bey der leisesten Berührung ansprechen, und
nie ist seine Manier hinreißender, als wenn er sich
mit Gefühlen der Natur, häuslichen Banden, Men-
schenliebe und Tugendschwärmerey beschäftigt.   Wie
sehr ihm hierbey die lange Bekanntschaft mit dem
Theater und seine ausgebreitete praktische Kenntniß
der Mimik zu statten komme, um die Wirkung im
Leben von der Wirkung auf der Bühne zu unterscheiden, und die Grade der Leidenschaften nach dem
Maßstabe der Ausführbarkeit zu berechnen, vermag
Jeder von selbst einzusehn." Man lese Jfflands erste
Versuche in der genannten Gattung, Verbrechen aus

z. B. 2. St.   R

Ehrſucht, ein ernſthaftes *n*) Familien = Gemählde,
und die Jäger, ein ländliches Sittengemählde, die
beyde im Jahre 1784 erſchienen, und man wird mit
dem Kunſtrichter in ſeinem Lobe, wie in den Grün=
den des Lobes, zuſammenſtimmen; man ſehe ſie, und
man wird den ausnehmenden Antheil natürlich finden,
den ſie in ihrer Neuheit erregten und der Dichter ſelbſt
in ſeinem Leben *o*) mit liebenswürdiger Begeiſterung
ſchildert.

Welche Armuth an eigenen Arbeiten bis zum
ſiebenten Zehend des verfloſſenen Jahrhunderts, wie
unſere Bühne überhaupt, ſo insbeſondere die komi=
ſche drückte; davon kann man ſich ſchwerlich beſſer
überzeugen, als wenn man die Reihe der in Leſſings
Dramaturgie beurtheilten Stücke durchläuft. Mit
drey oder vier Ausnahmen, ſind alle Luſtſpiele, die
auf dem Hamburger Theater gegeben wurden, (und
ſie verhalten ſich zu den Trauerſpielen, wie eins zu
zehn,) Ueberſetzungen aus dem Franzöſiſchen, mei=
ſtens angefertigt nach Gottſchebs Grundſätzen, nicht
wenige von ihnen in Verſen. Das nähmliche ergiebt
ſich, wenn man die mannigfaltigen Sammlungen von

n) So hieß es in der erſten Ausgabe. In der andern iſt
    das Beywort mit Recht weggelaſſen.

o) S. 124. Wohin übrigens dieſe Familien = Gemählde im
    Fortgange der Zeit geführt haben, gehört in den folgen=
    den Abſchnitt.

Schauspielen, die zwischen den Jahren 1760 und
1770 theils fortgesetzt, theils neu begonnen wurden p), befragt. Alle enthalten Uebersetzungen aus
und nach dem Französischen, geschmeidiger allerdings,
wie die frühern, aber doch Uebersetzungen. Das
erste Lustspiel, welches nicht nur alles, was wir Eigenes in dieser Gattung besaßen, zurückließ, sondern
sich auch kühn neben die besten Arbeiten des Auslandes stellen durfte, erhielten wir wirklich erst 1767 in
Leßings Minna von Barnhelm q). Die Theilnahme,
welche dieß Stück überall fand, schien gleichsam, soll
ich sagen, die Erfindungskraft oder den Erfindungs-
eifer derer, die sich dem Theater widmeten, zu erwecken, und so gar auf die Wahl der Gegenstände
selbst einzufließen. Wenigstens sah man, wie der
jüngere Leßing r) richtig bemerkt, eine zeitlang hindurch, alles, was zum Soldaten und Soldatenwe-

---

p) Man vergl. Blankenburgs Zusätze zum Sulzer Th. I.
S. 457. Wie schlecht die meisten dieser Sammlungen
waren, kann man aus unsern kritischen Zeitschriften, (z.
B. aus der Allg. d. Bibl. VIII. St. 1. 270. und Erster
Anhang B. I. S. 236) ersehen. Eine der bessern waren
Pfeffels theatralische Belustigungen, Frankfurt und Leipzig
1765 — 74. Fünf Theile.

q) Entworfen ward das Stück bereits 1764. S. Leßings
Leben Th. I. S. 239. und Leßings Briefe an Ramler.
Schriften Th. XXVII. S. 27.

r) In dem eben genannten Leben seines Bruders Th. 1.
S. 240.

ſen gehört, Kriegs- und Stand-Recht, Erſchießen und Ehrlichmachen, Spießruthen und Prügel, Trommeln und Pfeifen, Ausreißer und Kundſchafter auf der Bühne. Am thätigſten bewieſen ſich indeß zuerſt die Schauſpieler und Theater-Vorſteher, Brandes, Stephanie der jüngere, Schröder in Hamburg und Großmann, denen ſpäter Beil und Iffland ſich anſchloſſen; doch ſteht Stephanie hinter den übrigen weit zurück. Mit ihnen zugleich nennt man billig als Bereicherer unſerer komiſchen Bühne die Dichter Weiße, Brezner, Brömel, Gotter, Dyk, von Brühl, Krauſeneck, Wezell und Jünger. Auch noch andere Nahmen verdienen wegen einzelner Stücke, die bey ihrer Erſcheinung ein vorübergehendes Aufſehen erregten, wie von Ayrenhoff, wegen des Poſtzugs, und Engel, wegen des dankbaren Sohns und des Edelknabens, einer Erwähnung s).

Es gehört nicht in meine Ueberſicht, die Eigenthümlichkeiten eines jeden der genannten Dichter aufzuſuchen und anzugeben, zumahl, da die poetiſchen Phyſiognomien mehrerer ſich ziemlich ähneln und nicht viel Unterſcheidendes an ihnen bemerkbar ſeyn möchte. Eben

---

s) Gute Nachrichten von mehrern der genannten Dichter findet man bey Jördens. Außer ihm ſind noch zu vergleichen Kochs Compendium Th. I. S. 273 und die neueſte Ausgabe von Meuſels gelehrtem Teutſchland.

so wenig dürfte es sonderlichen Nutzen gewähren, unsere Lustspiele ästhetisch in Classen zu ordnen und zu
bestimmen, ob es unter ihnen mehr Charakter = oder
Verwicklungs = Stücke gebe und ob das feinere oder
das niedere Komische vorherrsche. Eher verdient es
einer Erwähnung, daß eine beträchtliche Anzahl derselben sich diesen Nahmen mit Unrecht zueignet und
mehrere eigentlich die Aufschrift Schauspiele führen sollten: so wenig ist das Komische in ihnen her-
vorstechend, so nahe sind sie mit unsern Familien-
Gemählden in Anlage, Ton und Ausführung ver-
wandt. In die Arbeiten unserer Lustspieldichter selbst
hat übrigens die Bekanntschaft mit den englischen
keinen großen Einfluß geäußert. Nur einige wenige,
unter denen Jakob Michael Reinhold Lenz *t*) der Verfasser zweyer Komödien, des Hofmeisters und des
neuen Menoza (1774), eine zeitlang bemerkt wurde,
versuchten auch hier, wie sie sich rühmten, das ge-
bundene Genie zu entbinden und durch die, allerdings
oft meisterhafte, Ergreifung der Natur die Foderungen der Form zu überwältigen, aber ohne sonderlichen
Erfolg. Im Ganzen ist unser Lustspiel der Richtung,
die es von dem französischen erhalten hat, weit treuer
geblieben, als unser Trauerspiel, vielleicht, weil

---

t) Er war geboren zu Seßwegen in Liefland d. 12. Jan.
1750 und starb zu Moskau d. 24. May 1792.

überhaupt der Genius des Komiſchen ſich ſeltener
unter uns regt, als der des Tragiſchen, vielleicht
auch, weil wir von der komiſchen Bühne der Franzoſen weit mehr entlehnt haben, und heute noch entlehnen, als von ihrer tragiſchen.

Durch die verwandelten Weiber des Coffey,
die, wie ich früher erwähnt habe, Weiße 1752 für
die Bühne bearbeitete, und durch den luſtigen Schu-
ſter, den er 1759 folgen ließ, war das Singſpiel,
das Gottſcheds Eifer eine Zeitlang von unſerm Theater verbannt hatte, zwar wieder eingeführt, allein
ſeitdem auch nicht weiter fortgebildet und veredelt
worden. Beydes geſchah erſt in dieſem Zeitraume,
durch Schiebeler, der 1766 ſeine romantiſch-komi-
ſche Oper, Liſuart und Dariolette, und durch Weiße,
der ein Jahr darauf ſeine komiſche Oper, Lottchen
am Hofe v), ſchrieb. Beyde Stücke entfernten ſich
ſchon durch die Wahl des Gegenſtandes von dem
Poſſierlichen und Allzugemeinen, und da der treffliche
Muſiker Johann Adam Hiller ſie beyde ſetzte und
den edleren in beyden vorwaltenden Ton geſchickt für
die Muſik nutzte, um ihr mehr Würde, Gehalt und
Abwechſelung zu geben, ſo machte die Gattung in
kurzem ein ungemeines Glück, und erhielt bald,

---

v) Sie kam den 7. May 1767 auf die Kochiſche Bühne.
Gedruckt wurde ſie erſt 1769.

außer jenen genannten Dichtern, an Eschenburg, Michaelis, Herrmann, Jacobi, Engel, Musäus, Göthe, Gotter, Meißner, Brezner und andern die thätigsten Bearbeiter x). Wenn offne Wahrheitsliebe zu läugnen verbiethet, daß vielen unsern beliebtesten Operetten französische Muster zum Grunde liegen, so verlangt sie, auf der andern Seite, gleich freymüthig zu bemerken, daß die Nachbildner oft nichts, als die Idee, von ihren Vorgängern nahmen und, wo sie mehr entlehnten, so viel umänderten und verbesserten, daß das Ganze gewöhnlich ihr Eigenthum ward. Uebrigens geschah auch hier, was wir im Lustspiele wahrnahmen, daß neben der komischen Operette sich allmählig ein, mehr für zärtliche Rührung und romantische Empfindung berechnetes, Singspiel bildete, welches, von gefühlvollern Tonsetzern behandelt, nicht weniger Beyfall erhielt, als jene, und gewisser Maßen als das Band zwischen ihr und der großen ernsthaften Oper angesehen werden mag.

Hätte die Art, wie die letzte, nach jahrelanger Flucht, plötzlich wieder auf unserm Theater erschien, die glänzende Ankündigung des Dichters, der sie erweckte und die hohen Erwartungen, mit denen die Freunde des Gesangs sie empfingen, über ihr Loos

x) Man sehe Jördens, Blankenburg zum Sulzer Th. II. S. 479 und Koch Th. I. S. 303.

entſcheiden können, ſo wäre kein Drama unter uns
ſchneller und ſchöner emporgeblüht, als eben die
ernſte Oper. Es war im Jahr 1773, als Wieland
ſeine Alceſte, ein Singſpiel in fünf Aufzügen, arbeitete, durch eigne Briefe im deutſchen Merkur y) ſie
einführte z), ein genialiſcher Tonkünſtler, Anton
Schweizer, die Muſik a) dazu ſetzte, und die Schauſpieler des Weimarſchen Hoftheaters die Vorſtellung
mit großem Beyfall gaben. Jedermann lebte damahls der Hoffnung, die deutſche Oper werde nun,
von unſern Dichtern und Tonkünſtlern erzogen und
von unſern Fürſten gepflegt, auf einmahl wieder
herrſchend und der Stolz unſerer Bühne worden.
Auch ſäumten Wieland und Schweizer nicht ihrer
Alceſte im Jahr 1778 eine Roſemunde in drey Aufzügen nachzuſenden; allein bey dieſem Verſuche blieb
es auch: denn die wenigen, die man nach ihnen
wagte, hatten keinen Erfolg. Der Urſachen dieſer
vereitelten Erwartung ſind unſtreitig mehrere, und
leicht möchte ſelbſt die Entlaſſung der Weimarſchen
Schauſpieler, nach dem unglücklichen Brande des

y) Von dem nähmlichen Jahre.
z) Nicht ungeſtraft. Bekanntlich zielten Götter, Helden
und Wieland, eine Farce, Leipzig 1774, auf dieſe Briefe.
a) Mit der jedoch Kenner keinesweges zufrieden waren.
Man ſehe die gründliche Beurtheilung derſelben in der
allg. d. Bibl. B. XXXIII. S. 307.

Schlosses, im May 1774, und die ungünstigen Umstände, die später für das Mannheimer Theater ein-
traten b), zu ihnen gehören.   Aber die wichtigste
lag gewiß in den phantastischen und eben darum der
Menge mehr zusagenden welschen Opern, die damahls auf unsere Bühne kamen und zum Theil, wie
Robert und Kalliste, gesetzt von Guglielmi und ver-
deutscht von Eschenburg (1777), mit lautem Beyfall empfangen wurden, ferner in der vielseitigern
Ausbildung der Musik, und den gesteigerten Foderungen an den Tonsetzer, dann in der nicht minder
vermehrten Pracht der scenischen Mahlerey und der
äußern Umgebungen überhaupt, endlich in einer aus
dem allen hervorgehenden ganz natürlichen Folge, der
Gewöhnung des Zuschauers, in der Oper nicht Befriedigung des Verstandes, sondern ausschließend
Beschäftigung des Ohres und Auges zu suchen.   Es
ergiebt sich von selbst, daß die Ursachen, die auf die
Richtung des Operngeschmacks überhaupt einflossen,
auch für die ehemahls so beliebten Operetten in Weißens und Hillers leichter Manier nicht gleichgültig
seyn konnten, sondern den Antheil an ihnen je länger je mehr beschränkten mußten c).   Dagegen beför-

b) S. Jfflands Werke Th. I. S. 109.
c) Man vergl. die Nachträge Th. VII. S. 402.

berten eben ſie und die Gelegenheit, die einzelne
Schauſpieler erhielten, ihre ganze Kunſt und unge-
ſtört von ihren Mitſpielern zu entwickeln, die Aufnahme der Monodramen und Duodramen, die ihr
Vorbild in Rouſſeaus Pygmalion fanden und zum
Theil noch, wie Brandes Ariadne auf Naxos (1775)
und Gotters Medea (1775), auf unſerer Bühne erſcheinen *d*).

Ich habe die deutſchen Romane der beyden vorigen Zeiträume nur beyläufig *e*) erwähnt, nicht, weil
ſie mir überhaupt unwichtig für die Kenntniß des Zeit-
geiſtes und Zeitgeſchmacks ſchienen, ſondern, weil
ſie mir nicht bedeutend genug für den Fortgang und
die Geſchichte unſerer ſchönen Literatur dünkten. Von
nun an werden ſie es für beyde; aber zugleich gebiethet ihre jährlich ſteigende Menge *f*), unter den auf-
zuführenden itzt ſchon eine Auswahl zu treffen. So
gewiß es iſt, daß gerade „der Roman in der nächſten Berührung mit der Bildung der Völker ſteht und
die Empfänglichkeit eines Zeitalters für eine gewiſſe

d) Das Geſchichtliche dieſer Schauſpiel-Gattung hat der
Herausgeber der Neuen Bibl. d. ſch. Wiſſ. B. XXXVII.
S. 177. 195. und B. XXXVIII. S. 171. in einigen Noten
beygebracht, verglichen Koch Th. I. S. 315.

e) Seite 8 und 164.

f) In den Jahren 1769 — 71 zählte man bereits zwey hundert und fünf und ſiebenzig.

Slaſſe von Romanen über den Geiſt deſſelben mannigfaltige Aufſchlüſſe giebt g)," ſo gewiß iſt es auch,
daß unter den Romanen nur diejenigen auf eine Stelle
in der Geſchichte der Literatur Anſpruch machen dürfen, die entweder als Kunſtwerke in ſie eingreifen,
oder als tonangebend ihre Richtung beſtimmen, nicht
als Kinder des Tags, der Nachahmung und der
Mode höchſtens den Zweck einer flüchtigen Stunden-
kürzung erfüllen.   Nach dieſer Anſicht möchten mit
Grund folgende vier zu nennen ſeyn.

   Zuerſt Geſchichte der Miß Fanny Wilkes, ſo
gut als aus dem Engliſchen überſetzt (zwey Bände
1766), und Sophiens Reiſe von Memel nach Sachſen (fünf Bände 1770 — 73) in Briefform abgefaßt, beyde von Johann Timotheus Hermes h).
Wie in dem ſechſten und ſiebenten Zehend des letzten
Jahrhunderts das Anneigen unſerer Literatur zur
engliſchen überall ſichtbar ward, ſo verrieth es ſich
auch im Romane.   Die Werke Richardſons und
Fieldings waren in unſere Sprache übergegangen.
Grandiſon, Pamela und Tom Jones machten die
Unterhaltung der Leſewelt.   Man betrachtete ſie, und

g) Allgemeine Literatur-Zeitung von 1805. Nr. 103.

h) Er iſt geboren 1738 zu Petznil bey Stargard in Pom-
mern und ſteht als Paſtor an der zweyten evangeliſchen
Hauptkirche zu Breslau. S. Jördens Th. II. S. 395.

mit Recht, als Bücher, aus denen Welt- und Men-
ſchenkenntniß zu ſchöpfen ſey, die eben ſo ſehr den
Verſtand als das Herz bildeten. In dieſe Stimmung griff Hermes ein, weniger durch ſeine Miß
Fanny Wilkes, in welcher er ſich, zumahl in der
Zeichnung der Charaktere, noch zu ängſtlich an ſein
Vorbild, den Grandiſon, anſchmiegte, als in ſeiner
Sophie, wo größere Eigenthümlichkeit und Selbſtſtändigkeit herrſcht. Man hat ihr, vielleicht nicht
mit Unrecht, mancherley Böſes nachgeſagt. „Dem
Ganzen, meinten die Kunſtrichter, fehle es an Ein-
klang und Rundung, den Begebenheiten an der innern bedingten Nothwendigkeit, und den Charakteren
an gehöriger Haltung; die Abſicht zu nutzen und zu
belehren habe eine Menge Abſchweifungen, ja förm-
liche Abhandlungen herbeygeführt, die auch den ge-
duldigſten Leſer ermüdeten; das Auslegen vielfacher
Schulgelehrſamkeit und weitläuftiger Sprach- und
Kunſtkenntniſſe am unrechten Orte, ein Gernwitz,
der ſich nur zu oft hervordränge, und ein gezierter
Ausdruck, nicht ohne Unebenheiten und Härten, die
der Verfaſſer für Kraft nehme, gereichten ihm keineswegs zur Empfehlung. Zwanzig Jahre ſpäter, und
Sophie hätte ſo wenig, wie ihre ſpätere Schweſtern,
einiges Aufſehen erregt.“ Dennoch bleibt auch ſo
ihr die Ehre, die Reihe unſerer lesbaren pſychologi-

schen Romane eröffnet und, wenn auch nicht grade
zur Bildung des Geschmacks gewirkt; doch ein besse-
res Muster der Menschendarstellung im Romane gegeben und die Empfänglichkeit dafür geweckt zu haben.

Einen andern Weg versuchte, gleichzeitig, Wieland, der seine Geschichte des Agathon zum ersten
Mahl 1766 in zwey Bänden herausgab. Zwar
psychologischer Natur war auch die Aufgabe, die er
zu lösen sich anheischig machte. Sein Agathon,
durch eine Menge Erfahrungen gereiniget und geläu-
tert, sollte zuletzt dastehn, ein Beyspiel, was Weisheit und Tugend vermöchten. Aber schon in der Anlage verräth sich der Genius nicht des einfachen Er-
zählers, sondern des kunstreich ordnenden Dichters.
Die Geschichte hebt episch an, schreitet episch fort
und rundet sich episch zu. Der Held wird durch
keine Nebenperson verdunkelt, weicht nie zu weit in
den Hintergrund zurück und erhält die Erwartung
stets gespannt. Alle eingefügten Episoden beziehen
sich auf ihn, und selbst die oft umständlichen Ent-
wickelungen philosophischer Lehrgebäude nehmen ihre
Stelle nicht zufällig ein, sondern sind nothwendig,
weil wir ohne sie Agathons Innres und die Veränderungen, die es erfuhr, nicht hinlänglich begreifen
würden. In dieser Hinsicht schon war Agathon bey
seiner Erscheinung einzig; aber mehr noch war er es

durch die Welt, in welche Wieland die Scene ſeiner
Dichtung verlegt hatte. So unfähig viele auch der
unterrichteten Leſer jener Zeit ſeyn mochten, die
Schönheiten, die hieraus erwuchſen, zu fühlen und
gehörig zu würdigen, ſo mannigfaltig und eigenthümlich iſt gleichwohl gewiß der Zauber, den griechiſche Sitten, griechiſche Anſichten und griechiſche
Bildung über das Ganze verbreiten. Die Schickſale
Agathons erhalten höhere Bedeutung, weil die Per-
ſonen, die auf ſie einflieſſen, zu den berühmteſten
des Alterthums gehören; die eingeflochtenen Vorträ-
ge über Philoſophie und Staatskunſt verlieren von
dem anſtößigen Lehrton und gewinnen an Würde,
weil ſie aus dem Munde griechiſcher Weiſen hervor-
quellen; die Schwärmereyen der Liebe erſcheinen zär-
ter und ihre Verirrungen milder, weil Agathon unter dem griechiſchen Himmel lebt; alles ſpricht den
Freund des Alterthums mannigfaltiger und ſinnvol-
ler an, weil es auf claſſiſchem Boden vorgeht. Wie
ſehr der Dichter mit griechiſchen Augen ſah, davon iſt
der beſte Beweis, daß viele ſich den nähmlichen Spiegel vorgehalten haben, ohne zu erblicken, was er erblickte.

Wenn der Verfaſſer der Geſchichte des Agathons
ſich aufgab, einen Charakter werden zu laſſen, ſo
hat der Verfaſſer der Leiden des jungen Werthers

(1775) sich auf das Entstehen einer einzigen einfachen Begebenheit eingeschränkt, aber, was er leisten wollte, in einer Vollkommenheit geleistet, die zur Bewunderung hinreißt. Wie Agathon zum Agathon ward, glauben wir aus der Reihe von Umständen und Schicksalen, die auf ihn einfließen, zu begreifen, wie Werther so endete, wie er endet, begreifen wir wirklich. Wieland giebt uns den getreuen Bericht eines scharfsichtigen, wohl unterrichteten Beobachters, Göthe macht uns zu unmittelbaren Zeugen alles dessen, was vorgeht; bey jenem leben wir gewisser Maßen in der Vergangenheit, bey diesem durchaus in der Gegenwart; jener ist episch, dieser dramatisch. Kein Wunder, wenn wir uns schon darum von Werthers Leiden nicht bloß angezogen, sondern wahrhaft ergriffen fühlen, nicht bloß in die fremde Empfindung eingehen, sondern uns ihr ganz überlassen. Wie viel kommt überdem noch hinzu, die Wirkung dieses Romans zu erhöhen! Der Charakter des Helden ist so rein menschlich, die Sitten und Umgebungen alle deutsch, die ganze Folge der Begebenheiten nicht vom Dichter, sondern, so scheint es, von der Natur selbst geordnet, und die eine durch die andere stets bedingt, die Sprache ohne allen Aufwand, und doch so wahr, so natürlich, so kräftig. Kein Roman hat weder vor- noch nachher in Deutſchland gewaltiger, wie auf die Leſer, ſo auf die Schriftſteller, gewirkt, als dieſer i). Mit ihm hebt bekanntlich in den Annalen unſeres Lebens und unſerer Literatur, die empfindſame Periode und die Reihe der rührenden Romane und Kloſtergeſchichten, unter dem Vortritte Siegwarts von Miller, (1776) en, — Erſcheinungen, die um ſo mehr den tiefen Eindruck, den Werther hervorgebracht hatte, beurkunden, je länger ſie dauerten, und je hartnäckiger ſie beydes den Waffen des Ernſtes und dem Angriffe des Spottes widerſtanden.

Meißner k) hat zwar, genau genommen, durch ſeinen Alcibiades (vier Bände 1781. — 1787) weder der Gattung von Romanen, die, auf einer hiſtoriſchen Unterlage ruhend, Wahrheit mit Dichtung miſchen, ihr Daſeyn gegeben, noch auch zuerſt für den Roman die dramatiſche Einkleidung verſucht l); aber zur Empfehlung und Verbreitung der Dichtungsart, wie der Form, hat ſein Buch durch den Bey

i) Welche Menge von Nachahmungen, Traveſtirungen, Parodien u. ſ. w. hat er nicht gleich bey ſeiner Erſcheinung hervorgebracht! Man ſehe unter andern Jördens Th. II. S. 169.

k) Auguſt Gottlieb Meißner ward geboren zu Bautzen 1753 und ſtarb, als Conſiſtorial-Rath und Studien-Director, zu Fulda d. 20. Febr. 1807.

l) Guſtav Aldermann, ein dramatiſcher Roman; Leipzig, 1779, iſt wenigſtens früher.

fall, den es fand, allerdings viel beygetragen. Seine
spätern Schriften haben hinlänglich gezeigt, daß er
die dem historischen Roman wesentlichen Mängel überhaupt, und das Fehlerhafte seiner Schreibart insbesondere anerkannte. Dennoch ist es keinem seiner
Nachfolger gelungen den erstern zu vervollkommnen,
und wenn einige sich von dem Vorwurfe der Ziere-
rey und Unnatürlichkeit frey erhielten, so kann man
ihnen gleichwohl nicht nachrühmen, daß sie die Kunst
des Dialogs besser verstanden und sie glücklicher aus-
geübt haben. So viele Hindernisse legte ihnen entweder ihre eigne Natur, oder der Stoff, an dem
sich ihre gestaltende Kraft versuchte.

Unter den übrigen Romanen dieses Zeitraums
ist, außer des Humoristen Hippel*m*) Lebensläufen
in aufsteigender Linie (1778 — 1781), vielleicht
keiner mehr, der sich durch genialische Eigenthümlichkeit auszeichnet; dagegen giebt es viele, welche die
Lesewelt theils, als unterhaltende Erscheinungen, beschäftiget haben, oder auch noch beschäftigen, theils,
weil sie die Thorheiten des Zeitalters rügten, und oft
es mit Glück bekämpften, merkwürdig geworden sind.

---

m) Theodor Gottlieb von Hippel ward geboren zu Ger-
dauen in Ost-Preußen, den 31. Januar 1741, und starb,
als Kriegsrath und Stadt-Präsident, zu Königsberg d.
23. April 1796. S. Jördens Th. II. S. 403.

Ich rechne zu denen der erſtern Gattung die empfind-
ſamen Reiſen, in Yoricks Manier, ſeit 1768, wo
Bode n) Sternes bekannten Roman verdeutſchte, die
politiſchen, die mit Erfolg (ſeit 1771) zuerſt Haller,
dann Wieland ſchrieben, die Familiengeſchichten, die
von 1779 an oder gleichzeitig mit unſern dramatiſchen Familiengemählden aufblühten o), die Ritter-
romane, die ſeit dem Eintritte der Ritterſtücke in unſere Theater und der Herausgabe von Reichards Ro-
man-Bibliothek (1778 u. f.) mit Gewalt um ſich
griffen p), die Leiden-und Elends-Romane, die
Salzmanns Karl von Karlsberg (1781) ins Leben
rief, und die ſchauerlichen Biographieen der Selbſtmörder, die Spieß (1785) einführte q). Die Ro-

n) Johann Joachim Chriſtoph Bode, geb. zu Braunſchweig
   d. 16. Januar 1730, ſtarb, als darmſtädtiſcher geheimer
   Rath, zu Hamburg d. 13. Dec. 1793. S. Jördens Th. I.
   S. 108.

o) z. B. Geſchichte der Familie Frick, die Begebenheiten
   der Reinfeldiſchen Familie, Faramonds Familiengeſchich-
   te, alle von 1779.

p) Einer der früheſten und ausführlichſten war, ſo viel ich
   weiß: Die deutſchen Fürſten aus dem dritten Jahrhun-
   dert. Ein Original-Ritterroman in vier Bänden. Leipzig
   1781. (Die umgearbeitete Geſchichte des bekannten Romans: Herkules und Herkuliskus.)

q) Zu den Biographieen der Selbſtmörder geſellten ſich in
   der Folge noch (ſo ſehr ſtrebte man die Pſychologie durch
   den Roman zu födern) die Biographieen der Wahnſinni-
   gen. — Wenn die meiſten Gattungen dieſer Romane erſt

mane der zweyten Gattung galten vorzüglich dem
theologischen Eifergeiste, dem pädagogischen Eigen-
dünkel, der Narrheit der Kraftmänner, dem Trüb-
sinne der Empfindler und den Schutzrednern des
Aberglaubens und Mönchthums, und erinnern von
selbst an die Nahmen Erbaldus Nothanker (1773—
1776) von Nicolai r), Spitzbart (1779) von
Schummel s), Plimplamplasko (1780) von Klinger, Markus Pankrazius Cyprianens Kurt (1781)
und Faustin (1783) von Pezzl. Fügt man zu den
genannten noch die ehrenwerthen, oft sehr gelungenen
Versuche im psychologischen Romane von Wieland,
Dusch und Wezel, und die komischen Romane eines
Musäus, Johann Gottwerth Müller und Jünger t),

in dem künftigen Zeitabschnitte (man denke nur an Star-
le, Lafontaine, Heinse, Vulpius,) sich verbreitet und
ausgebildet haben, so gehören sie gleichwohl, ihrem Ursprung nach, den jetzigen sämmtlich an.

r) Wie viel Aufsehen das Buch zu seiner Zeit machte, beweisen theils die Uebersetzungen desselben in mehrere
Sprachen, theils die mannigfaltigen Schriften, die es
veranlaßte. Man vergl. die Allg. d. Bibl. B. XXVI.
S. 479. und in dem dritten Anhang B. II. S. 879. u. f.

s) Ein anderes ernsteres Ziel verfolgten die eigentlich pädagogischen Romane, die man jetzt zur Lehre und Warnung
zu schreiben anfing, wie unter andern Julchen Grünthal,
eine Pensions-Geschichte (von Friedrike Helene Unger).
Berlin 1784.

t) Bestimmtere Nachrichten gewähren Koch Th. II. S. 277
und Meusel.

deren Richtung, wie unter andern in den phyſiogno-
miſchen Reiſen (1778), zuweilen doch auch beſtimmte Satyre wird, ſo hat man im Ganzen den
Kreis überſchaut, in welchem die bunte leſeluſtige
Welt ſich zwiſchen 1759 — 1787 bewegte.

Die Thätigkeit, mit der unſere Ueberſetzer wett-
eiferten, des Auslandes Dramen und Romane auf
deutſchen Boden zu verpflanzen, erregt die Erwartung, daß ſie ſich darauf nicht einſchränkten, ſondern
auch die epiſchen und lyriſchen Meiſterwerke der
Neuern uns mitzutheilen bemüht waren; und wirklich ließen ſie es an gutem Willen nicht fehlen. Schon
im Jahre 1763 bemühte ſich Meinhard v) in ſeinen
Verſuchen über den Charakter und die Werke der
beſten italiäniſchen Dichter uns durch Auszüge und
Verdeutſchung einzelner trefflicher Stellen mit den
poetiſchen Schätzen Welſchlands bekannt zu machen.
Dante Alighieri fand 1767 einen Ueberſetzer an
Bachenſchwanz, Taſſo's befreytes Jeruſalem 1781
einen an Heinſe, Arioſto's wüthender Roland an
Mauvillon (1777) und Heinſe (1782) deren zwey.
Aber alle dieſe Dollmetſchungen ſind, auch von ihren
übrigen Unvollkommenheiten abgeſehn, für unſere

v) Johann Nicolaus Meinhard (Gemeinhard), geb. zu Er-
    langen 1727, geſt. amtlos zu Berlin d. 15. Jun. 1767.
    S. Riedels Denkmahl auf ihn. Jena 1767.

Poesie und Sprache völlig gleichgültig gewesen, weil keiner der Ueberseher die dichterische Form der Werke beachtet, jeder sich ihren Inhalt in Prosa darzulegen begnügt hat. Das erste versuchte zwar Werthes und Schmit x), von denen jener 1778 acht Gesänge des rasenden Rolands, und dieser 1781 Tassoni's geraubten Eimer und 1783 Fortinguerra's Ricciardetto in wahren Octaven wiedergab. Doch kann an beyden auch mehr der kühne Muth, mit dem sie die Bahn brachen, bewundert, als die glückliche Ueberwindung der Schwierigkeiten gelobt werden.

Bey weitem größerer Vortheil erwuchs unserer Sprache aus der metrisch genauen Nachbildung der Alten, wovon Ramler sich mit Recht das Verdienst zueignet: denn obgleich seit der Einführung des Hexameters hie und da versucht worden war, die Gedichte Griechenlands und Roms in ihre Sylbenmaße überzutragen, so kommen doch alle darin überein, daß die funfzehn Oden aus dem Horaz, die er 1769 bekannt machte, als die erste gelungene Uebersetzung der Art zu betrachten sind. In der That wurde durch diese Arbeit über zwey wichtige Punkte entschie-

---

x) Friedrich August Clemens Werthes, geb. zu Buttenhausen in Schwaben d. 12. Oct. 1748, lebt jetzt amtlos zu Ludwigsburg. Friedrich Schmit, geb. zu Nürnberg d. 7. Jul. 1744, steht als Professor an der Ritter-Akademie zu Liegnitz.

den. Wir lernten erſtlich, daß unſere Sprache, bieg-
ſamer, als wir ſelbſt geglaubt hatten, vermögend
war, ſich in die Formen einer alten und ihr ganz un-
ähnlichen hineinzufügen und die Schönheiten der
fremden zur Verwunderung treu wiederzugeben; und
wir überzeugten uns zweytens, daß ſie einer ungleich
größern Mannigfaltigkeit von Sylbenmaßen, als
wir ihr bisher zugetraut hatten, und überhaupt einer
weit höhern proſodiſchen Ausbildung fähig ſey.
Ramlers horaziſche Oden gewährten, was eigentlich
jede poetiſche Ueberſetzung gewähren ſollte und die wenigſten nur gewähren, — Liebhabern den Genuß
der Urſchrift, und Kennern das Vergnügen, nicht
allein des Sängers Empfindungen und Gedanken in
der Nachbildung oft mit der kleinſten Schattirung
wiederzufinden, ſondern ſelbſt den Ton und Sylben-
fall ſeines Geſangs zu vernehmen. In einem Zeitraume, wo alles, auch das Gute, durch Beſſeres in
der Literatur verdrängt, früh gealtert hat, zeugt es
gewiß für den Werth des Ueberſetzers, daß ſeine Arbeit beynah funfzig Jahre der Maßſtab geweſen iſt,
an den wir die Verdeutſchungen des Römers zu halten pflegten; auch möchten unter den zahlreichen Ue-
berſetzern Horazens, die innerhalb der nächſten zwanzig Jahre hervorgingen, nicht mehr als zwey ſeyn,
die es wagen dürfen, ſich unter jenen Maßſtab zu

ſtellen, — Maſtalier, der einzelne Oden, und Jakob Friedrich Schmidt, der ſie ſämmtlich (1776 —
83) verdeutſchte, beyde an Geiſte dem Römer unähnlicher, als Ramler, oder ihre Eigenthümlichkeit zu
verläugnen minder geſchickt, aber beyde nicht ohne
Vortheil für unſere Sprache, der Letztere ſelbſt mit
Gewinn für unſere Metrik, da er nicht nur die will-
führliche Verkürzung einſylbiger Stammwörter ſorgfältig vermied, ſondern auch den deutſchen Hexameter, deſſen Rhythmus Ramler verkannte y), durch
die abſichtliche Beobachtung der nöthigen Einſchnitte
der Vollkommenheit näher brachte z).   Ob unſere
metriſchen Ueberſetzer ſich noch um andere römiſche
Dichter in dieſem Zeitabſchnitte verdient gemacht haben, wird billig verneint; ſo viel Nachſicht bedürfen der deutſche Tibull von Reinhardt (1783) und
die mannigfaltigen Verſuche, uns zu einem deutſchen
Ovid und Virgil zu verhelfen.   Selbſt die jambiſche
Uebertragung der Briefe und Satyren Horazens von
Wieland, ſo ſchätzbar auch die Arbeit in mehrern

y) Oder doch, falls man die Stelle in ſeinem Batteur B. I.
S. 178 gegen mich geltend machen ſollte, als ausüben-
der Künſtler, nie erreichte.

z) Man ſehe das Intelligenz-Blatt der Leipziger Literatur-
Zeitung vom J. 1807. Nr. 13. S. 193. vergl. das Sep-
tember-Stück der Berliner Monatſchrift von demſelben
Jahre, S. 154 und 191.

Hinſichten ſeyn mag, erfüllt doch auf keine Weiſ
die Foderungen, die bereits in den Jahren 1782
und 1786 mit allem Rechte an einen Ueberſetzer der
Alten ergingen.

Unter den griechiſchen Dichtern war es vorzüglich Vater Homer, den man, nicht auf eine Weiſe,
in unſere Sprache einzubürgern ſtrebte. Ungeachtet
des Beyſpiels nähmlich, daß Ramler ſeinen Nachfolgern zur getreuen Anſchmiegung an die jedesmahl
von den Alten gebrauchten Sylbenmaße gegeben hatte,
ward dennoch zwiſchen den Jahren 1771 und 1776
ſehr ernſtlich geſtritten, ob wir einen Homer in Hexametern fodern dürften, und uns nicht vielmehr mit
einem in Jamben begnügen könnten und müßten.
Ein Mann von Kenntniß und Geſchmack, und dieſer kein geringerer, als Bürger, hatte die Frage aufgeworfen und vertheidigte die Sache des Jambus,
unter Vorlegung mehrerer Stücke aus ſeiner jambiſir-
ten Ilias, mit eben ſo viel Gewandtheit als Scharfſinn, in den damahls geleſenſten Zeitſchriften *a).*
Mehrere Kenner ſtimmten für ſeine Gründe und billigten die gegebenen Proben, und faſt ſchien es, der
jambiſche Vers werde obſtegen, als unerwartet Bod-

---

a) Die Verhandlungen findet man jetzt, vollſtändig geſammelt, im dritten Bande der ſämmtlichen Schriften Bürgers.

mer 1778 mit der Ilias und Odyſſee, der jüngere
Stolberg in demſelben Jahre mit der Ilias allein und
ein Ungenannter b) 1781 mit den erſten Geſängen
der Ilias, ſämmtlich in Hexametern, auftrat. Schon
dieſe Erſcheinungen erſchütterten das Vorurtheil für
den Jambus; aber es fiel gänzlich, als Voß 1781
die Odyſſee in Hexametern lieferte. Seine gelungene
Arbeit lehrte nicht nur, ſelbſt Bürgern überzeugend,
daß der Jambus kein Vers für einen deutſchen Homer ſey; ſie deutete zugleich an, daß man die Foderungen an den Ueberſetzer des Griechen wohl noch höher, als bisher, ſpannen, ihm auch die Beachtung
des lebendigen Ausdrucks, die Nachbildung des eigenthümlichen Ganges bedeutender Verſe und die inni-
gere Anſchmiegung an die Worte und Wendungen der
Urſchrift zumuthen dürfe, und wies ſo auf jene Ue-
berſetzungsart hin, die in der Folge den Nahmen der
ſtrengern erhielt, oder bereitete ſie vielmehr vor. Wie
man mit Ramlers horaziſchen Oden das Wichtigſte,
was für die Römer, ſo hat man mit Voſſens Odyſſee auch das Wichtigſte, was für die Griechen geſchah, ausgeſprochen. Doch machen noch einige
Oden Anakreons, die Ramler ſeiner lyriſchen Blu-
menleſe (1774) einverleibte, etliche Idyllen Theo-

_____

b) Wobeſer. S. Degens Literatur der deutſchen Ueberſetzungen der Griechen S. 368.

kritſ von Voß in dem Göttinger Muſen-Almanach
und Gedickens zwar in Proſa aufgelöſter, aber durch
jugendliche Kühnheit ausgezeichneter Pindar c) auf
rühmliche Erwähnung Anſpruch. Herders Blumen
aus der griechiſchen Anthologie in ſeinen zerſtreuten
Blättern würden hieher gehören, wenn er eben ſo ge-
ſchmeidig und wohlklingend, als geiſtreich und gefühlvoll, verdeutſcht hätte, und Stolbergs Sophokles (1787) zu nennen ſeyn, wenn man die Arbeit
nicht vielmehr den freyen Nachbildungen, als den
wirklichen Ueberſetzungen beyzählen müßte.

Unſere Bemühungen um die Einbürgerung der
Griechen und Römer in unſere Sprache erinnern von
ſelbſt an die Aufmerkſamkeit, die wir unſern ältern
vergeſſenen Dichtern ſchenkten. Wir empfingen einen
Abdruck der Maneſſiſchen Sammlung der Minneſin-
ger, dem Bodmer und Breitinger (1758, 59) vor-
ſtanden, Logau's Sinngedichte, die Leſſing in Verbindung mit Ramler (1759) herausgab, Wernikens
Ueberſchriften, die Bodmer zuerſt (1763) erweckte
und Ramler (1780), reichlicher ausgeſtattet, ans
Licht ſtellte, die auserleſenen Stücke der beſten deutſchen Dichter von Martin Opitz bis auf gegenwärti-
ge Zeiten, deren Andenken Zachariä und Eſchenburg

c) Oder vielmehr Pindars olympiſche und pythiſche Sieges-
    hymnen. Berlin, 1777. 1779.

(1766 — 78) erneuerten, die Sammlung deutscher
Gedichte aus dem zwölften bis vierzehnten Jahrhun-
dert, die Christoph Heinrich Müller (1784, 85.)
drucken ließ, und die Ritterepopöe, Wilhelm von
Oranse, die Casparson (1781, 84.) bekannt machte.
Mehrere dieser Werke, nebst den altdeutschen Volks-
liedern, denen man mit vieler Emsigkeit nachspürte,
sind schon für diese Periode nicht bloß als Alterthümer, sondern selbst als Poesie wichtig. Die kern-
reiche Sprache und herzigen Gedichte der schlesischen
Sänger haben, verkannt, wie sie waren, unsern poetischen Reichthum wahrhaft gemehrt, und auch der
Minnegesang und die Volkslieder, wie ich früher
gedachte, einen nicht gleichgültigen Einfluß in unsre
Lyrik gehabt. Aber hauptsächlich stehen die Nahmen
jener Werke und Sammlungen hier um des künftigen
Zeitraums willen, wo die epischen und lyrischen Weisen altdeutscher Art und Kunst mit allem Ernste von
neuem aufgenommen und das Vorbild einer eigenen
Dichterschule geworden sind. Was diese beabsichtigte und wie viel sie erreichte, wird erst an seinem
Orte, mit Berufung auf diese frühern Vorarbeiten
und Versuche, weiter zu erörtern seyn. Für jetzt
wenden wir uns von der Geschichte der Dichtungsarten zu der Geschichte der Poetik und der Kritik.

In Hinſicht des allgemeinen Grundſatzes zur
Sicherung der erſten, als Wiſſenſchaft, blieb man
in der That, dieſen ganzen Zeitabſchnitt hindurch,
bey dem ſtehen, welchen Baumgarten in dem vorigen
aufgeſtellt hatte. Sowohl Sulzer, der zwiſchen
1771 und 1774 eine allgemeine Theorie der ſchönen
Künſte in alphabetiſcher Ordnung herausgab, als
auch Eberhard, Engel und Eſchenburg, deren Lehrbücher oder Theorieen der ſchönen Wiſſenſchaften,
richtiger der Poeſie, ſämmtlich 1783 erſchienen, erklären alle das Gedicht für eine vollkommen ſinnliche
Rede und folgern hieraus, der mehr der minder bündig, die übrigen äſthetiſchen Eigenſchaften oder Vollkommenheiten des Gedichtes überhaupt und der beſondern Dichtungsarten. Was man allein als neu
und hinzugekommen in unſern Poetiken betrachten
darf, iſt die Erweiterung derſelben durch die Pſychologie, und die Verſuche, theils die Gränzen der
Dichtkunſt genauer zu beſtimmen, theils die einzelnen
Dichtungsarten logiſcher abzuleiten. Auf den pſychologiſchen Weg führte zunächſt die eklektiſche oder
ſondernde Philoſophie, die in Deutſchland immer
herrſchender ward und hauptſächlich den Anbau der
Seelenlehre begünſtigte, aber am meiſten die Ueberſetzung von Home's Grundſätzen der Kritik (1763

— 66) *d*) und Burke's Unterſuchungen über den Ur⸗
ſprung unſerer Begriffe vom Erhabenen und Schö⸗
nen (1773). Beyde Weltweiſen ſtützten die Erklä⸗
rung jener Erſcheinungen auf die Natur der Empfin⸗
dungen, Bewegungen und Leidenſchaften der Seele,
und da beyde eine ſehr willkommene Aufnahme in
Deutſchland fanden, ſo konnte es nicht fehlen, daß
auch in unſere Aeſthetik vieles von ihren Sätzen und
Meinungen überfloß und die ganze Poetik ein mehr
pſychologiſches Anſehn gewann. Die Gränzen der
Poeſie zu entdecken, beabſichtigte Leſſing in ſeinem
Laokoon (1776), indem er den bildenden Künſten
die Darſtellung im Raume, den redenden die in der
Zeit anwies. Der willkührlichen Aufzählung und
Aureihung der einzelnen Dichtungsarten aber ſuchte
Engel dadurch zu begegnen, daß er in der poetiſchen
Darſtellung Stoff und Form, (Ideenordnung über⸗
haupt und Verbindung ſowohl verſchiedener Ideen⸗
ordnungen als mehrerer ſchönen Künſte) ſorgfältig
ſonderte und dieſe Sonderung als Grundlage zu einer
beſſern Eintheilung der Gattungen ſelbſt benutzte *e*).

d) Neu durchgeſehn von Schütz. Leipzig 1790. 91. Drey
Bände.

e) Seine Fragmente über Handlung, Geſpräch und Erzäh⸗
lung, die in der Neuen Bibl. d. ſch. Wiſſ. B. XVI. S.
177 u. f. ſtanden, können gleichſam als die Vorläufer ſei⸗
ner Theorie der Dichtungsarten betrachtet werden.

Unter den Schriftſtellern, die, ohne Syſteme zu ſchreiben, Poeſie und Geſchmack durch Aufklärung ſo mancher mit beyden verwandter Gegenſtände gefördert haben, möchten vorzüglich Leſſing, Garve, Herber und Moritz zu bemerken ſeyn. Ich nenne den erſten hier noch einmahl wegen ſeiner Dramaturgie, die zu Hamburg in den Jahren 1767 und 68 erſchien. Vielleicht ſehen wir in manchen Punkten nun heller, als er, und ſind in der wichtigen Unterſuchung über des Trauerſpiels Zweck und Weſen weiter gekommen. Aber geſetzt auch, daß dem ſo ſey, und der Werth noch vieler andern Erörterungen, die für jene Zeit bedeutend waren, ſich im Fortgange der Jahre verminderte, ſo würde das Buch dennoch eines der merkwürdigſten in der Geſchichte unſerer Poeſie bleiben, da nicht leicht ein anderes zur Sprengung der Feſſeln, in denen uns der franzöſiſche Geſchmack gefangen hielt, mehr gewirkt hat, als dieſes. Die gleichzeitigen Kunſtrichter, die ein Volk geſchont wiſſen wollten, das, früher gebildet, unſer Lehrer geweſen war f), erkannten ſicher eben ſo wenig die, wie es ſcheint, unvertilgbaren Folgen, welche die Einſeitigkeit und Befangenheit des Geſchmacks der Franzoſen auf ihre ganze Literatur gehabt hat, als

_____

f) Man vergleiche die Beurtheilung der Dramaturgie in der Neuen Leipziger Bibl. B. X. S. 122.

sie ben heilsamen Einfluß berechneten, den eine, wenn
auch anfangs gemißbrauchte, Freyheit und Unabhängigkeit des Geschmacks für uns haben mußte. —
Den Unterschied zwischen der Poesie der Alten und
Neuern, der nicht nur zur richtigen Würdigung beyder, sondern auch zu lehrreichen Betrachtungen über
die Natur der Poesie selber geleitet hat, entwickelte
zuerst Garve g) bestimmter und fruchtbarer, als bisher, indem er zeigte, daß die Darstellung der erstern
originell, sinnlich und absichtslos, die der letztern
nachahmend, betrachtend und absichtlich sey, jene
mehr Anspruch auf Anschaulichkeit und Wahrheit,
diese auf Reichthum, Tiefe und Gründlichkeit mache.
— Einen ähnlichen Pfad verfolgte Herder. Die
Alten, seine Lieblinge, stets im Auge behaltend, und
ihre Werke zur Vergleichung mit den unsrigen nutzend,
hat er früh schon (1767) in den Fragmenten zur
neuern deutschen Literatur reichhaltige Bemerkungen
über die rechte Art die Alten nachzuahmen, über ihre
und unsere Sprache, über den Gebrauch der Mythologie in der Dichtkunst und über verwandte Materien

g) Ju seinen Betrachtungen einiger Verschiedenheiten in
den Werken der ältesten und neuesten Schriftsteller, besonders der Dichter; zuerst in der Neuen Bibl. d. sch.
Wiss. B. X. nun in der Sammlung einiger Abhandlungen aus der genannten Zeitschrift. Leipzig 1802. Th. I.
S. 93.

ausgeſtreut und ſpäterhin in ſeinen Preisſchriften *h*)
theils die Geſchichte des Geſchmacks; theils die Wirkungen der Dichtkunſt auf die Sitten, und den Einfluß der ſchönen Wiſſenſchaften auf die höhern zu entwickeln ſich beeifert. Wenn er in ſeinen Unterſuchungen weniger Scharfſinn und Beſtimmtheit verräth,
als Leſſing, den er doch oft zurecht zu weiſen ſucht,
und weniger Ruhe und Unbefangenheit beweiſt, als
Garve, ſo hat er dagegen ſeine Gedanken mit einem
Ausdrucke zu umgeben gewußt, der die Wirkung
einer verſchönernden Beleuchtung hervorbringt, der
alles höher röthet und feyerlicher und herrlicher dar-
ſtellt. — Ueber die deutſche Proſodie hatte, ſeit der
Einführung des Hexameters durch Klopſtock, Niemand ein bedeutendes Wort geſagt, als er ſelber,
zuerſt in drey Abhandlungen vor den drey letzten Theilen ſeines Meſſias erſter Ausgabe; und ſpäter, als
Bürger einen Homer in Jamben vorſchlug, in den
Fragmenten über Sprache und Dichtkunſt (1779).
Allein ſein Augenmerk war hauptſächlich auf eine
Vergleichung ſeines Hexameters mit dem griechiſchen, und auf eine beſchönigende Rechtfertigung der

---

h) Urſache des geſunkenen Geſchmacks bey den verſchiedenen
Völkern, da er geblühet; Berlin, 1775, (neu aufgelegt
1789) und mehrere Aufſätze in den Abhandlungen der
baieriſchen Akademie über Gegenſtände der ſchönen Wiſſenſchaften. München, 1781.

metriſchen Mängel, die jenen drückten, gerichtet.
Was er beyher von Sylbenlänge und Sylbenfüßen
erwähnte, beruhte zum Theil auf falſchen Anſichten,
oder befriedigte doch als wiſſenſchaftliches Ganzes
auf keine Weiſe i). Ein ſolches aufzuſtellen unternahm zuerſt 1786 Moritz in ſeinem Verſuche einer
deutſchen Proſodie. Wenn das Auffinden und Feſt-
halten eines einzigen Grundſatzes allein hinreichte, ein
Lehrgebäude zu empfehlen, ſo ſtände keines ſicherer,
als das von Moritz, ſo geſchickt leitet er alles von
dem Geſetze her, daß der proſodiſche Werth unſerer
Sylben einzig auf die Beſchaffenheit der einzelnen
Redetheile und deren Unterordnung nach dem Gewichte
ihrer Bedeutung zu gründen ſey. Aber in ſeinem
Verſuche bewährt ſich überall mehr der Scharfſinn
des forſchenden Grammatikers, als das gebildete
Ohr des Dichters, dem Daktylen, wie Moritz vor-
ſchlägt, ſchwerlich gefallen dürften. Dennoch iſt
ſeine Anſicht ſo philoſophiſch und viele ſeiner Regeln
und Behauptungen ſo übereinſtimmend mit der Natur und Einrichtung unſerer Sprache, daß es vielleicht nur eines freyern Blicks und eines geübtern
Ohrs bedurft hätte, um die Widerſprüche zwiſchen

---

i) Einzelne gute Bemerkungen über den Bau des deutſchen
    Herameters finden ſich zerſtreut in den Literatur = Briefen,
    z. B. Th. X. S. 369 und XVIII. 126. 134.

Lehre und Anwendung zu heben und auch den Foderungen des Dichters genug zu thun.

Es iſt noch übrig von unſern kritiſchen Zeitſchriften zu reden, die ſich in eben dem Verhältniſſe
mehrten, in welchem die Zahl der Dichter und Leſer
zunahm, und nun ſo gewaltig um ſich gegriffen haben, daß man uns mit eben dem Rechte die kunſt-
richtende Nation Europa's nennen möchte, mit dem
man uns die gelehrteſte nennt. Ich werde mich zuvörderſt bemühen, die Richtung der vornehmſten unter ihnen zu bemerken. Wenn ſie, bey der Menge
und Verſchiedenheit der Mitarbeiter, nicht ſtets genau
dieſelbe gehalten haben und halten konnten, ſo läßt
ſich doch, bey dem kleinen Umfang des Zeitraums,
gar wohl beſtimmen, wohin die hauptſächlichſte jeder
einzelnen ging.

Die Leipziger Bibliothek der ſchönen Wiſſenſchaften, ſeit 1765 Neue Bibliothek, gewann, unter Weißens Aufſicht, durch mehrere treffliche Mitarbeiter, nahmentlich im Fache der bildenden Künſte
durch H. v. Hagedorn (des Dichters Bruder) und
Winkelmann, und im Fache der redenden durch
Meinhard, Schiebeler, Eſchenburg, Morus, Garve,
Engel, Platner, Wezel, von Blankenburg und andere nicht minder geſchätzte Schriftſteller. Es iſt
allgemein anerkannt worden, daß die Abhandlungen,

die ſie enthält, vorzüglich die von Garve und Engel,
zu den ſchätzbarſten Beyträgen der deutſchen Kritik
gehören; aber auch die Beurtheilungen der Bücher,
welche oft ausführliche Charakteriſtiken der Verfaſſer
und ebenfalls wahre Abhandlungen ſind, zeichnen ſich
gleich ſehr durch Scharfſinn und Gründlichkeit aus.
Da in ihnen mehr das Beſtreben ſichtbar wird, mit
dem Schriftſteller zu denken, ſeine Eigenthümlichkeiten zu entwickeln, und ſeine Ideen fortzuführen, als
ſich über ihn zu ſtellen und geltend zu machen, ſo
wird man ihre Richtung vielleicht am beſten bezeichnen, wenn man ſie die commentirende oder ausle-
gende nennt. Dieſer Richtung entſpricht größtentheils auch der Ton, der ernſt und ruhig und ſelbſt,
tadelnd, ohne Härte iſt. Die mit ihr unzufriedenen
Dichter dürften es meiſtens ohne Grund und nur wenige Werke ſo unrichtig gewürdiget ſeyn, wie der
Oberon.

Die Literatur-Briefe (1759 — 63), die Nicolai, unterſtützt von Leſſing, Mendelsſohn, Abt
Reſewitz, Grillo und Sulzer herausgab, haben ſich
bekanntlich der ſchönen Literatur nicht ausſchließlich
gewidmet, aber auf die Kritik derſelben oder vielmehr
auf die geſammte deutſche Kritik entſchieden gewirkt.
Ihre Verfaſſer machten ſichs von allem Anfange an
zum Geſetz, ihren Standpunkt über den Schriftſteller,

den ſie beurtheilten, zu nehmen, und ſie durften und
konnten es um ſo mehr, da ſie nicht ſelten über ge-
ringhaltige Werke zu richten hatten und ſelbſt die Erzeugniſſe Gottſcheds und ſeiner Anhänger nicht vor-
beygingen.   Die Richtung der Briefe war daher vorzüglich, zu zeigen, was hätte geſchehen können oder
geſchehen ſollen, ihre Ausſprüche entſcheidend, ihr
Ton, man möchte faſt ſagen, etwas hofmeiſternd,
ihr Tadel nicht ohne verwundenden Witz. Es konnte
nicht fehlen, daß dieſe Eigenſchaften in einer Zeit,
wo die deutſche Kritik allenthalben, ſogar in der
Leipziger Bibliothek, ſich noch gar zahm und zurück-
haltend bewies, das Anſehn der Literatur-Briefe befördern, aber ihnen auch zugleich den Vorwurf der
Parteylichkeit zuziehen mußte, letztern ſicher mit Unrecht.   Was man ihnen mit größerm Recht nachſa-
gen, oder vielmehr nachrühmen kann, iſt, daß ſie
die Kritik geſchärft, oder, mit andern Worten, ihr
die Wendung gegeben haben, die ſie billig nehmen
muß, wenn die Zahl der Schreibenden mit der Zahl
der Schriftſteller außer Verhältniß zu kommen anfängt.

Die allgemeine deutſche Bibliothek (die ältere
von 1764 — 1791, die neue von 1792 — 1800),
auch von Nicolai geſtiftet, zeichnete ſich unter allen
damahligen Zeitſchriften Deutſchlands durch ihren

Plan aus, der nichts geringeres, als die gesammte deutsche Literatur, umfaßte. Aber eben aus der Größe dieses Plans entsprangen mehrere Unvollkommenheiten des Werkes, die immer sichtbarer wurden, je mehr mit jedem Jahre die Zahl der Schreiber und Schriften sich mehrte. Es war unmöglich die neu erscheinenden Bücher so gründlich und umständlich zu würdigen, wie es viele und vorzüglich diejenigen verdienten, in welchen Wahres und Falsches, Gutes und Schlechtes gemischt war. Man mußte sich immer mehr auf kurze Urtheile beschränken, die, beweislos hingestellt, den Vorwurf der Einseitigkeit, und, stark gesagt, um Eindruck zu machen, den Tadel der Unbilligkeit und Härte erfuhren. Ungeachtet die Bibliothek von ihrem Entstehen an ihre vorzüglichste Richtung gegen Theologie und Philosophie hinnahm, so traf jene Beschuldigung doch auch gleich anfangs das Fach der schönen Literatur. Man rückte ihr eine Vorliebe für gewisse Dichter und eine Abneigung gegen andere vor; man behauptete, daß sie im Reiche des Geschmacks, wie im Reiche der Gelehrsamkeit, nach Alleinherrschaft strebe; man wollte wahrnehmen, daß sie überhaupt das Neue nicht gern aufkommen lasse. Vergleicht man diese Anklagen mit dem, was von den ausgesprochenen Urtheilen sich in der Folge bestätigt und widerlegt hat, so kann man nicht um-

hin zu bekennen, daß die erſtern doch weit ſeltner durch
mangelhafte Einſicht und böſen Willen, als durch
die Allgemeinheit der letztern und den herben, aus
den Literatur-Briefen in die Bibliothek übergegange-
nen, Ton veranlaßt worden ſind. Indeß wollen wir
darum nicht läugnen, daß die Bibliothek viele treffliche Erzeugniſſe der Kunſt viel zu kaltſinnig empfangen, öfter den moraliſchen oder einen andern außerweſentlichen Geſichtspunkt, als den künſtleriſchen,
aufgefaßt und überhaupt mehr geſorgt hat, aufſtre-
bende Genien vor Verirrungen zu warnen, als ſie in
ihrem Fluge zu ermuntern.

Die halliſche deutſche Bibliothek der ſchönen
Wiſſenſchaften (1768 — 72), und ihre Nachfolge-
rinn, das Magazin der deutſchen Kritik (1772 — 76),
jene beſorgt von Klotz, dieſes von ſeinem treuen Anhänger Schirach, charakteriſiren ſich vollſtändig durch
den ſattſam bekannten Charakter des erſtern.   Ein
Mann von offnem Kopfe, des Ausdrucks mächtig,
mit mehrern wiſſenſchaftlichen Fächern oberflächlich
bekannt, mit keinem gründlich vertraut, dabey begierig, ſich ſchnelles Anſehn in der gelehrten Welt
zu erwerben, und ohne Sorge über die Wege zu ſeinem Zweck zu gelangen, betrachtete Klotz ſeine Zeitſchrift, von allem Anfange an, als ein Mittel eine
Partey zu bilden, deren Haupt er wäre, und, die

es nicht mit ihm hielten, zu unterdrücken. Die Richtung seiner Kritik wird daher leicht gefunden. Seine
Bibliothek befehdete die Berlinische offen und verstoh-
len. Ihre Urtheile waren den Urtheilen jener bald
ausdrücklich und mit Aufführung der Stellen, bald
als neckende Anspielungen und spöttelnde Beziehungen entgegengesetzt, und die Dichter, die dort getadelt wurden, durften hoffen, hier gepriesen zu werden. Der Schlag, den ihm Lessing bekanntlich durch
die antiquarischen Briefe (1768) versetzte, erschüt-
terte, wie seinen Ruhm überhaupt, so auch das Ansehn seiner erst gegründeten Anstalt. Es war von
der Zeit an weniger sein Nahme, als der lebhafte Antheil jener Tage an den Werken der Kunst, der Einfluß des akademischen Lehrers und die geschmeichelte
Eitelkeit einer gewissen Dichterzunft und ihrer Freunde, die seine Bibliothek neun Jahre lang aufrecht erhielt. Damit seine Ansicht der Berliner Kritik, oder,
wie er selbst sagt, Literaturschule, und was er ihren
Zöglingen vorwarf, deutlicher werde, gebe ich hier
einige Stellen aus seiner Zeitschrift: „Die Berlini-
schen Gelehrten, heißt es, haben mit einer Freymü-
thigkeit, die den Leser oft ergetzt, oft aber auch die
Schranken der Höflichkeit überschritten hat, ihre Meinung von neuen Schriftstellern gesagt; sie haben unsere besten Werke strenge beurtheilt, und Ruhm und

Verdienste konnten einen Cramer, Dusch, Wieland und andere nicht vor Grobheiten schützen. Warum wollen sie andern Gelehrten nicht eben diese Freyheit verstatten?" "Freylich muß es Schriftsteller, die mit der hohen Miene, die sie allein kleidet, auf Universitäten und Professoren herabsah, kränken, wenn sie jetzt von eben diesen Universitäten her ihre Urtheile empfangen sollen." "Längst hätten unsere Gelehrten den Muthwillen einiger Mitarbeiter züchtigen sollen. Allein einige der Muthigen hielten es nicht der Mühe werth, wie Dusch; andere wurden durch ihre schlechte Sache und noch schlechtere Vertheidigung lächerlich; noch andere wollten keinen Streit haben, und thaten aus Liebe zum Frieden alles, wie jener den bösen Geistern eine Wachskerze anzündete." "Wir glauben, daß durch die Literaturbriefe, denen die allgemeine Bibliothek gar nicht beykommt, manches Gute in Deutschland ist ausgerichtet worden. Aber so groß ist die Gelehrsamkeit der Berliner Kunstrichter in unsern Augen nicht, als sie selbst zu glauben scheinen: denn die Baumgartensche Philosophie reicht noch lange nicht zu über alles zu urtheilen. Besonders scheinen einige Mitarbeiter in der römischen und griechischen Literatur ziemliche Fremdlinge zu seyn, (wie unter andern H. Grillo.)" "Um so weniger sollten die Berliner jeden Tadel, wäre er auch in den

läuterstenHönig eingetaucht, für Sünde ansehn und
für Beleidigung aufnehmen.   H. Ramlers Uebersetzung des Batteux verdient Lob, nur muß man uns
nicht überreden wollen, daß sie ohne Fehler sey. Einen der schönsten Verse des Boileau hat er sehr falsch
übersetzt." „Wer die Verfasser unserer Bibliothek
sind, kann dem Leser einerley seyn, wenn er nur ihre
Urtheile wahr und richtig findet. So viel aber können wir doch sagen, daß wir keine Studenten zu
Kunstrichtern berufen haben, wie man uns von andern Journalen hat versichern wollen."   Da alle
diese Ausfälle aus einer einzigen Anzeige k) von kaum
acht Blättern genommen sind, so wird man schwerlich ungewiß seyn, mit welchen Waffen Klotz stritt
und wie er sie handhabte.   Zu den vier genannten
Dichtern, deren er sich annehmen zu müssen glaubte,
setzt man übrigens billig noch die Nahmen von Gleim,
Jacobi und Weiße, da er diese ebenfalls, vom Entstehen der Bibliothek an, als unwürdig Gekränkte betrachtete und seiner besondern Vorsorge würdigte.

Es wäre eine eben so ekle als undankbare Mühe,
nach unseren bedeutenden kritischen Zeitschriften, noch
der Zeitungen und ihres kleinlichen Strebens zu erwähnen, wiewohl allerdings die Hallische, die Nach-

---

k) B. I. St. 4. S. 29.

richten aus dem Reiche der Gelehrſamkeit, die Ziegra
zu Hamburg herausgab, und der Hamburger Cor-
reſpondent ſelbſt damahls Partey nahmen und als
rüſtige Knappen auftraten. Sie haben ihre Wirkung,
wenn ſie je eine hatten, dahin und ſtehen höchſtens
noch, wie ſo manche im Merkur und in andern Mo-
natsblättern geführte Fehde, als Beyſpiele menſch-
licher Schwachheit und nichtigen Eifers, warnend,
vor uns. Statt länger, was in einzelnen Zweigen
der Poeſie geſchah, zu verfolgen, wollen wir darum
lieber die Bemühungen des Zeitalters und den Gewinn, den es aus ihnen zog, unter allgemeinen Ge-
ſichtspunkten betrachten.

Wenn wir nach den Hauptmännern fragen, die,
während dieſes Zeitabſchnittes, als Tonangeber und
Führer hervortraten, ſo dürften aus der großen
Menge unſerer Dichter auf die Ehre genannt zu werden wohl ſchwerlich mehr, als drey, Wieland, Göthe und Leſſing, Anſprüche machen, und durch dieſe
zugleich die weſentlichen Richtungen unſerer Poeſie
bezeichnet ſeyn. Diejenige, welche Wieland auffaßte
und verfolgte, kündigt ſich vor allen beſtimmt an.
Sie war keine andere, als dieſelbe, die er in ſeinen
frühern ſchriftſtelleriſchen Verſuchen am wenigſten begünſtigte, ja bekämpfte, die franzöſiſche. Es iſt
bekannt, wie viel der ernſte Bodmer und ſo manche

andere, deren Richtpunkt die Messiade war, gleich
anfangs nicht bloß gegen den Verfasser der komischen
Erzählungen, sondern auch gegen den Dichter der
sittsamern Musarion zu erinnern fanden. Ihm schienen die Musen in diesen Umgebungen und in diesem
Gewande zu irdisch und ihre Sprache zu sinnlich.
Sie hätten es am liebsten gesehn, wenn nur eine
Muse, die Sionitin verehrt, und kein Gesang, außer
dem heiligen, gehört worden wäre. Das Gefühl
denkender und prüfender Leser, welches sich weder
durch die Einseitigkeit jener frühern, noch durch die
Spitzfindigkeiten der spätern Kunstrichter hat mißlei-
ten lassen, giebt die sehr gegründete Vermuthung,
daß die Richtung, die Wieland verfolgte, eben so sehr
den Foderungen der Kunst, als den Bedürfnissen der
Unterhaltung zusagte, und die Vermuthung bestätigt
sich, wenn man, wie billig, ausschließend die Werke,
die in unsere Literatur wahrhaft eingegriffen haben,
Agathon, Musarion, Iris und Oberon in Erwägung zieht. So unverkennbar auch aus ihnen hervorgeht, daß nur ein Dichter sie schreiben konnte,
der die Meisterwerke der Franzosen zu seinem Vorbilde genommen, und ihnen ihre Gewandtheit, Gra-
zie, Feinheit und die ganze schlaue Kunst, wenn nicht
immer durch Schönheit zu siegen, doch stets durch
Reiz zu erobern abgelernt hatte, so fehlt doch viel,

daß von der geſchickten Benutzung fremder Erfindungen, wie der eine will, oder von der geſchmackvollen
Behandlung, wie der andere meint, oder von der
Schilderung ſinnlicher Liebe, wie ein dritter träumt,
oder von dem gut getroffenen und gehaltenen Weltton, wie ein vierter ſich überredet, ihr Verdienſt und
Glück allein abhängen ſollte. Werke, wie die genannten, werden weder durch Leſen zuſammengeplün-
dert, noch durch die höchſte techniſche Vollkommenheit zu dem, was ſie ſind, noch durch das, was
einigen gefällt, allgemein anziehend; es bedarf hierzu einer Phantaſie, die das Aufgefundene und Auf-
genommene bearbeite und geſtalte, eines Geiſtes, der
in die Formen Gehalt lege, und eines Herzens, das
nicht bloß feurig, ſondern auch edel empfinde. Laſſen
wir es daher nur geſchehen, daß die Zeit, in der
Wieland auftrat, der Stoff, den er wählte, und
der Ton der höhern Stände, den er traf, zu ſeinem
Ruhm beytrugen; der echte Dichter wird in den erwähnten Werken, wozu mit Recht noch einige feiner
kleinern, wie Gandalin, kommen, nie verkannt, noch
daß eine wahrhaft poetiſche Richtung ſich in ihnen
offenbare, geläugnet werden.

Aber freylich lag in dieſer poetiſchen Richtung
manches, was weder die Schönheit föderte, noch
der Kunſt weiter half, und bald um ſo lebhafter em-

pfunden ward, je allgemeiner die Dichter den bezeich-
neten Weg einschlugen. So viel man nähmlich auch
zu Gunsten der französischen Poesie sagen mag, so
gewiß ist es doch, daß keine Dichter sich mit ihren
Lesern über Poesie leichter abfinden, als die französischen und denen sie Muster sind. Bey solchen heißt
oft schon eine Schilderung nach dem Leben, eine Scene,
bey der das Blut in schnellere Bewegung geräth, eine
Darstellung, die eine Thräne ins Auge ruft, eine
Erzählung mit einem witzigen Schlusse, eine zärtliche
Empfindung, ein glücklich gewandter Gedanke, Poesie und Gedicht, und letzteres vollendet, wenn die
Foderung der Regel oder des guten Geschmacks erfüllt ist. Es ist früher bereits bemerkt worden, daß
selbst Wieland öfter das Lob eines anziehenden Schriftstellers als eines geistreichen Dichters verdient; und
wie viele unserer Lyriker und Dramatiker, die dem
Pfade der Franzosen gefolgt sind, dürfen sich rühmen, das letzte in höherem Maße zu seyn, als er?
Vor dem Vorwurfe Gottschedischen Ungeschmacks,
schaler Wässerigkeit und pedantischer Steifheit wissen
sie sich freylich zu sichern; aber auch vor der Flach-
heit und unveredelten Natürlichkeit? Wenn man ihre
Versuche ganz so glatt, ganz so zierlich und von
Seiten des Ausdrucks ganz so vollendet findet, wie
die französischen; so kann man sich doch schlechter-

dings nicht verbergen, daß die rhetoriſche Richtung
der franzöſiſchen Sprache nicht die Richtung der unſri-
gen, noch angenehme Unterhaltung der letzte Zweck
der Poeſie werden ſoll.

Aber neben dieſem Mangel an Kraft und echter
Gemüthlichkeit wurde zugleich noch ein anderer, der
mit jenem einerley Urſprung hatte, der Mangel an
Eigenthümlichkeit und Selbſtſtändigkeit, in unſerer
Poeſie ſichtbar. Wenn es überhaupt ſchon ſchwer
iſt, daß ein Volk, welches ſeine Geiſtesbildung von
andern ſchon gebildeten Völkern empfängt, ſich unabhängig von dem Einfluſſe fremder Muſter erhalte,
ſo mußte dieß wohl vorzüglich bey uns Deutſchen
der Fall ſeyn, die wir nicht nur hinter den gebildeten Völkern des übrigen Europa herſchritten, ſondern
auch das Ausländiſche zu überſchätzen von jeher geneigt waren, und überdem noch in einer Sprache
dichten, die geſchickt iſt, jede poetiſche Form in ſich
aufzunehmen. Nirgends drängt ſich jener Gedanke
lebhafter hervor, als wenn man die poetiſchen Strebungen dieſes Zeitraums muſtert. Nicht nur die
trefflichſten Dichterwerke, die wir während deſſelben
erhielten, tragen nichts Einheimiſches an ſich; ſelbſt
die beſſern Romane, die wir ihm verdanken, ſetzen,
um verſtanden zu werden, einen ſolchen Vorrath von
mannigfaltigen Kenntniſſen voraus, daß man bald

einsieht, sie sind von gelehrten Dichtern geschrieben und auf keine allgemeine Wirkung, sondern für
einen kleinen Kreis unterrichteter Leser berechnet. Im
Geleite dieser Dichter wandeln wir immer nur unter
fremdem Himmel und auf fremdem Boden. Sie ver-
setzen uns, nach Belieben, in das alte Athen und
Rom und in das neue Paris und London, führen
uns in Tempel und Hallen; die waren, und in Zirkel und Gesellschaften, die wir nicht hoffen dürfen
zu sehen; zeichnen uns ausländische Sitten, Verhältnisse und Verfassungen, aber nirgends den reinen
Menschen und deutschen Mann.

Aus der wahrgenommenen Beschränkung unserer Poesie und der gerechten Besorgniß, sie, mit innerer Kraft ausgerüstet und eines bessern Schicksals
würdig, dürfe von neuem, wenn gleich auf andere
Weise, wie früher, eine Nachtreterinn der französischen werden, vorzüglich aber aus dem Berufe, den
mehrere große Genien in sich fühlten, ihr eine bessere
Richtung zu geben, entstand die zweyte dieses Zeitraums, die man nur unvollkommen bezeichnen wür-
be, wenn man sie die Shakspearische nennen wollte,
weil Shakspeare sie mit herbeyführen half. Daß
Göthe dankbar hier als der erste und wichtigste Beförderer genannt zu werden verdient, leidet längst
keinen Zweifel. Aber man würde die vielseitige und

in Wahrheit genialiſche Richtung nur nach einigen
ihrer Beziehungen kennen und würdigen, wenn man
hier bloß an Götz von Berlichingen und Werthers
Leiden und an beyder Wirkungen auf Theater und
Roman denken, und ſich nicht zugleich der Erſcheinungen in unſerer Lyrik, des Liedes im Volkston
und der Barden- und Skalden-Lieder erinnern wollte. So vielfach auch die Strebungen der damahls ge-
weckten Geiſter und ihrer Verſuche waren, ſo kommen
ſie doch in einer gemeinſamen Idee überein, darin,
daß ſie in unſere Poeſie mehr Gemüth legen und ſie
überhaupt zu dem machen wollten, was die wahre
Beſtimmung jeder Poeſie iſt, nicht zum Eigenthum
weniger Unterrichteten, ſondern aller Gebildeten.
Sie empfanden, daß in ihr mehr Angelerntes als
Erfundenes, mehr Klares und Vollendetes als Tie-
fes und Inniges, mehr Sprache als Herz, mehr
Beſchäftigung der Phantaſie als Aufregung des Gefühls, mehr Ausländiſches als Einheimiſches, mehr
Beſchreibung des Menſchen als Darſtellung des
Menſchlichen obwaltete, und ſo ſuchten ſie vorzüglich dahin zu wirken, daß dem tönenden Redeprunk
geſteuert, die glatte Zierlichkeit und witzige Feinheit
gehörig beſchränkt und vor allem das Vaterländiſche
beachtet und der Menſch aufgefaßt und ſein Innres
zur Anſchauung gebracht werde.

Man weiß, auf welche Anſichten und Behauptungen jenes Beginnen in unſerer Literatur geführt
hat. Es ward eine zeitlang Mode, das Genie dem
Geſchmack, die Kraft der Schönheit und die Natur
der Regel entgegenzuſetzen, und das eine mit dem andern für unverträglich zu halten. Das Rohe, Wil-
de und Ungeſchlachte nahm bald ſo gewaltig über-
hand, daß man die Periode nach einem bekannten
Stücke Klingers die Sturm- und Drang-Periode
nannte; die Begierde, vaterländiſche Gegenſtände zu
ſingen, verleitete unſere Barden zu einem Wortprunk,
der allen bisherigen weit übertraf, und das Anneigen an das Einfache und Gemüthvolle hatte die Folge, daß man uns damahls ſchon überreden wollte,
beydes ſey nirgends ſo treu und echt anzutreffen, als
in den Minneſingern, Hans Sachſen und den ältern
ſchleſiſchen Dichtern. Die Zeit hat allmählig geläu-
tert, und niedergeſchlagen, was in jenen Bemühungen Falſches oder Uebertriebenes war, aber auch zugleich die Ausſtellungen gewürdigt, die eine bald un-
bedachtſame bald kurzſichtige Kritik erregte. Was
uns heute noch am lebendigſten aus dem Zeitraum
von 1759 — 87 anſpricht, ſind gerade die Werke,
die ein freyer ſich allein überlaſſener Genius hervor-
rief, und was am wenigſten genügt, die über ſie
verhängte Kritik. Wo ſie richtig urtheilt, gilt ſie

dem Einzelnen; das Streben im Ganzen hat sie so
wenig begriffen, daß sie vielmehr das entgegengesetzte,
die Poesie des Styls vor der Poesie der Empfindung,
begünstigt und jener die Herrschaft bis tief in den folgenden Zeitraum hinein gesichert hat.

Von dieser Behauptung wird jedoch einer
billig ausgenommen, Lessing, das dritte helle Ge-
stirn des Zeitraums. Ich würde mit ihm den herr-
lichen, genialischen Winkelmann nennen, wenn das
Ideal, das dieser in der Kunst erkannte und geltend
machte, sich nicht erst in dem folgenden Zeitabschnitte
in unserer Poesie geoffenbart und verklärt hätte.
Wenn irgend einer, so war Lessing für die Kritik geboren. Die Natur hatte ihn mit bewundernswürdi-
gem Scharfsinn ausgerüstet, und seine unermüdliche
Wißbegierde ihn zum Herrn nicht bloß einzelner Wissenschaften, sondern des Wissenswerthen aller Zeiten
und Völker gemacht. Seine Liebe zum Wahren,
Guten und Schönen war so unbedingt, und sein Haß
des Gemeinen und Schlechten so aufrichtig, daß er
jenes laut und mit Herzlichkeit empfing, wo er es
fand, und dieses unerbittlich verfolgte, unter welcher
Verkleidung es sich zudrängte. Von den Zeitgenossen ist ihm vorgeworfen worden, daß seine Kritik
überspannt und sein Ton schneidend sey: aber er hat
in Austheilung von Lob und Tadel keinen andern

Makſtab befolgt, als den, nach welchem er ſelbſt
gerichtet zu werden wünſchte, den höchſten, und in
der Einkleidung nie verfehlt, den Jünger von dem
Meiſter, den Furchtſamen von dem Anmaßenden zu
unterſcheiden. Sein Streben, die Gattungen der
Kunſt ſtrenge zu ſondern und ihre Begriffe wiſſen-
ſchaftlich genau zu begründen, und ſein Kampf gegen das Eindringen des franzöſiſchen Geſchmacks
ſind ihm früher bereits angerechnet und als ausge-
zeichnete Verdienſte gerühmt worden. Aber ſein
größtes iſt, daß er über ſeinem Zeitalter ſtand, immer mußte, was es bedurfte, der Parteyen Streben mit ruhigem Blicke würdigte und kühne Neuerun-
gen eben ſo wenig blindlings begünſtigte, als ſcheu
vor ihren Folgen erbebte. Sind ſeine poetiſchen Arbeiten, wie er zu verſtehen giebt, ſeine Emilie Galotti, ſeine Minna von Barnhelm, ſein Nathan,
aus der Kritik hervorgegangen, ſo muß man bekennen, daß ſich dieſe hier in ihren Wirkungen ſelbſt
übertroffen und aus der Dienerinn zur Herrinn erhoben hat.

Die spätern
epischen Dichter der Römer.

Lucan. Silius Italicus. Valerius Flaccus. Papinius Statius.

(Fortsetzung des im zweyten Stücke des siebenten Bandes abgebrochenen Aufsatzes.)

Die beyden ersten römischen Epiker, welche die Bahn Virgils betraten, Lucan und Silius, wählten ihren Stoff aus der Geschichte ihres Volkes und bearbeiteten ihn, der eine ohne, der zweyte mit Anwendung höherer Wesen. C. Valerius Flaccus a), der dritte, den der Ruhm der Aeneis zu einem ähnlichen Unternehmen ermunterte, kehrte wieder zu dem grauen

a) Er war geboren zu Setia in Campanien, nach andern zu Padua, blühte, wie die Zueignung seines Gedichtes außer Zweifel setzt, unter Vespasian und starb, wie Dodwell will, unter Domitian, nach dem Jahre 88.

Alterthum zurück und entlehnte den Gegenstand seines
Gedichts aus der Fabelwelt und der Sagenzeit.

Wenn man hört, daß dieser Gegenstand kein
andrer war, als die Fahrt der Argonauten nach Kolchis, und sich der vielen griechischen Dichter erinnert,
welche bald den Zug nach seiner ganzen Ausdehnung
umfaßt und dargestellt, bald einzelne Theile desselben herausgehoben und ausgeführt haben, so erwartet man von selbst, daß die Erfindung nicht die glän-
zendste Seite an dem Gedichte des Valerius seyn
werde, und diese Erwartung wird zur Gewißheit,
sobald man sich mit dem Inhalte des Werkes genauer
bekannt macht. Ich will ihn seinen wesentlichsten
Bestandtheilen nach angeben.

Erstes Buch. Der thessalische König Pelias,
durch einen Orakelspruch vor seines Bruders Sohn
Jason gewarnt, trägt ihm die Eroberung des goldenen Vließes auf. Minerva und Juno, an die sich
der Beauftragte wendet, unterstützen ihn, indem jene
den Bau der Argo besorgt und diese die Nachricht
von der beschlossenen Unternehmung verbreitet. Griechenlands edle Helden versammeln sich, tragen das
Schiff auf ihren Schultern in die See, opfern den
Meeresgöttern und lichten, nachdem Jason seinen
Aeltern Lebewohl gesagt und Alle die Schiffsarbeiten
unter sich vertheilt haben, die Anker. Die gesamm-

ten Götter freuen sich des kühnen Unternehmens, nur
Eol, der Vater des Kolchiers Aeetes, und Mars,
der Schützer des ihm geweihten Vließes, mißbilli-
gen den Zug. Auch Boreas erhebt sich gegen die
Seefahrer, weicht aber sogleich den Befehlen Nep-
tuns und läßt sie ungestört segeln. Indeß beschließt
Pelias, die Aeltern Jasons zu morden, weil dieser
ihm seinen Sohn Akastus entführt und die Gefahr
der Reise mit ihm zu theilen beredet hat: allein jene
kommen dem Anschlag des Königs zuvor, indem sie,
bey einem angestellten Opfer, das Blut des getödteten Stieres trinken.

Zweytes Buch. Die Argonauten landen
in Lemnus und werden daselbst von den Weibern, deren frühere Geschichte und an ihren Männern verüb-
ten Mord der Dichter einschaltet, freundschaftlich
aufgenommen. Von Lemnus gehen sie nach dem
Vorgebirge Sigeum, wo Herkules die einem Seeun-
geheuer ausgesetzte Tochter des Trojaners Laomedon
befreyt, und von Sigeum durch den Hellespont, wo
die in eine Nymphe verwandelte Helle dem Jason
glückliche Vollendung seines Auftrags weißagt, nach
der Halbinsel Cyzikus.

Drittes Buch. Nach einem breytägigen
Aufenthalte bey dem Könige des Landes, der auch
Cyzikus heißt, schiffen sie weiter. Aber Cyzikus hat

auf der Jagd einen von den Löwen der Cybele erlegt.
Die Göttinn ergreift daher die Gelegenheit sich an ihm
zu rächen, sendet dem Steuermann Tiphys einen tiefen Schlaf und treibt das Schiff nach der Küste zurück. Die Bewohner glauben sich von ihren alten
Feinden, den Pelasgern, überfallen und es entsteht
ein Gefecht, in welchem Cyzikus sein Leben durch Jasons Hand einbüßt. Alle trauern, da sie ihren Irrthum erkennen, und versöhnen die Manen durch
Todtenopfer. Bey der weitern Fortsetzung der Reise
zerbricht Herkules sein Ruder und steigt in Mysia,
wo die Argonauten anlegen, ans Land, um die Einbuße zu ersetzen. Hylas, sein Geliebter, begleitet
ihn, verfolgt die Spur eines Hirsches, den ihm Juno in den Weg führt, und wird von den Nymphen
geraubt. Herkules sucht ihn überall, aber vergebens.

Viertes Buch. In einem Traume, den
ihm Jupiter sendet, erfährt er endlich das Schicksal
seines Lieblings und unterzieht sich, weil die Argo
schon abgesegelt ist, des Auftrags, den an dem Kaukasus angeschmiedeten Prometheus zu befreyen. Indeß erreichen Jason und seine Gefährten die Küste der
Bebryker, wo Pollux den Amykus in einem Zwey-
kampfe erlegt, kommen von da zu dem ehemahligen thra-
cischen König Phineus, den die Söhne des Boreas,

Zethes und Kalais, von der Verfolgung der Har-
pyien retten, und hierauf durch die berüchtigten cyanischen Klippen in das Gebieth der Mariandyner.

Fünftes Buch. Von hier aus segeln die
Seefahrer, unter der Leitung des Steuermanns Erginus (denn Tiphys ist todt), die Küsten des euxini-
schen Pontus hinunter und vor dem Kaukasus, wo
Herkules mittlerweile den Prometheus erlöst hat, vorüber und laufen endlich in den Phasis, den Ort ihrer Bestimmung, ein. Der König der Kolcher und
Sohn des Sol, Aeetes, ist eben mit seinem Bruder
Perses in Krieg verwickelt, als Jason landet. Gleich
beym Aussteigen am Phasis macht dieser mit Medeen,
Aeetes Tochter, die, durch schlimme Träume ge-
schreckt, hier am Flusse badet und sich zum Opfer
vorbereitet, Bekanntschaft, und wird von einer ihrer
Gefährtinnen in den Sonnentempel, dessen Verzierungen der Dichter weitläuftig beschreibt, gewiesen.
Bald darauf erscheint Aeetes, hört Jasons Antrag
und verlangt, daß dieser zuvörderst sich mit ihm gegen den Perses verbinde. Jason willigt, obgleich
ungern, ein und Mars beschwert sich beym Jupiter
über die Göttinnen Juno und Pallas, wegen der unziemlichen Einmischung beyder.

Sechstes Buch. Den folgenden Tag be-
ginnt die Schlacht zwischen Aeetes und Perses, deren

Schilderung durch eine Aufzählung der vornehmsten Völker und ihrer Heerführer eingeleitet wird. Juno, voraussehend, daß Jasons Beystand ihn nicht zum Ziel, zum Besitz des goldnen Vließes, führen werde, wendet sich an Venus, und überredet, ausgerüstet mit dem Gürtel der Göttinn, Medeen, unter der Gestalt ihrer Schwester Chalciope, dem Treffen von den Mauern zuzuschauen. Hier hat sie Gelegenheit Jasons Muth und Tapferkeit zu bewundern und hängt mit Augen und Herzen an ihm, als er sich Abends, nach geendigtem Kampfe, in die Stadt begiebt.

Siebentes Buch. Den Morgen darauf besucht Jason den König Aeetes, in der Hoffnung, das goldene Vließ für geleistete Hülfe unbedingt zu erhalten, und vernimmt, daß er zuvor mit feuerschnaubenden Stieren ein Stück Feldes bepflügen und das bepflügte besäen müsse. Medea zittert bey dem harten Befehle des Vaters, und Jason steht nachdenkend, sammelt sich aber bald wieder, verspricht die Bedingungen zu erfüllen und kehrt zu seinen Gefährten zurück. Itzt rathschlagen Juno und Venus von neuem. Juno nimmt es über sich den Jason durch ihre Dienerinn Iris in den Hain Dianens nah an der Stadt zu bringen, und diese, die sich in Circen, die Muhme Medeens, umwandelt,

bewegt die letztere nach langem und hartem Kampf,
um Mitternacht des Vaters Palast zu verlassen und
sich in den gedachten Hain zu begeben. Daselbst
stählt Medea durch Zauberlieder und Zaubermittel den
Jason und seine Waffen, bewährt die Kraft ihrer
Kunst vor seinen Augen an dem Drachen, dem Hüter
des Vließes, den sie reizt und beruhigt, und erhält
das Versprechen ewiger Liebe. Kühn tritt jetzt Jason vor den Aeetes, bezwingt die Stiere, vertilgt
die Erdensöhne, die aus dem verstreuten Samen auf-
gewachsen sind, und wird von den Seinigen froh-
lockend empfangen.

Achtes Buch. Medea, ihrer Seits, des
Vaters Zorn fürchtend, entflieht mit ihren in ein
Kästchen gepackten Zaubermitteln, und schläfert, auf
Jasons dringendes Bitten, nun auch den Drachen
ein, worauf jener sich des goldnen Vließes bemäch-
tigt, es in das Schiff legt und absegelt. Um die
cyanischen Klippen zu vermeiden, räth Erginus, dießmahl den längern Weg zu der Mündung des Ister
zu wählen, und überredet die ruhmbegierigen Helden
ohne Mühe. Bey ihrer Ankunft daselbst eröffnet
Jason seinem Gefährten, wie verdient sich Medea
um ihn gemacht, und was für ein Versprechen er ihr
geleistet habe, und ehlichet sie mit Aller Einstimmung.
Aber noch ist das Hochzeitmahl nicht geendigt, als

Medeens Bruder Abfyrtus und ihr älterer Bräutigam Stirus mit der kolchischen Flotte herannahen
und die Freude stören.   Juno selbst überzeugt sich,
daß Jason dieser Gefahr erliegen müsse, und erregt
deshalb einen schrecklichen Sturm, in welchem ein
Theil der feindlichen Schiffe untergeht und Stirus
umkommt; allein der übrig bleibende ist immer noch
zahlreich genug, um die Argonauten in Schrecken zu
setzen und gefangen zu halten.   In dieser Noth rathen sie ihrem Heerführer, sich an dem geraubten
Vließe genügen zu lassen und Medeen ihrem Bruder
Abfyrtus auszuliefern. Mit dem Versuche der Schönen, diesem Entschluß entgegenzuarbeiten, oder mit
ihren, aus Drohungen und Schmeicheleyen gemischten, Vorstellungen an Jason schließt sich Valerius
entweder nie ganz vollendetes oder zum Theil verloren
gegangenes Gedicht.

Vergleicht man diesen allgemeinen Umriß mit
dem etwas ausführlichern, der in einem frühern Bande dieser Nachträge b) von Apollonius Werke gegeben worden ist, so erkennt man sogleich den Maßstab, nach dem Valerius arbeitete.   Der Römer ist
dem Griechen nicht Schritt für Schritt gefolgt, wie
P. Terentius Varro der Ataciner, dessen Gedicht,

b) VII. S. 179.

aller Wahrſcheinlichkeit nach, mehr eine Ueberſetzung,
als freye Nachbildung von Apollonius Argonauten-
zug war c); aber genommen hat er im Ganzen
denſelben Gang, den der Alexandriner auch nahm,
und ſeine Erzählung nicht epiſcher ein- und fortgelei-
tet, als dieſer. Hier, wie dort, ſind die Reiſe und
die Reiſe-Abenteuer die Hauptſache und die Eroberung des goldenen Bließes die Nebenſache; hier, wie
dort, hebt die Geſchichte ganz eigentlich vom Ey,
von dem Auftrage des Pelias, an und ſchlendert
gemächlich vorwärts; hier, wie dort, treffen wir
auf die nähmlichen und in der nähmlichen Folge an
einander gereihten Mythen; hier, wie dort, ſind die
in die Handlung eingreifenden Weſen und die Art,
wie ſie eingreifen, dieſelben; hier, wie dort, begegnen wir den nähmlichen Hauptcharakteren, einem Jaſon, den man nicht ſehr bewundern, und einer Medea, die man nicht lieben kann. Der einzige zwiſchen Apollonius und Valerius bemerkbare Unterſchied
iſt, daß der letztere verſchiedene, von dem erſtern
mehr berührte als ausgeführte, Fabeln, vielleicht
eben, weil ſie der Grieche überging, herausgehoben
und ausgeſchmückt und andere anders gewendet hat.
So die Erbauung der Argo (I. 120 — 148), die

c) Man ſehe über ihn und ſeinen dichteriſchen Verſuch Rhun-
ken in ſeiner zweyten Epiſtol. critic. p. 199 u. ſ.

Entführung des Akaſtus (I. 149 — 185), und die
Folgen derſelben für Jaſons Aeltern (I. 700 — 828),
der Abſchied des jungen Achills von ſeinem Vater
Peleus (I. 255 — 270), die Rettung des Thoas
durch Hypſipyle (II. 242 — 305), die Befreyung
Heſionens (II. 451 — 496) und Erlöſung des Prometheus durch Herkules (V. 155 — 177 vergl. IV.
58 — 81), die Erlegung des Königs Cyzikus durch
Jaſon (III. 220 — 248) und deſſen Wehklage um
ihn (283 — 331), die geſammte Kriegs-Unterneh-
mung des Aeetes gegen Perſes, die das ſechſte Buch
ausfüllt, und mehreres.

Es wäre unter ſolchen Umſtänden offenbar ver-
gebliche Mühe, wenn ich Valerius Verſuch, in Abſicht auf Anlage und Zuſammenſetzung, einer beſondern Prüfung und Beurtheilung unterwerfen wollte.
Was von der Seite über Apollonius' Werk erinnert
worden iſt, gilt ſämmtlich und ohne Einſchränkung
auch von dem Werke des Römers. Es erreicht, als
Ganzes, die Odyſſee ſo wenig, wie jenes, und ſcheint
ebenfalls die Begebenheiten und Irrſale der Argonauten mehr herkömmlich als kunſtmäßig zuſammen
zuſtellen, und alle Wirkung von ihnen ſelbſt und von
dem Wunderbaren, das in den meiſten liegt, zu erwarten. Aber ein Mangel verräth ſich im Valerius
noch beſtimmter und deutlicher, als im Apollonius,

der Mangel an Eigenthümlichkeit und erfindender
Kraft. Sogar da, wo er sich von diesem Vorgänger entfernt und einen eigenen Weg wählt, kann man
gleichwohl das Vorbild, das er vor Augen hat,
nicht verkennen, und die Quelle, aus der er schöpft,
leicht nachweisen. Die ganze im sechsten Buche ent-
haltene Erzählung, oder die Geschichte des Kampfes,
den Aeetes mit Hülfe der Argonauten gegen seinen
Bruder Perses besteht, gehört in der That unter die
Episoden, von denen Apollonius nichts weiß. Ob
sie beym Valerius am rechten Orte stehe, oder den
Lauf der Begebenheiten zur Unzeit hemme, darüber
ließe sich vielleicht streiten; außer allem Zweifel hingegen ist es, daß sie den homerischen und virgilischen
Schlachtgemählden nicht nur überhaupt nachgebildet,
sondern auch die Ausführung einzelner Theile aus
jenen entlehnt ist. Eben so die Musterung der scy-
thischen Völkerschaften und ihrer Führer, die unmittelbar vor der Schlacht hergeht. Es giebt nun einmahl in den frühern Dichtern gewisse fröhliche Stellen d) und üppige Schilderungen, die sich fast alle
spätere angeeignet haben, die ärmern, um ihre Dürf-
tigkeit zu bedecken, die reichern, um durch die Neuheit der Behandlung die Kraft ihrer Phantasie zu

d) Loci laetiores. Tacitus de clar. orator. 22, 3.

bewähren, und wer könnte an Valerius übersehn, wie ganz eigentlich er darauf ausgeht, das Ausgebildete noch mehr auszubilden und das gut Gesagte, wenn nicht besser doch beredter zu sagen?

Denn in der That, auch in Hinsicht der Sprache und Darstellung waltet zwischen dem Apollonius und Valerius einige Aehnlichkeit ob, indem jeder den ersten epischen Dichter seines Volkes, der eine den Homer, der andere den Virgil, zum Vorbild und Muster wählte, wiewohl die Art, wie beyde ihrem Vorgänger nachahmen, sich allerdings durch nicht geringe Eigenthümlichkeiten unterscheidet. Vergleicht man nähmlich den Apollonius mit dem Homer, so bemerkt man bald, daß sein vorzüglichstes Bestreben dahin gerichtet ist, den Sänger der Ilias und Odyssee in seiner Einfachheit, Wahrheit und Natürlichkeit zu erreichen, alle Uebertreibungen zu vermeiden, und sich selbst in den einzelnen Ausdrücken und Redensarten so nah an ihn anzuschmiegen, als möglich. Diese schöne Haltung und Mäßigung ward dem Apollonius schon von den Alten als Verdienst angerechnet, und sie ist es, wie ich in der ausführlichen Charakteristik des Dichters e) gezeigt habe, aus dem rechten Gesichtspunkte betrachtet, gewiß.

e) Band VI. S. 215.

Nicht also Valerius im Verhältnisse zum Virgil. Wie viel dieser Dichter von seinen Vorgängern den Griechen entlehnt, und wie geschickt er das Entlehnte zu veredeln und zu verschönern gewußt hat, ist jedem seiner Leser bekannt. Gerade auf der feinen Behandlung dessen, was er von andern nimmt, auf einer Darstellung, die neu und doch nicht gesucht, fleißig und doch nicht kleinlich, reich und doch nicht überladen ist, beruht ein großer Theil des gerechten Ruhmes, den man ihm von jeher gezollt hat und stets zollen wird. Valerius ist offenbar in weit höherem Grade Nachahmer, als Virgil, aber weder mit dem Glücke noch mit dem Geschmacke, wie dieser. Was er sich von andern Dichtern und nahmentlich vom Apollonius aneignet, verdirbt gewöhnlich unter seinen Händen, statt zu gewinnen. Um das Fremde in sein Eigenthum zu verwandeln, kennt und gebraucht er fast nie ein anderes Mittel, als das Mittel der Erweiterung, Verstärkung und sorgfältigen Ausmahlung. Die Wirkung seiner Beschreibungen erwartet er von der Anhäufung einzelner Züge, die seiner Gemählde von starker Färbung, die seiner Charaktere von einer in sie gelegten, man möchte sagen, spitzfindigen Größe. Es ist, um hier einen Ausdruck Claudians *f*) anzuwenden, nicht eine ruhige, es ist

f) XVII. 239.

eine gewaltsame Kraft, die er um sich Achtung zu erringen, in Bewegung setzt, in der aber gemeiniglich
nichts, als ein verfehltes Bestreben, sichtbar wird.
Er überfüllt, statt zu nähren, er blendet, statt zu
erleuchten, und er zerstreut die Einbildungskraft,
statt sie zu sammeln und auf einen Punkt hinzu-
leiten.

Was von seiner Darstellung im Ganzen gilt,
gilt nicht weniger von seiner Sprache und der Form,
in die er seine Gedanken und Bilder kleidet. Es
darf nicht erst gesagt werden, was Virgil auch von
der Seite geleistet hat. Er ist bündig, kraftvoll,
gedrungen, aber er ist zugleich verständlich, klar und
gediegen. Sein Nachfolger scheint nur die erstern
dieser Tugenden gefühlt, oder doch die letztern nicht
beherzigt zu haben. Er strebt allerdings der Stärke
seines Vorbildes nach, aber er opfert ihr in der Regel die Anschaulichkeit auf; er ringt mit dessen Kürze,
aber er fällt nicht selten darüber ins Räthselhafte;
er ist reich an neuen Wendungen und Wortfügungen,
aber sie halten die kritische Prüfung nicht aus. Wo
er beredt seyn will, verirrt er sich fast immer von der
Bahn des natürlich-Schönen und Wahren auf den
Abweg des Kunstreichen und Ueberladenen; seine
Sprache gleicht dann nicht, wie die virgilische, einer
keuschen, sondern einer üppigen Jungfrau, und sein

ganzer Vortrag erinnert an den geschraubten und
kostbaren der spätern Redner, den uns Quintilian
und andere schildern. Ueberhaupt giebt es wohl keinen epischen Dichter unter den Römern, in welchem
von der Manier des römischen Homers so viel und
von dessen Geiste so wenig zu erkennen wäre, als
Valerius. Um meinen Lesern seine Schreibart mit
ihren Fehlern näher zu bringen, werde ich einige Stellen von Umfang ausheben und mit Bemerkungen be-
gleiten. Ich wähle zur Erleichterung der Vergleichung solche, die den Stellen, die ich aus dem Apollonius übersetzt habe, entsprechen. Die erste (IV.
637 — 710), welche die Schifffahrt der Argonauten durch die cyanischen Klippen schildert, lautet
also:

Allen enthüllen sich stracks die cyanischen Felsen,
die schwarze g)
Schreckensgestalt, und die näh're Gefahr; sie wähnen umfangen
Ueberall sich; die Wangen erstarren vor Furcht; und
die müden

---

g) Omnibus extemplo saeva sub imagine rupes
Cyaneae propiorque labor; quando adfore quaque
Parte putent; stant ora metu, nec fessa recedunt

Augen regen sich nicht, auf die wechselnden Fluthen
geheftet,

Als sie hören von fern das Getöß und die tobenden
Klippen.

Klippen nicht glauben die Helden zu schaun; ein
Theil des gestirnten

Poles scheint in die Tiefe gestürzt; und indem sie behender

Rudern, ergreifen die Meere die Flucht vor dem
Schiff und entfliehen

Plötzlich die Meere selbst und zergehn vor ihnen die
Berge,

Und die erkältende Furcht entreißet allen die Ruder.

Jason selbst, durch des Schiffes Gebälk und hohes
Getäfel

Fliegend, ermahnt und streckt die Hand aus, rufet
mit Nahmen

Lumina diversas circum servantibus undas,
Quum procul audiri sonitus insanaque saxa.
Saxa neque illa viris, sed praecipitata profundo
Siderei pars visa poli; dumque ocius instant,
Ferre fugam maria ante ratem, maria ipsa repente
Diffugere, adversosque vident discedere montes,
Omnibus et gelida rapti formidine remi.
Ipse per arma volans, et per iuga summa carinae
Hortatur subplexque manus intendit Jason,

Jeglichen an und fleht: „Wo find die Verheißungen
alle,

Und die Beschlüsse voll Trotz, mit denen ihr euch mir
verbandet?

So erst, als ihr die Höhle des Amykus fahet, ent-
riß euch

Schrecken den Muth; doch standen wir fest; es war
uns ein Gott nah.

Eben der Gott wird wieder uns nah seyn, hoff' ich.“
Er sprach es,

Drängte sich hin in den Sitz des verzagten Phalerus
und faßte

Kühn das Ruder; ihm folgt, von Schaam entzündet, die Jugend.

Aber die rollende Wog' und entgegnende Flucht der
Gewässer

Spottet der Kraft; jetzt einen die Felsen sich, jetzt
mit der ganzen

Nomine quemque premens: Ubi nunc promissa superba
Ingentesque minae, mecum quibus ista sequuti?
Idem animos Amyci viso timor omnibus antro
Perculerat; stetimus tamen, et Deus adfuit ausis.
Quin iterum idem aderit, credo, Deus. Haec ubi fatus,
Conripit abiecti remumque locumque Phaleri;
Et trahit; insequitur flammata pudore iuventus.
Unda laborantes praeceps rotat ac fuga ponti
Obvia; miscentur rupes, iamque aequore toto

Meeresfluth weichen, gelöst, die zusammengeschmet-
    terten Stirnen,

Zweymahl dröhnte der Fels an dem Fels und die
    Klipp' an der Klippe

Laut, und im sprützenden Schaum erglänzte zwey-
    mahl die Flamme.

Wie wenn aus dem Gewölk, dem zerrißnen, der viel-
    fach gespaltne

Strahl entflieht und das Dunkel des Sturmes Feuer
    durchzucket,

Donner, mit Schrecken gepaart, herrollt, die Nacht
    sich von Blitzen

Hellt und Furcht in der Männer Gesicht herrscht,
    Furcht in den Ohren,

Anders nicht füllte Getös den Pontus; schäumender
    Regen

Strömt und bedeckt in der Ferne das Schiff mit
    großem Gewässer.

Cyaneae iuga praecipites inlisa remittunt.
Bis fragor infestas cautes adversaque saxis
Saxa dedit, flamma expresso bis fulsit in imbri.
Sic ubi multifidus ruptis e nubibus horror
Effugit, et tenebras nimbosque intermicat ignis
Terrificique ruunt tonitrus, elisaque noctem
Lux dirimit, pavor ora virum, pavor occupat aures;
Haud secus inplevit pontum fragor; effluit imber
Spumeus, et magno puppim procul aequore vestit.

Achtsam forschen, den Blick auf das Meer geheftet,
die Götter,

Wie sich rette, von Klippen umdrängt, das Schiff,
wie die harte

Jugend. Es schwanket die Gunst, aus kühnem Beginnen entsprossen.

Sichtlich erklärte zuerst sich die Göttinn der schim-
mernden Aegis,

Einen erleuchtenden Brand herschleudernd. Die mächtigen Felsen

Trennten sich kaum, so flog mit schwachem Licht durch
die Klippen

Jener dahin, und Vertraun kam wieder und Kraft
zu den Helden,

Als sie den Weg erkannten. „Ich folg', o göttlicher
Führer,

Selbst auf des Irrthums Gefahr;" sprach Aesons
Sprößling und stürzte

Advertere Dei defixaque numina ponto,
Quid scopulis praeclusa ratis, quid dura inventus
Expediat; pendet magnis favor ortus ab ausis.
Prima coruscanti signum dedit Aegide virgo
Fulmineam iaculata facem. Vixdum ardua cautes
Cesserat; illa volans tenui per concita saxa
Luce fugit; rediere viris animique manusque,
Ut videre viam. Sequor, o quicumque Deorum,
Aesonides, vel fallor, ait, praecepsque fragores

Stracks in der Wogen Geräusch und verbarg im
schwärzlichen Dampf sich.

Jetzt nun trug das Gewässer, das weichende, durch
die getrennten

Berge das Schiff, und der Tag erschien dem geöffne-
ten Meere.

Aber noch hatte gelöst der Steuerer weder die vollen

Segel, noch sich bedient der Ruder, als schon die
Cyanen

Wiederkehrten; das Schiff umhüllet Nacht und die
Felsen

Streben zurück. Da springen vom Aether Juno
und Pallas

Beyde zugleich auf die Felsen herab. Den hält die
Gemahlinn,

Jenen die Tochter des Zevs, wie einer am eichenen
Joche

Per medios ruit, et fumo fe condidit atro.
Coeperat hinc cedens abductis montibus unda
Ferre ratem, pelagoque dies obcurrere aperto;
Sed neque permiffis iam fcindere rector habenis
Vela, nec eniti remis pote, quum fuper adfunt
Cyaneae; premit umbra ratem, fcopulique feruntur
Comminus. Hic Juno praecepsque ex aethere Pallas
Infiliunt pariter fcopulos; hunc nata coercet,
Hunc coniux Jovis, ut valido qui robore tauros

Bändigt den sträubenden Stier und zum Bauch ihm
beuget den Nacken.

Drauf, als werfe die Gluth Vulkans mit Sande ge-
mischtes

Wasser empor, so brauset der Grund und tobt in ge-
drängten

Wellen das Meer und sprudelt, geengt, hoch über
die Felsen.

Alle verfolgen indeß, von Gefahr umfangen, mit
starken

Rudern den Weg und treiben das Schiff durch die
schlagenden Wogen.

Dennoch schmettert der Fels an des Schiffes hinterste
Spitzen,

Und, (o Frechheit!) erfaßt wird der Ruder ein
Theil; denn das andre

Ist des Olymps. Auf schreyen die Minyer, mei-
nend, es wären

Sub iuga et invito detorquet in ilia cornu.
Inde, velut mixtis Vulcanius ardor arenis
Verfet aquas, fic ima fremunt, fluctuque coacto
Angitur et claufum fcopulos fuper effluit aequor.
Contra omnes validis tenui discrimine remis
Pergere iter, mediosque ratem transferre per ictus;
Saxa fed extremis tamen increpuere corymbis,
Parsque (nefas) deprenfa iugis; nam cetera coelo
Debita. Conclamant Minyae; latera utraque quippe

Beyde Seiten gesprengt. Vom Steuer flieht bey
dem Schlage

Tiphys und folgt der Gewalt der Fluth aus der
Mitte der Trümmer.

Eher nicht schaut er zurück auf das Meer, von Felsen umlagert,

Oder denken die andern zu feyern, bis des entfernten

Rhebas schwarzes Gestad mit seinen Strömen hervorgeht.

Keuchend lassen sie dann die trockene Brust und die
müden

Hände sinken, wie einst, nach des Orkus bestande-
nem Schrecken,

Froh der Alcid und Theseus sein Freund, den Küsten
des Lichtes

Kaum nur wiedergeschenkt, die bleichen Lippen ver-
einten,

Disfiluisse putant. Fugit ipse noviffimus ictus
Tiphys, et e mediis sequitur freta rapta ruinis;
Nec prius obseffum scopulis respexit ad aequor,
Aut sociis tentata quies, nigrantia quam iam
Litora longinquique exirent flumina Rhebae.
Tunc seffas posuere manus, tunc arida anheli
Pectora; discuffa quales formidine Averni
Alcides Theseusque comes pallentia iungunt
Oscula, vix primas amplexi luminis oras,

Aber der Führer entschlägt der Furcht sich nicht und
der Sorgen,

Sondern seufzt, auf das Meer hinblickend: „Was
für Beschwerde

Wartet auf uns nach dem Willen der Götter, wenn
wir zuletzt auch

Kommen zu Phasis Strom und das Vließ abschmei-
cheln den Kolchern?

Wie nun zum zweytenmahl fliehn durch diese Berge?"
So sprach er,

Nicht belehrt, es habe sie Zevs auf ewig gefesselt

Und an den Boden gebannt.   Solch Loos war ihnen
beschieden,

Wenn sich durch sie in den Fluthen ein Schiff je breche
die Straße.

Das Bild V. 644, wo zuerst das Meer vor
dem Schiffe und sodann das Meer selbst flieht, ist
offenbar nicht frey von dem Vorwurfe der Spielerey,

Nec vero ipse metus curasque resolvere ductor,
Sed maria adspectans: Heu quis datus iste Deorum
Sorte labor nobis, serum ut veniamus ad amnem
Phasidis, et mites, inquit, dent vellera Colchi?
Unde per hos iterum montes fuga? Talia fundit,
Imperio fixos Jovis aeternumque revinctos
Nescius. Id fati certa nam lege manebat,
Si qua per hos undis umquam ratis isset apertis.

der Ausdruck ferre fugam in dieser Bedeutung un-
gewöhnlich und unbequem und das unmittelbar darauf folgend: diffugere keine zierliche Wiederholung.
Beſſern würde ſich allerdings der Sinn, wenn man
verbände: vident ratem ferre fugam ante maria,
und indem ſie behender

Rudern, ergreift vor dem Meere das Schiff
die Flucht u. ſ. w.

die Stelle ſelbſt aber nicht fehlerfrey. Das Beywort
abiectus B. 654, es ſey nun ſo viel, als abire
coactus, oder ſurgere iuſſus, oder, was das natürlichſte ſcheint, abiectus animo, ignavus, iſt
ſchwerlich gut gewählt, ſo wie die flamma (B.
660), die expreſſo bis fulſit in imbri nicht beſtimmt genug auf den aus der Reibung der Felſen
hervorbrechenden Blitz deutet. Das Gleichniß B. 661
— 664 enthält, ſo wortreich es iſt, auch nicht
einen neuen bedeutenden Zug, wohl aber mehrere
ſich ähnelnde in wenigen Verſen. Apollonius, um
das Schiff aus den zuſammenſchlagenden Klippen zu
retten, ſagt ganz einfach:

Da ereilte und zog mit der Linken Athene die
wilden
Klippen zurück und trieb mit der Rechten das
Schiff durch die Mündung.

Valerius (B. 682.) läßt Pallas und Juno auf die

Felsen springen und jede einen festhalten. Aber wie
konnten sie das, wenn sie auf den Felsen standen?
Ueberdem kommt die göttliche Kraft gegen die Kraft
der todten Masse wohl zu sehr in Schatten zu stehn;
auch die Vergleichung ut valido qui robore tauros ist nicht geschickt jene zu heben, noch der Ausdruck in ilia der eigenthümliche. Der Vers Tiphys,
et e mediis sequitur freta rapta ruinis ist (wenn
man ihn auch keines Doppelsinns beschuldigen will,
wiewohl e mediis ruinis sich eben so leicht mit rapta, wie mit sequitur, verbinden läßt) schon deshalb tadelhaft, weil man bey mediae ruinae offenbar an mehr als an ein bloß beschädigtes Schiff *h*)
(pars deprensa iugis) denkt, und sequi freta
rapta für se fretis abripientibus permittere,
selbst nach dem Genius der römischen Sprache, ein
wenig zu gezwungen ist. Gegen den Schluß der

---

h) Herr Lenz hat, meiner Einsicht nach, die Stelle ganz
richtig so erklärt: „Tiphys, auf dem Hintertheile ste-
hend, flieht selbst vor dem Zusammenschlagen der Felsen
vom Steuer und mitten aus den Ruinen, d. h. mitten
im (halbzertrümmerten) Schiffe sitzend, überläßt er sein
Schiff den fortgestoßenen Wellen." Man könnte freylich
auch mediae ruinae für die abgeschlagenen und umher-
schwimmenden Corymben des Schiffs und sequi rapta freta für freta celerrime pernavigare (und strebt aus der
Mitte der Trümmer die Fluth zu gewinnen) nehmen.
Allein abgerechnet, daß dann novissimus beziehungslos
stände, so gewinnt auch so der Ausdruck weder an Wahrheit noch an Natürlichkeit.

Schilderung Talia fundit, montes imperio fixos
Jovis nescius kann man mit Recht erinnern, daß
ein Hauptumstand, das Stillstehen der Felsen, nur
beyläufig und gleichsam im Vorübergehen angedeutet
worden ist, da er doch, als die nächste und wichtigste
Folge der Argonauten-Fahrt, ganz eigentlich herausgehoben und erzählt zu werden verdiente, wie
Apollonius auch wirklich gethan hat.

In der zweyten Stelle (VI. 427 — 481), die
ich zur Mittheilung an meine Leser bestimmt habe, erscheint Juno bey der Venus und erbittet sich von dieser ihren bekannten Gürtel, um vermittelst desselben
sich Medeen folgsam zu machen.

Solche Leichen umher in den Feldern häuften
die Kolcher
Solche die Minyer auf, wetteifernd Scythien
drängend,
Als die Gattinn des Zevs, wohl wissend, Jason
erob're
So nicht das goldene Vließ und bereite sich so nicht
die Rückkehr,

Talia certatim Minyae sparsique Cytaei
Funera miscebant campis, Scythiamque premebant,
Quum Juno Aesonidae, non hanc ad vellera cernens
Esse viam, nec sic reditus regina parandos,

Jegliche Hülfe versucht, bevor der treulose König

Seinen verborgenen Grimm entfalt' und arges be-
schließe.

Heftig schilt sie zugleich und häuft auf Mulcibern
Klagen,

Dessen Schreckensgespann, gluthnährende Stier', in
des Königs

Heerd' aus schnaubender Brust tartarische Finsterniß
hauchet:

Denn man werde sogleich nach der Schlacht die Minyer zwingen,

Hin an das Joch die Stiere zu ziehn und des kadmi-
schen Drachen

Zähne zu sä'n, befürchtet die Göttinn und denket auf
Ränke.

Einzig ruht auf Medeen ihr Sinn, vor schwebt ihr
die eine

Extremam molitur opem, funesta prius quam
Consilia ac feras aperit rex perfidus iras.
Increpat et saevis Vulcanum moesta querelis,
Cuius flammiferos videt inter regia tauros
Pascua Tartaream proflantes pectore noctem.
Haec etenim Minyas ne iungere Marte peracto
Monstra satis iubeat Cadmei dentibus hydri
Ante diem, timet, et varias circumspicit artes.
Sola animo Medea subit, mens omnis in una

Jungfrau, mächtiger sie, denn all', am nächtlichen
Altar.

Murmelt sie Zauber und sprengt sie im Dickigt Säfte,
so beben

Feste Gestirne, so säumt ihr Ahnherr Sol in der
Laufbahn.

Felder gestaltet sie um und der Ströme Weg. Es
umschlinget

Alles 'hr Schlaf; auf kocht sie am Feuer die lebens-
müden

Greis und ändert der Spindeln Gesetz. Ihr stau-
net bewundernd

Circe, in jeglicher Kunst zu schrecken groß, und der
Fremdling

Phrixus, wiewohl er erfuhr, wie der Mond vom
atracischen Gift schäumt

Und wie Hämoniens Lied unstät die Schatten umher-
treibt.

Virgine, nocturnis qua nulla potentior aris.
Illius ad fremitus sparsosque per avia succos
Sidera fixa pavent, et avi stupet orbita Solis.
Mutat agros fluviumque vias, suus adligat igni
Cuncta sopor, recoquit fessos aetate parentes,
Datque alias sine lege colus. Hanc maxima Circe
Terrificis mirata modis, hanc advena Phrixus,
Quamvis Atracio lunam spumare veneno
Sciret, et Haemoniis agitari cantibus umbras.

Darum ist Juno's Entschluß das, durch magische Künste und Keuschheit

Achtung fodernde, Weib an der Danaer Führer zu knüpfen:

Denn sie siehet, die Stier' und die werdenden Krieger zu zähmen,

Sey nur Medeen vergönnt, die, rund von Flammen umwirbelt,

Keinem Frevel erbeb' und keinen Erscheinungen zittre;

Wie viel mehr noch, wenn Lieb' und verborgene Gluth sie entzünde.

Eilends sucht sie daher Cytherens Palast und mit Kränzen

Stets geschmücktes Gemach. Ihr entgegen erhebt sich vom hohen

Sessel die Göttinn, um sie das Heer der geflügelten Amorn.

Ergo opibus magicis et virginitate tremendam
Tunc duci sociam coniungere quaerit Achivo.
Non aliam tauris videt et nascentibus armis
Quippe parem; medio quam si stet in agmine flammae,
Nullum mente nefas, nullos horrescere visus.
Quid? si caecus amor saevusque adcesserit ignis?
Hinc Veneris thalamos semperque recentia sertis
Tecta petit. Visa iam dudum prosilit altis
Diva foris volucrumque exercitus omnis Amorum,

Und Saturnia kehrt zuerst mit schmeichelnder Rede
Sich demüthig zu ihr, den wahren Kummer ver-
    hehlend.

„Unser Vertraun und alle Gewalt ruht, sagt sie, in
    deiner

Hand. Erhörung verdient der Wahrheit offnes Ge-
    ständniß.

Seit der tirynthische Held an Argolis Küsten umher-
    schweift,

Sind Zeus Wünsche nicht mehr dieselben, sein Wille
    mir abhold,

Ungeehrt mein Gemach und erloschen die vorige
    Flamme.

Gieb, ich flehe darob, mir den Lieb' anfachenden
    Gürtel,

Deinen künstlichen Schmuck, der im Himmel siegt
    und auf Erden."

Ac prior hanc placidis subplex Saturnia dictis
Adgreditur, veros metuens aperire timores:
In manibus spes nostra tuis omnisque potestas
Nunc, ait; hoc etiam magis adnue vera fatenti,
Durus ut Argolicis Tirynthius exsulat oris,
Mens mihi non eadem Jovis atque aversa voluntas,
Nullus honor thalamis, flammaeve in nocte priores
Da, precor, artificis blanda adspiramina formae
Ornatusque tuos, terra coeloque potentes.

8. B. 2. St.   Y

Leicht errieth Cythere die Lift, schon lange begierig,

Kolchis sammt dem Geschlecht des verhaßten Phöbus
zu tilgen.

Jetzo reicht sie, des Wunsches gewähret, ohne sich
weiter

Bitten zu lassen, den Schmuck, den gefährlichen,
ihren an Wundern

Reichen Gürtel, vor dem nicht Kindesliebe, nicht
Tugend,

Noch die Achtung des Rufs besteht, der überall
Leichtsinn,

Schnelle Begier, trugvolles Gespräch und schmei-
chelnden Irrthum,

Thörichte Sorg' und Furcht für fremde Gefahren begünstigt.

„Nimm hier meine Gewalt und die Waffen meiner
Erzeugten

Senfit Diva dolos, iam pridem sponte requirens
Colchida et invisi genus omne exscindere Phoebi;
Tum vero optatis potitur. Nec passa precari
Ulterius, dedit acre decus fecundaque monstris
Cingula, non pietas quibus aut custodia famae,
Non pudor, at contra levis et festina cupido
Adflatusque mali dulcisque labantibus error,
Et metus et demens alieni cura pericli.
Omne, ait, imperium natorumque arma meorum

Alle, sprach sie, dahin und erschüttre, wen dir be-
liebet!"

Froh umgürtete drauf mit dem heimlichen Zauber sich Juno,

Und erhub sich von da zu der Jungfrau innerstem
Zimmer,

Ganz an Sprach' und Gestalt der Schwester Chalciope gleichend.

Wider Willen entströmt ihr fern schon Licht, und
Aeetes

Tochter fühlet ein Graun in den Gliedern und mäch-
tiges Beben u. s. w.

Was jeden Unbefangenen an dieser Dichtung
befremden muß, ist zuerst die Unzweckmäßigkeit, die
sich in ihr, wenn man sie mit der vom Apollonius
vergleicht, offenbart. Bey dem Griechen sendet auf
Juno's Bitte Venus ihren Sohn, um Medeen für
Jason zu gewinnen; bey dem Römer fodert Juno
den Liebesgürtel der Venus, um Medeen, in der

Cuncta dedi; quascumque libet nunc concute mentes.
Cingitur arcanis Saturnia laeta venenis.
Atque hinc virgineae venit ad penetralia sedis,
Chalciopen imitata sono formaque sororem.
Fulsit ab invita lumen procul et pavor artus
Protenus atque ingens Aeetida perculit horror.

Gestalt ihrer Schwester, zu bewegen, ihr auf die Stadtmauer zu folgen, damit sie dort, als Zuschauerinn des draußen obwaltenden Kampfes, den Jason entdecke und sich in ihn verliebe. Der spätere Dichter hat freylich das Recht, die Erfindung des frühern nach seiner Absicht bald umzuändern, bald ganz zu verlassen, allein ich zweifle sehr, ob Valerius sich des Rechtes dießmahl zu seinem Vortheile bedient hat. Daß Amor ausgesandt wird, um in einem Mädchen Zuneigung für einen Jüngling zu erwecken, ist freylich eine alltägliche, aber wenigstens natürliche Dichtung; nicht also die, daß der Gürtel der Venus, statt der Juno Liebreiz zu schenken und Jedem, der ihr naht, Verlangen nach ihr einzuflößen, seine ganze Kraft auf eine dritte, auf Medeen äußert und diese (man vergl. V. 471 u. f.) gleichgültig für ihren guten Nahmen, leichtsinnig und in einen Fremden verliebt macht *k*). Wenn die Wendung, die Valerius der homerischen Erfindung giebt, unerwartet und neu ist, so ist sie dafür auch durchaus unbefriedigend: denn nicht einmahl das Verhältniß der Ursache zur Wirkung leuchtet aus ihr hervor. Der Römer

---

k) Zwar VI. 668. wird der Gürtel plötzlich zu einem Halsbande, das sich Medea umlegt; aber in ihrem Herzen ist die Liebe für Jason bereits herrschend und wird nicht erst durch das Halsband entflammt.

wollte vermeiden, auf Apollonius Spur einherzu-
gehn, und sich seinen eigenen Pfad bahnen; aber er
verfehlte darüber leider! den der Natur und Wahrheit. Doch nicht bloß in Absicht auf Zweckmäßigkeit steht Valerius Dichtung der Dichtung des Apollonius nach; sie ist auch bey weitem nicht so reich,
anmuthig und bedeutend, wie jene. Wie geschickt
weiß der Grieche die Unterhandlung zwischen Juno
und Venus einzuleiten! wie anziehend ist die Zeichnung, die er von dem kleinen störrigen Amor entwirft, wie gut berechnet das Mittel, um den Knaben für seiner Mutter und Juno's Anliegen zu gewinnen! Was von dem allen kann man der Schilderung des Römers nachrühmen? Hier ist nirgends
eine Spur von selbstthätiger Phantasie und schaffen-
der Kraft. Alles ist kalt, einförmig, trocken, —
eine matte Erzählung, keine belebte Darstellung.
Und selbst diese matte Erzählung, wie viel Einzelnes
enthält sie nicht, was dem reinen Geschmack schlechterdings widerstrebt! Tauri Tartaream *noctem*
proflantes; stupet *orbita* Solis; dat alias sine
lege *colus*; cingula *monstris* fecunda — ich
kenne die Kühnheit der lateinischen Sprache, aber
ich weiß auch, daß die bescheidene und vorsichtige
Muse Virgils solche Ausdrücke und Wendungen, die,

näher erwogen und zergliedert, sich in Dunst auflö-
sen, gewiß nicht gebraucht haben würde.

Noch auffallendere Verstoße gegen die Foderungen einer gesunden Kritik begeht Valerius in einer
britten Stelle (VII. 323 — 399), wo er Medeen
schildert, wie sie, von der verstellten Circe überlistet,
erst dem Jason zu helfen und ihm eine Zusammen-
kunft zu gestatten beschließt, dann auf dem Wege
plötzlich in ihrem Entschlusse wankt, endlich den jungen Helden selbst zu Gesicht bekommt und alle ihr
noch übrige Standhaftigkeit verliert.

Als Medea sich nun von der Gottheit, ich weiß
nicht, von welcher *l*),
Ganz überwältiget sieht und zerbrochen die Schranken
der Ehre,
Stieg sie hinauf ins Frauengemach, aus zahllosen
Mitteln
Für des hämonischen Schiffs Gebiether die besten zu
wählen;
Und wie das Zimmer, erfüllt mit dem Duft der ma-
gischen Gifte,

---

l) Ergo ubi nescio quo penitus se numine vinci
Sentit, et abcisum, quidquid pudor ante monebat,
Tum thalami penetrale petit, quae maxima norat
Auxilia Haemoniae quaerens pro rege carinae.
Utque procul magicis spirantia tecta venenis

Und die grausame Pfort' in der Fern' aufsprang und
vor Augen

Alles lag, was dem Meer sie entwandt' und den un-
tersten Manen,

Und nicht ohne Gewalt entstreifte der blutigen Luna;

Sagte sie: „Sollst du begehn, was schändet, oder
es dulden,

Da dir so vielfacher Tod und die kürzeste Flucht vor
so großem

Frevel sich zeigt?" Dieß sprechend, durcheilt sie mit
musterndem Auge,

Aber umsonst, die Reihe der schnell verderbenden
Uebel,

Zögert darob und entflammt ein Entschluß zu sterben
sich mehr noch.

Liebliches Leben, wie sehr gewinnt für uns an des
Todes

Et saevae patuere fores, oblataque contra
Omnia, quae Ponto, quae Manibus eruit imis
Et quae sanguinea Lunae distrinxit ab ira:
Tunc sequeris, ait, quidquam, aut patiere pudendum,
Quum tibi tot montes scelerisque brevissima tanti
Effugia? Haec dicens, qua non velocior ulla
Pestis erat, toto nequidquam lumine lustrat,
Cunctaturque super, morituraque conligit iras.
O nimium iucunda dies, quam cara sub ipsa

Schwelle dein Werth! Sie säumt und bestaunt ihr
kühnes Beginnen.

„Tödten wolltest du dich, vergehn in der Blüthe der
Jahre?

Hebet sie an, und weder des strahlenden Lichts und
der Jugend

Freuden genießen, noch sehn, wie des Bruders Wan-
ge sich bräunet?

Ach; und empfindest du nicht, daß er, selbst blühen-
der Jüngling,

Jason, sterbe mit dir, der ganz dir huldigt, dich
einzig

Anruft, den du zuerst an deinem Ufer erblicktest?

Vater, was hat dich vermocht, die trügliche Rechte
dem Jüngling

Damahls zu biethen und nicht ihn den Ungeheuern
zu opfern?

Morte magis! Stetit, et sese mirata furentem est.
Occidis, heu! primo potes hoc durare sub aevo?
Nec tu lucis, ait, nec videris ulla iuventae
Gaudia, nec dulces fratris pubescere malas?
Hunc quoque, qui nunc est primaevus, Jasona nescis
Morte perire tua, qui te nunc invocat unam,
Qui rogat, et nostro quem primum in littore vidi?
Cur tibi fallaces placuit coniungere dextras
Tunc, pater, atque istis iuvenem non perdere monstris

Selber gewünscht, ich kann es nicht bergen, hab'
ich es damahls.

Circe Titania, dir, (bey deinen Worten bezeug'
ich's)

Folg' ich, wohin du mich führst. Ich, die jüngre,
verehre der ältern

Hohen Befehl und füge mich gern der Erinnernden.»
Also

Sprechend, wendet sie Herz und Sinn zum hämonischen Jüngling

Wieder zurück. Mit ihm, dem Einen, wünscht sie
zu leben,

Oder, wie er gebeut, zu sterben. Zu kräftigern
Liedern

Fodert sie Hekaten auf, begehrt kraftvollere Kräuter
Jetzo von ihr und begnügt sich nicht mit den üblichen
Giften.

Protenus? ipfa etiam, fateor, tunc ipfa volebam.
Teftor cara tuas, Circe Titania, voces,
Te ducente fequor, tua me grandaeva fatigant ·
Confilia, et monitis cedo minor. Haec ubi fata,
Rurfus ad Haemonii iuvenis curamque metumque
Vertitur, hunc folum propter feu vivere gaudens,
Sive mori, quodcumque velit; maiora precatur
Carmina, maiores Hecaten inmittere vires
Nunc fibi, nec notis ftabat contenta venenis.

Drauf umschlingt sie die Brust mit dem Gurt und
wählet der Mittel

Wirksamstes aus, die Blume vom Kaukasus, aus
des Prometheus

Blutender Fiber erzeugt, und die Gräser, vom Donner genähret,

Welche in kältendem Eis und im Schnee das Blut
des Titanen

Stählt, wenn über dem Fels der Geyer von der zer-
freßnen

Leber sich schwingt und die Erb' aus offnem Schnabel
bethauet.

Nimmer verliert dieß Blut die Kraft. Von Geschlecht zu Geschlechte

Grünt unsterblich es fort; selbst gegen die Blitze besteht es,

Und die Kräuter, von ihm bethaut, blühn mitten im
Feuer.

Cingitur inde sinus, et, qua sibi fida magis vis
Nulla, Prometheae florem de sanguine fibrae
Caucasium, tonitru nutritaque gramina promit,
Quae sacer ille nives inter tristesque pruinas
Durat editque cruor, cum viscere vultur adeso
Tollitur e scopulis, et rostro inrorat aperto.
Idem nec longi languescit finibus aevi
Inmortale virens; idem stat fulmine contra
Sanguis, et in mediis florescunt ignibus herbae.

Hekate, einen im Styr gehärteten Stahl mit den
Händen

Faſſend, entgrub den Felſen zuerſt die mächtigen
Halmen;

Bald brauf mähet, von ihr gelehrt, Medea der
Berghöhn

Fruchtbare Saat am zehnten des Monds und wüthet
in alle

Reſt' und triefende Wunden des Titans. Zur Kolcherinn blickend,

Seufzt er umſonſt; zuſammen am Berge ſchaudert
vor Schmerz ihm

Jegliches Glied, und die Ketten erzittern unter der
Sichel.

Alſo bewaffnet ſich nun die Beklagenswerthe
mit Giften

Wider ihr Reich und tritt, voll Furcht, in die nächtlichen Schatten.

Prima Hecate Stygiis duratam fontibus harpen
Intulit, et validas fcopulis effodit ariſtas;
Mox famulae monſtrata feges, quae lampade Phoebes
Sub decima iuga feta metit, faevitque per omnes
Reliquias faniemque Dei; gemit inritus ille
Colchidos ora tuens; totos tunc confrahit artus
Monte dolor, cunctaeque tremunt fub falce catenae.
    Talibus infelix contra fua regna venenis
Induitur, noctique tremens infertur opacae.

Venus entdeckt sich durch Hand und Stimm' ihr und
  führt die Erschrockne,
Haltend den nähmlichen Schritt, durch die Stadt
  mit süßen Gesprächen.
Wie vom erhabenen Nest hinaus die sorgliche
  Mutter
In die Reviere der Luft die noch zarten Jungen ent-
  führet,
Sie zu folgen ermahnt und die kurzen Schwingen zu
  üben;
Jene befällt fürs erste ein Graun vor dem blauen
  Olympus,
Und sie wünschen zurück zum gewohnten Baume zu
  kehren:
So mit zitterndem Schritt wankt jetzt durch die
  Mauer der finstern
Stadt Medea dahin und bebt vor den schweigenden
  Häusern.

Dat dextram vocemque Venus, blandisque paventem
Adloquiis iunctoque trahit per moenia paſſu.
Qualis adhuc teneros ſupremum pallida ſetus
Mater ab excelſo produxit in aera nido,
Hortaturque ſequi brevibusque inſurgere pennis,
Illos caerulei primus ferit horror Olympi;
Iamque redire rogant, adſuetaque quaeritur arbor;
Haud aliter caecae per moenia deficit urbis
Incedens, horretque domos Medea ſilentes.

Nochmahls säumt sie, wiewohl umsonst, an des äuf-
    sersten Thores

Schwelle, Thränen im Aug' und das Herz dem Kum-
    mer geöffnet,

Sieht zu der Göttinn zurück und fragt mit stottern-
    der Zunge:

„Jason also verlangt nach mir, er selber begehrt
    mich?

Waltet nicht Schuld hier ob? nicht der Zucht Ver-
    gessenheit? keine

Lieb? und entehret es nicht dem bittenden Manne zu
    dienen?"

Jene dagegen verstummt und entzieht sich den nichti-
    gen Worten.

Aber die Kolcherinn trat bereits in die schweigenden
    Schatten

Unter Zaubergesang. Das Antlitz bergen der Wälder

Hic iterum extremae nequidquam in limine portae
Substitit, atque iterum fletus animique soluti;
Respexitque Deam, paullumque his vocibus haesit:
Ipse rogat certe, meque ipse implorat Jason.
Nullane culpa subest? labes non ulla pudoris,
Nullus amor? nec turpe viro servire precanti?
Illa nihil contra, vocesque abrumpit inanes.
Et iam iam magico per opaca silentia Colchis
Coeperat ire sono montanaque condere vultus

Nymphen vor ihr und zurück mit den Hügeln fliehen
die Flüsse.

Ställ und Heerden befällt des Schreckens Gewalt;
in den Gräbern

Rauschet es laut, und die Nacht erstaunt ob dem
dichteren Dunkel.

Zitternd folget von fern ihr Venus, und als sie zum
hohen

Schattenden Haine der dreygestalteten Göttinn [ge-
langen,

Stellet sogleich und noch nicht erwartet Jason vor
ihren

Augen sich dar und erschreckt durch sein Erscheinen
die Jungfrau.

Jetzt erhebt sich und schwebt des Thaues Tochter auf
schnellen

Flügeln davon und Venus entzieht sich der haltenden
Rechte.

Numina, cumque suis averti collibus amnes;
Iam stabulis gregibusque pavor strepitusque sepulcris
Inciderat; stupet ipsa gravi nox tardior umbra.
Iamque tremens longe sequitur Venus; utque sub altas
Pervenere trabes Divaeque triformis in umbram,
Hic subito ante oculos nondum speratus Jason
Emicuit, viditque prior conterrita virgo.
Atque hinc se profugam volucri Thaumantias ala
Sustulit; inde Venus dextrae dilabsa tenenti.

Ich will weder erinnern, wie weit Valerius hier und anderwärts (z. B. VII. 103 — 152) in der Schilderung der Leidenschaft Medeens hinter seinem Vorbilde zurückbleibt, (auch schon eine flüchtige Vergleichung mit Apollonius lehrt dieß,) noch die Art rügen, wie er diese ganze Scene einleitet (was Juno zuerst unter der Gestalt Chalciopens, der Schwester Medeens, versucht hat, versucht nun Venus, verkleidet in Circen, Medeens Muhme): ich will bloß bey einzelnen Bildern und Ausdrücken stehen bleiben.

Man beruft sich zur Rechtfertigung des 330 Verses auf Ovids (Amor. II. 1, 23) carmine sanguinea deducunt cornua lunae: aber cornua lunae deducere, oder, wie Horaz Epod. 5, 46 sagt, lunam coelo deripere ist um vieles milder, als destringere (spumam) ab ira lunae sanguinea. Der Vorstellung der Alten von der Macht der Zauberey hält man gern die Sache, aber dem Sprachgebrauche nicht das harte destringere ab ira zu gut m). Die Herbst-Zeitlose, oder den

m) Ich weiß, daß Virgil und die guten Dichter aller Sprachen das Beywort in das Hauptwort zu verwandeln lieben: aber ich weiß auch, daß sie sich diese Verwandlung nicht ohne Vorsicht erlauben, sondern jederzeit die Uebereinstimmung des Zeitworts mit dem umgetauschten Hauptworte sorgfältig beachten.

wilden Safran (colchicum autumnale), von
welchem Medea auch bey Apollonius Gebrauch macht,
beschreibt dieser (III. 843 — 866) auf folgende
Weise:

　　Während nun eifrig für sie die Dienerinnen den
　　　　　Wagen
Rüsteten, eilte sie selbst sofort an eine gewölbte
Kist', ein Mittel, genannt Prometheon, aus ihr zu
　　　　　wählen.
Denn sie wußte, sobald durch Opfer Jason die hehre
Daira sühne des Nachts und mit ihm sich salbe den
　　　　　Körper,
Werd' er weder den Streich des scharfen Eisens em-
　　　　　pfinden,
Noch der Gewalt des Feuers erliegen, sondern den-
　　　　　selben
Tag sich bewähren durch Kraft und unbewegliche
　　　　　Stärke.
Jenes Mittel entwuchs zuerst des Kaukasus steilen
Höhen, als aus dem Mund des unersättlichen
　　　　　Adlers
Erdwärts troff des Dulders Prometheus blutiger
　　　　　Ichor.
Oben erscheint die Blüthe, die ellenlange, des
　　　　　Krautes,

Sie, an Farbe zunächst dem Safran von Korykus
ähnlich,

Auf zwey Stengel zugleich gestützt; doch hinab in
die Erde

Dringt die Wurzel, dem neu zerhackten Fleische vergleichbar.

Ihren schwärzlichen Saft, wie der Saft der Buch'
in den Bergen,

Wahrte, zum Schutz vor Gefahr, in kaspischer Mu-
schel Medea,

Siebenmahl badend zuvor den Leib in lebendiger
Quelle,

Und zu Brimo, der Kinderernährerinn, siebenmahl
flehend,

Zur Nachtwallerinn Brimo, der Fürstinn der Höll'
und der Todten,

Wohnend in finsterer Nacht und gehüllt in dunkle Ge-
wänder.

Unten, von wildem Gebrüll durchbebt, erschallen
des Erdballs

Tiefen, als sie die Wurzel des Titans schnitt, und
von Schmerzen

Innigst bewegt im Gemüth, erseufzte Jupiters Sprößling.

Den letzten Zug in der Schilderung abgerechnet,
ist keiner auffallend, keiner beleidigend. Wie sehr

übertreibt dagegen Valerius? wie schweift er über
alle Gränzen der Natur und Wahrheit hinaus? Bey
ihm nährt sich die Blume vom Donner n) und härtet
sich zwischen Schnee und Reif; bey ihm schützt sie
nicht bloß den, der sich ihrer bedient, vor Stahl und
Feuer, sondern trotzt, unsterblich fortgrünend, dem
Blitz und blüht mitten in Flammen; bey ihm bedarf
es, um sie zu brechen, nicht etwa eines siebenmahligen Bades und einer siebenmahligen Anrufung der
Hekate, sondern Hekate selbst hat einer in dem Styx
gehärteten Sichel nöthig, um sie abzumähen; bey
ihm seufzt und betrübt sich Prometheus nicht allein,
wenn sie abgeschnitten wird, nein, die Glieder schlagen ihm dann so gewaltig vor Schmerz zusammen,
daß die Ketten, mit denen er gebunden ist, sämmtlich
erzittern; bey ihm wüthet Medea nicht etwa gegen
den Gott, sondern per omnes reliquias saniem-
que Dei; bey ihm klirren des Titans Fesseln nicht
bloß, dum metitur herba, sondern sub falce.
Das Gleichniß von den jungen Vögeln, die ihre
Mutter im Fliegen übt, ist gut, gehört aber der

---

n) Herr Lenz schlägt zwar, in Beziehung auf Apollonius
III. 867, mitra nutritaque gramina ponit vor und erklärt
es durch reponit in mitra pectoris, s. in sinu vestis, mitra cinctae: aber irre ich nicht, so wird der Ausdruck durch
Juvenal 5, 117. vergl. Plinius XIX. 13. wenn nicht ge-
rechtfertigt, doch hinlänglich erläutert.

Hauptsache nach, wie schon andere bemerkt haben, dem Ovid (Metam. VIII. 213) an. Hingegen ist das stupet ipse gravi nox tardior umbra abermahls nicht frey von dem Vorwurfe der Uebertreibung, der Lucans bey einer ähnlichen Veranlassung gebrauchtes noctis geminatis arte tenebris (VI. 624.) nicht trifft.

Es wäre leicht, noch eine Menge verfehlter Ausdrücke, Wendungen und Bilder aus Valerius Gedichte zu sammeln; aber wozu diese undankbare Mühe, da die gerügten bereits ihn und seine Manier kenntlich machen? So willfährig ich einräume, daß die Zeit den Werken des Römers nicht selten übel mitgespielt und die Unwissenheit und Uebereilung der Abschreiber ihm manche Lesart aufgedrungen hat, die er nicht zu verantworten braucht, so sehr bin ich auf der andern Seite überzeugt, daß der größte Theil der Dunkelheiten, an denen er krankt, und der Versündigungen, die er gegen den gesunden Geschmack begeht, auf seine Rechnung kommen und als die unvermeidliche Folge des verfehlten Strebens, seinen Vorgänger zu überholen und ihm durch Kraftfülle und Neuheit der Sprache den Preis abzugewinnen, angesehn werden müssen.

Wie viel P. Papinius Statius o), der Verfaſſer der Thebais, eines Heldengedichts in zwölf Büchern, worauf ſich vorzüglich ſein poetiſcher Ruhm
gründet, von ſeinen epiſchen Vorgängern entlehnt
hat, läßt ſich jetzt nicht mehr beſtimmen: denn ſo
fleißig auch die Unternehmung der ſieben Helden gegen Theben zu Gunſten des Polynices von griechiſchen und römiſchen Dichtern in Epopöen ausgeführt
worden iſt, ſo ſind doch alle dieſe Verſuche untergegangen und nichts als kurze und unbefriedigende
Nachrichten von ihnen auf uns gekommen p). Wenn
wir indeß die Sagen von dieſem Kriegszuge, welche
uns die Tragiker, und Apollodor und andere My-
then-Sammler überliefert haben, mit den Sagen,
die wir beym Statius leſen, zuſammenhalten, ſo
ſcheint er eben ſo wenig, als Valerius Flaccus, den
gewöhnlichen Fabelkreis verlaſſen oder erweitert, ſondern ſich ebenfalls mit dem, was er vorfand, begnügt
zu haben. Selbſt auf das Verdienſt einer wirkſa-
mern mehr dichteriſchen Anordnung im Geiſte Virgils
muß er Verzicht leiſten. Seine Erzählung, weit gefehlt, den Leſer in die Mitte der Handlung zu ver-

o) Er war aus Neapel gebürtig und blühte unter der Regierung Domitians.

p) Man ſehe Antimachi reliquiae, ed. a Schellenberg,
wo man p. 25 die Nachweiſungen beyſammen findet.

setzen, hebt ebenfalls vom Ey an und schreitet auch
mehr geschichtlich als episch fort. Oedipus ruft
Tisiphonen an, die Thron-Entsetzung und mannigfaltigen Kränkungen, die er von seinen beyden Söh-
nen, Eteokles und Polynices, erfährt, an ihnen zu
rächen, (I. 46 — 87) und diese verleitet beyde, ein
Abkommen mit einander zu treffen, das an sich schon
nothwendig zur Feindschaft führen muß, nähmlich,
die Regierung ein Jahr ums andre abwechselnd zu
verwalten (— 196). Zugleich beschließt Jupiter
im Götterrathe, des Kadmus und Abrastus Familie
zu strafen, und läßt den Laius in der Unterwelt
durch den Merkur auffodern, bem Eteokles zu erscheinen und ihn zu bewegen seinen Bruder vom Reich
zu verdrängen (— 311. II. 1 — 133). Dieser
aber, der, durch das Loos von der Regentschaft im
ersten Jahre ausgeschlossen, nach Argos gegangen
und mit dem Kalydonier Tydeus im Palast des ar-
gibischen Königes Abrast zusammengetroffen ist, (I.
312 — 481) knüpft daselbst eine Verbindung, die
ihn in den Stand setzt, sein Recht, wenn es ihm
verweigert werde, auch mit Gewalt geltend zu machen: denn Abrast, der beyde Helden gütig aufnimmt
und bewirthet, (— Ende) erkennt in ihnen die vom
Orakel ihm längst verheißnen Schwiegersöhne und
verheirathet die eine seiner Töchter Argia an den Po-

lyniceś und die andere Deiphyle an den Tydeuś (II.
134 — 305). Mit dieſer etwas weitſchweifigen
Einleitung beginnt Statiuś ſeine Thebaiś und in dieſer umſtändlichen Manier führt er ſie weiter fort.
Die Geſandtſchaft deś Tydeuś an den Eteokleś und
der auf der Rückreiſe nach Argoś beſtandene Ueber-
fall (— Ende), die den Thebanern überbrachte
Bothſchaft von der Erlegung ihreś Hinterhaltś und
die Beerdigung der Erſchlagenen (III. 1 — 217),
der Auftrag Jupiterś an Marś die Argiver zum
Kampf zu entflammen und Venuś Dazwiſchenkunft
(— 323), die Berichterſtattung deś Tydeuś von
ſeinem Empfang zu Theben und deren Eindruck (—
406), die Opfer der beyden argiviſchen Wahrſager,
deś Melampuś und Amphiarauś, auf Abraſtuś Veranlaſſung, und die dem letztern vom Kampaneuś ab-
gedrungene Antwort (— 677), Argienś Bitte an
ihren Vater um Beſchleunigung deś Kriegś (— Ende), deś argiviſchen Heereś Auszug und ſeiner Heerführer Charakter (IV. 1 — 344), die Schilderung
der in Theben herrſchenden Unruhe (— 405), deś
Seherś Tireſiaś Todtenbeſchwörung und Lajuś dunkle
Offenbarung der Zukunft (— 645), die, auf Bacchuś
Fürbitte bey den Nymphen erfolgende, Vertrocknung
aller Quellen in Argoliś (— 738), biś auf eine,
welche die Lemnierinn Hypſipyle den verzweifelnden

Kriegern zeigt (Ende), die Geschichte Hypsipylens,
von ihr selbst auf Abrastus Befragen mitgetheilt (VI.
1 — 498), und die Verunglückung des ihr anver-
trauten kleinen Opheltes, der, in das Gras gelegt,
während sie erzählt, von einer Schlange getödtet
wird (— 637), die Gefahr, in die sie deßhalb geräth und deren wunderähnliche Abwendung (— Ende), endlich die Feyer der Leichenspiele, die zu Ehren
des getödteten Knaben, (nun Archemorus genannt)
angestellt werden (VI. 1 — Ende), — diese ganze
lange Reihe von Mythen, Götter - Erscheinungen,
Weißagungen, Zufällen und Veranstaltungen aller
Art ist es, die wir, ohne daß unsere Erwartung erregt oder unsere Theilnahme belebt wird, erst durch-
wandeln müssen, ehe wir zu dem eigenthümlichen Ge-
genstande der Thebais zur Bekriegung und Belage-
rung Thebens gelangen. Und auch in dieser zweyten
Hälfte des Werkes zeigt sich uns der Dichter nicht
anders, wie in der erstern, ihr an Umfang gleichen,
nicht erfinderischer, nicht eigenthümlicher, mit einem
Worte, nicht epischer. Ganz dem gewöhlichen Gange
der Geschichte getreu, macht er uns von nun an zu
Zuschauern einer Folge von Kämpfen, in denen die
argivischen Heerführer, einer nach dem andern, um-
kommen, dergestalt, daß im siebenten Buche die Erde
den Amphiaraus verschlingt, im achten Tydeus seinen

Tod findet, im neunten Hippomedon und Parthenopäus fallen, im zehnten Kapaneus vom Blitz getroffen wird, und im eilften die beyden Brüder Eteokles und Polynices in einem Zweykampf ihr Leben
verliren, worauf im zwölften, durch die Dazwischen-
kunft des Athenieusers Theseus, Kreon, der mütter-
liche Oheim der beyden Brüder, der sich des entle-
digten Throns bemächtiget und die erschlagenen Argiver zu beerdigen verbothen hat, überwältiget und
die Fehde geendigt wird.

So wenig Statius dem Valerius, in der Anordnung und Benutzung des vorhandenen mythischen
Stoffes zu einem fortschreitenden Ganzen überlegen
ist, so wenig ist er es in der Erfindung und Einfü-
gung der Episoden; vielmehr steht er ihm hier so gar
nach: so unbedenklich entlehnt er von seinen Vorgängern und so wenig vermeidet er an sie zu erinnern.
Es ist die Pflicht des gelehrten Herausgebers, den
Statius noch erwartet, sorgfältig nachzuweisen, was
der Dichter von andern genommen hat. Hier wird
es zur Rechtfertigung meiner Behauptung hinreichen,
auf einige unverkennbare Nachahmungen aufmerksam
zu machen. Ich rechne dahin die Spende und das
Gebet, womit Adrastus (I. 539. 551), wie Dido

beym Virgil, den Nachtisch einleitet q), die Leichen-Feyerlichkeit zum Andenken des Archemorus (VI.), die Klage des Bacchus über den Untergang Thebens (VII. 145), die Jupiter auf ähnliche Art zurück-weist, wie die Klage der Venus über das Schicksal Aeneens, die Bekanntschaft, die Antigone, von einem Thurme herab, durch ihren Begleiter Phorbas, mit den thebanischen Heerführern macht, (VII. 243) den Ausbruch des Krieges, herbeygeführt durch zwey heilige Tiger, welche von den Argivern erlegt werden (VII. 564), den Kampf des Flußgottes Ismenus gegen Hippomedon (IX. 315), den Versuch Dia-nens, den Parthenopäus, in der Gestalt seines Freun-des Dorceus, von der Schlacht abzuziehn (IX. 712), und mehrere andere Scenen und Schilderungen. Leicht erkennt man in einigen den Einfluß Homers, öfter noch Statius eigentliches Vorbild, den Verfasser der Aeneis.

Bey dem allen ist Statius, mit Valerius ver-glichen, gewiß der vorzüglichere Dichter. Seine Phantasie ist der Erhebung offenbar mehr fähig und mit größerer Anschaulichkeit ausgestattet, als die des Valerius; seine Gemählde, wenn sie gleich im Gan-

---

q) Die Auskunft, die Adrast von dem Ursprunge des Opfers giebt, erinnert an Virgils Evander und dessen Erzählung von Cacus.

jen des Lobes der Neuheit entbehren, sind doch keineswegs an einzelnen neuen Zügen arm und überhaupt sorgfältiger und fleißiger ausgeführt, als die
seines Zeitgenossen, und seine Sprache, wenn sie
etwas breiter dahinfließt, ist weder so gewagt noch
durch gesuchte Kürze so räthselhaft, wie die in der
Argonautenfahrt. Aber an diesem allerdings bedingten und nur vergleichungsweise ausgesprochenen Lobe
muß sich auch die Thebais, nach meiner Empfindung,
begnügen. Wenn ein Zeitalter einmahl eine falsche
Richtung genommen und sich gewöhnt hat, Uebertreibung für Größe, Schwulst für Erhabenheit und
Spitzfindigkeit für Scharfsinn zu halten, so ist es
schwer für den Dichter, sich vor dem Einflusse des
falschen Geschmacks zu bewahren oder dem Strome
entgegen zu schwimmen. Wirklich hat Statius dieß
so wenig vermocht, wie Valerius und andere. Die
Majestät der Sprache Virgils, die er in der That
tief gefühlt zu haben scheint†), artet bey ihm nur
gar zu oft in ein Schaugepränge von Worten aus;
die Wohlredenheit, deren verführerischen Reizen sich
sein großer Vorgänger nicht ohne Mäßigung und
Vorsicht überläßt, verliert sich bey ihm nicht selten

---

†) Er selbst ruft seinem Gedichte am Schlusse zu:

Nec tu divinam Aeneida tenta;
Sed longe sequere et vestigia semper adora.

in Rednerey, und sein Bemühn, sich fremde Schilderungen durch freye Behandlung anzueignen, gelingt
ihm nicht immer, ohne daß seine Nachzeichnungen
die Spuren bald des Aengstlichen, bald des Kleinlichen an sich tragen. Statius ist ein viel zu wenig
gelesener Dichter, um das über ihn gefällte Urtheil
ohne allen Beweis zu lassen. Ich theile daher auch
aus ihm einige längere Stellen mit, an denen man
die Wahrheit meiner Behauptung prüfen möge. Die
eine (X. 75 — 153) ist die Schilderung der Wohnung des Schlafes. Die Thebaner belauern, immer wach und auf ihrer Hut, das argivische Heer,
das ihre Stadt eingeschlossen hat. Juno, die Tod-
feindinn der erstern, denkt darauf ihnen zu schaden,
und sich des Schlafes zur Ausführung ihres Vorha-
bens zu bedienen.

Und sie bebte, von Zorn übermannt, und der
heilige Hauptschmuck r)
Auf dem bewegten Haar erzitterte. Minder em-
pfand sie,
Als in dem leeren Olymp die Bürde, die Herkules
Mutter

---

r) Horruit irarum stimulis, motaque verendum
Turbavit diadema coma. Non saevius arsit
Herculeae cum matris onus, geminosque Tonantis

Trug und die doppelte Nacht des Donnerers Kränkung ihr brachte.

Darum beschließt sie, sogleich die Aonen all' in des Schlafes

Banden zu fahn und dem Tode zu weihn, und gebiethet der Iris,

Sich mit den strahlenden Kreisen zu gürten und trägt des Geschäftes

Führung ihr auf; es gehorcht, wie immer, die Göttinn und gleitet

Nieder den Pol, und schwebt in langem Bogen zur Erde.

Ueber der westlichen Nacht umnebelten Bett und des Westens

Mohren stehet sie still. Dort, keinem Gestirne durchbringlich,

Zieht sich ein ruhiger Hain und eine dunstige Grotte

Concubitus vacuis indignaretur ip aftris.
Ergo intempefta fomni dulcedine captos
Deftinat Aonios leto praebere: fuamque
Orbibus accingi folitis jubet Irin, et omne
Mandat opus. Paret iuffis Dea clara, polumque
Linquit, et in terras longo fuspenditur arcu.
Stat fuper occiduae nebulofa cubilia noctis,
Aethiopasque alios, nulli penetrabilis aftro
Lucus iners, fubterque cavis grave rupibus antrum

Unter Felsen den Berg entlang, und baute dem
Schlafe

Die hier träge Natur ein Haus und friedliche Höfe.

Schattige Ruh' und stetes Vergessen hüten die
Schwelle

Und die Ermattung mit nie sich belebendem Blick
und Gesichte.

Stumm in der Vorflur sitzt mit gefaltenen Flügeln
das Schweigen,

Mit ihm die Muß' und treibt vom Dach die tobenden Winde,

Wehrt den Zweigen umher zu irren und nimmt dem
Gefieder

Jeglichen Laut. Hier brauset kein Meer, und dröh-
neten laut auf

Alle Gestad'; es krachet der Himmel nicht; selber
der nächste

It vacuum in montem, qua defidis atria Somni,
Securumque larem fegnis Natura locavit.
Limen opaca Quies et pigra Oblivia fervant,
Et nunquam vigill torpens Ignavia vultu.
Otia veftibulo preffisque filentia pennis
Muta fedent, abiguntque truces a culmine ventos;
Et ramos errare vetant, et murmura demunt
Alitibus. Non hic pelagi, licet omnia clament
Litora, non illic coeli fragor. Ipfe profundis

Fluß um die Grotte, wiewohl aus tiefen Thälern
    entspringend,

Schweiget zwischen Gestein und Klippen; die schwärz-
    lichen Kühe.

Liegen umher; es ruht das Schaaf auf dem Boden;
    die jungen

Sprossen sind welk und der Athem der Erde beuget
    die Kräuter.

Innen hat Mulcibers Hand den Gott in tausend Ge-
    stalten

Künstlich geformt. Hier schmiegt sich an ihn das
    Vergnügen im Kranze,

Dort die Arbeit, zur Ruhe geneigt. Ein gemeinsa-
    mes Küssen

Ist dem fröhlichen Gott des Weins und Amorn, des
    Mavors

Sohne, geweiht; ein inneres Gemach im hohen
    Palaste

Vallibus effugiens speluncae proximus amnis
Saxa inter, scopulosque tacet. Nigrantia circa
Armenta, omne solo recubat pecus, et nova marcent
Germina, terrarumque inclinat spiritus herbas.
Mille intus simulacra Dei caelaverat ardens
Mulciber. Hic haeret lateri redimita voluptas,
Hic comes in requiem vergens labor. Est ubi Baccho,
Est ubi Martigenae socium pulvinar Amori
Obtinet. Interius tectum in penetralibus altis

Faſſet den Tod, doch bebet vor ſeinem Bildniſſe
Keiner.

Somnus ſelber, der Sorgenentbundne, lieget in
feuchter

Höhl' und ein Teppich, geſtopft mit Schlummer
bringenden Blumen,

Bläht ſich um ihn. Aus düften die Kleider, das
Bett iſt vom trägen

Körper erwärmt, und über dem Bette wallet der
ſchwarze

Broden des athmenden Munds; ſein Haupt ſtützt
unter zerſtreuten

Haaren die Linke, das Horn ruht läſſig ihm in der
Rechten.

Ueberall flattern die Träum', und anders gebildet ein
jeder,

Neben dem trüglichen wahre, und freundliche neben
den' düſtern.

Et cum morte iacet: nullique ea triſtis imago.
Ipſe autem, vacuus curis humentia ſubter
Antra ſoporifero ſtipatus flore, tapetas
Incubat. Exhalant veſtes, et corpore pigro
Strata calent, ſupraque torum niger efflat anhelo
Ore vapor: manus haec fuſos a tempore laevo
Suſtentat crines; haec cornu oblita remiſit.
Adſunt innumero circum vaga ſomnia vultu,
Vera ſimul falſis, permixtaque triſtia blandis.

Schwebend hänget die Schaar der Nacht an Balken
und Pfosten,

Oder drücket den Boden. Der schwache, dämmernde
Schimmer

Rings um die Burg lischt aus, und die matt auf-
flackernden Lichter

Sterben dahin und mahnen, des ersten Schlafs zu
genießen.

Dahin schwebet herab vom blauen Aether die bunte
Jungfrau. Herrlich erglänzen die Haine, das finstre
Tempe

Lächelt die Göttliche an, und das Haus, von den
strahlenden Zonen

Plötzlich getroffen, erwacht. Er aber, weder vom
lichten

Glanze, noch vom Geräusch, noch vom Ruf der
Göttinn erschüttert,

Noctis opaca cohors, trabibusque, aut postibus haerent,
Aut tellure iacent. Tenuis, qui circuit aulam,
Invalidusque nitor, primosque hortantia somnos
Languida succiduis exspirant lumina flammis.
Huc se coeruleo libravit ab aethere virgo
Discolor. Effulgent silvae, tenebrosaque Tempe
Arrisere Deae; et zonis lucentibus icta
Evigilat domus. Ipse autem nec lampade clara
Nec sonitu nec voce Deae perculsus, eodem

Rührt vom Lager sich nicht, bis Thaumas Tochter
mit allen

Strahlen ihn trifft und ganz in die trägen Augen
hinabsteigt.

Also begann die Mutter des goldnen Regengewölkes:

„Somnus, mildester Gott, die sidonischen Führer
zu zähmen,

Fodert Juno mich auf, und des Kadmus trotzigen
Haufen,

Der, vom frohen Erfolg des Krieges geschwellt, der
Achäer

Wall, stets wachsam, umgiebt und deinem Befehl
sich entziehet:

Höre Juno's Gesuch (ihr dienen zu können ist
selten)

Und versöhne durch sie, die Gewonnene, Jupiters
Unmuth!“

More iacet: donec radios Thaumantias omnes
Impulit, inque oculos penitus descendit inertes.
Tunc sic orsa loqui nimborum fulva creatrix:
Sidonios te Juno duces, mitissime Divum
Somne, iubet populumque trucis defigere Cadmi;
Qui nunc, eventu belli tumefactus, Achaeum
Pervigil asservat vallum, et tua iussa recusat.
Da precibus tantis, (rara est hoc posse facultas,)
Placatumque Jovem dextra Junone merere.

Sprach's und faßte sogleich mit der Rechten, schüt-
    telnd, die matte

Brust und mahnte noch oft, daß nicht das Gehörte
    verschwinde.

Jener nickt dem Befehl der Göttinn ein schlummerge-
    mischtes

Zweifelndes Ja, und Iris verläßt die dämmernden
    Grotten,

Träger bereits, und erweckt den erlöschenden Schim-
    mer durch Regen.

Er auch raffet sich auf, die geflügelten Schläf' und
    den schnellen

Schritt anregend, und füllt mit den kältern Lüften
    des dunkeln

Himmels das faltige Kleid und bringt durch den Ae-
    ther mit stillen

Laufen und schwebt fern schon und schwer ob der
    Flur der Aonen.

Dixit, et increpitans languentia pectora dextra,
Ne pereant voces, iterumque monebat.
Ille Deae iuſſis dubium, mixtumque ſopori
Annuit. Excedit gravior nigrantibus antris
Iris, et obtuſum multum iubar excitat imbri.
Ipſe quoque et volucrem greſſum, et ventoſa citavit
Tempora, et obſcuri ſinuatam frigore coeli
Implevit chlamydem, tacitoque per aethera curſu
Fertur, et Aonlis longe gravis imminet arvis.

Unter dem Flug des Gottes erliegt, zu Boden ge-
 streckel,

Heerde, Wild und Geflügel; so weit er Kreise be-
 schreibel,

Träufelt, ermattend, die Fluth von den Felsen, ziehen die Wolken

Langsamer, neigen des Walds erhabenste Bäume die
 stolzen

Wipfel, und lösen vom schlaffen Olymp sich mehrere
 Sterne.

Schon empfand das Gefild des Gottes Nähe — so
 plötzlich

Barg sich's in Dunkel — und schwand zahlloser
 Stimmen Geplauder

Und der Krieger Getös. Doch als er drüber mit
 feuchten

Fittigen ruhte und jetzt pechschwarzer Schatten das
 Lager

Illius aura folo volucres, pecudesque ferasque
Explicat, et penitus quacunque fupervolat orbem,
Languida de fcopulis fidunt freta, pigrius haerent
Nubila, demittunt extremá cacumina filvae,
Pluraque laxato ceciderunt fidera coelo.
Primus adeffe Deum fubita caligine fenfit
Campus et innumerae voces, fremitusque virorum
Summifere fonum. Cum vero humentibus alis
Incubuit, piceaque haud unquam denfior umbra

Deckte, da nickten umher die Augen und wankten die
> Nacken,

Und den Sprecher verließ das Wort in der Mitte der
> Rede.

Bald entstahlen sich auch die blinkenden Schild' und
> die scharfen

Speere der Hand und sanken zur Brust die müden
> Gesichter.

Es ist nicht zu läugnen, daß das Gemählde des
Statius manche glückliche Bilder und Züge liefert,
die man bey seinem Vorgänger, dem Ovid (Ver-
wandl. XI. 592 u. f.), nicht findet. Die Lage des
Gottes, der mit der einen Hand sein Haupt stützt
und in der andern schlaffherabhängenden sein mit
Mohn gefülltes Horn hält, die Träume, die an
Balken und Pfosten hängen, die Gründe, mit denen
Iris ihr Gesuch an Somnus verstärkt, die Wirkung-
en endlich, die seine Erscheinung in der ganzen Natur hervorbringt, — alle diese Zusätze und Ausfüh-
rungen gehören unter die zweckmäßigen, wirklich ver-

Castra subit, errare oculi, resolutaque colla,
Et medio assatu verba imperfecta relinqui.
Mox et fulgentes clypeos, et saeva remittunt
Pila manu, lassique cadunt in pectora vultus.

schönernden. Aber schwerlich wird man hierunter auch die Menge allegorischer Wesen zählen, die den bey Ovid unbewachten (custos in limine nullus) Eingang zur Residenz des Schlafes umlagern, schwerlich den zwischen Stein und Klippen schweigenden Fluß mit Ovids Lethe,

per quem cum murmure labens
Invitat somnos crepitantibus unda lapillis,

vergleichen wollen, noch das gekünstelte nova marcent Germina, terrarumque inclinat spiritus herbas Versen an die Seite stellen, wie folgende:

Ante fores antri fecunda papavera florent,
Innumeraeque herbae, quarum de lacte soporem
Nox legit, et spargit per opacas humida terras.

Auch noch andere Ausdrücke und Bilder, wie z. B. Exhalant vestes et corpore pigro Strata calent supraque torum niger efflat anhelo Ore vapor, dann: sinuatam frigore coeli Implevit chlamydem, und vorzüglich: Pleraque laxato ceciderunt sidera coelo, dürften wohl mit Recht als Auswüchse, die sich nur ein üppiger Geschmack verzeihen kann, Tadel erfahren.

Die zweyte Probe, die ich aus Statius Thebais (X. 827 — 939) mittheile, ist der Versuch des

Kapaneus, die Mauern Thebens, vermittelst einer Sturmleiter zu erklimmen. Der Dichter leitet diese kühne That durch eine besondere Anrufung der Musen ein:

Waffen sang ich bisher und Hörner, Schwerter und Wunden s);

Nah ist Kapaneus nun dem gestirnten Pole zu bringen.

Nicht mehr töne mein Lied nach der Dichter üblichen Sitte!

Größere Kühnheit ist jetzt vom aonischen Hain zu entlehnen.

Wagt's, ihr Göttinnen alle, mit mir, sey's, daß ihn der Wahnsinn

Aus des Erebus Nacht ergriff und, mit ihm im Bunde,

Wider den Sprößling Saturns sich die stygischen Schwestern bewehrten,

---

s) Hactenus arma, tubae ferrumque, et vulnera; sed nunc
Comminus astrigeros Capaneus tollendus in axes.
Non mihi iam solito vatum de more canendum:
Major ab Aoniis sumenda audacia lucis.
Mecum omnes audete, Deae, sive ille profunda
Missus nocte furor, Capaneaque signa secutae
Arma Jovem contra Stygiae rapuere sorores,

Sey's, daß Muth und Begier nach Ruhm der
Gränze vergaßen,

Sey's, daß herrlicher Tod, daß neue Gefahren ihm
freundlich

Winkten, oder der Zorn der Götter, für Sterbliche
lockend.

Irdisches eckelt den Helden bereits, er achtet ge-
meines

Morden für schimpflich und sucht (die Geschosse der
Griechen und seine

Hat er alle verbraucht) mit ermüdeter Rechte den
Himmel.

Jetzo mißt er die Höhe der Zinnen mit trotzigem
Blicke,

Schleppt unzählige Stufen, die Brust geengt in der
Leiter

Bäume, herbey, sich den Weg in die Luft zu bahnen, und schwinget

---

Seu virtus egressa modum, seu gloria praeceps,
Seu magnae data fama neci, seu laeta malorum
Principia, et blandae Superum mortalibus irae.
Iam sordent terrena viro, taedetque profundae
Caedis, et exhaustis olim Grajumque suisque
Missilibus, lassa respexit in aethera dextra.
Ardua mox torvo metitur culmina visu,
Innumerosque gradus, gemina latus arbore clusus,
Aerium sibi portat iter, longeque timendus

Weit den leuchtenden Brand der vielgespaltenen
Eiche.

Mächtig entzündet der Schild die Gluth und funkeln
die Waffen.

„Hier, nach Theben, der Weg! begann er. Kühnheit gebeut mir

Hier, wo der Thurm vom Blut des Menöceus glatt
ist, zu wandeln.

Prüfen wir doch, was ein Opfer vermag, ob Apoll
sich bewähret.“

Sprach's und mit wechselndem Schritt hinauf die
gewonnene Mauer

Stieg er jubelnd. So sahn die Olympier mitten in
Wolken

Einst des Aloeus Brut, als, den Blick herab auf
die Götter,

Andrang Tellus Geschlecht, sich der Pelion noch
nicht bewegte,

Multifidam quercum flagranti lumine vibrat.
Arma rubent una, clypeoque incenditur ignis.
Hac, ait, in Thebas, hac me jubet ardua virtus
Ire Menoeceo qua lubrica sanguine turris.
Experiar, quid sacra juvent, an falsus Apollo.
Dixit et alterno captiva in moenia gressu
Surgit ovans. Quales mediis in nubibus aether
Vidit Aloidas, cum cresceret impia tellus
Despectura Deos, nec adhuc immane veniret

Aber der Offa bereits an den zitternden Donnerer
rührte.

Jetzt von der höchsten Gewalt des Schicksals stau-
nend umfangen,

Gleich als nahe das Ende der Stadt und schreite mit
blut'ger

Fackel Bellona daher, die Thürme dem Boden zu
ebnen,

Werfen sie um, wetteifernd, von allen Dächern die
größten

Eichen und Stein' und schwingen der Schleuder ge-
wichtige Zügel,

(Denn was wäre zu hoffen vom irrenden Pfeil' und
vom Wurffspies?)

Rollen schwere Geschosse sogar und drängen mit
Lasten.

Jener trotzt der Gefahr, die von oben, trotzet dem
Hagel,

Pelion, et trepidum jam tangeret Offa Tonantem.
Tum vero attoniti fatorum in cardine summo,
Ceu suprema lues urbem, facibusque cruentis
Aequatura solo turres Bellona subiret,
Omnibus e tectis certatim ingentia saxa,
Roboraque, et gravidas fundae balearis habenas,
(Nam jaculis, coeloque vagis spes unde sagittis?)
Verum avidi et tormenda rotant, et molibus urgent,
Ille nec ingestis, nec terga sequentibus unquam

Der ihm den Rücken bedroht, und strebt in dem
Raume der Lüfte

Schwebend, als hafte sein Fuß mit Gewißheit auf
ebener Erde,

Höher hinauf und begegnet getrost den mächtigen
Massen.

So der schwellende Strom, der wider die Eichen der
alten

Brück' ohn' Unterlaß drängt und stürmt; schon
lösen die Steine

Und die erschütterten Balken sich auf; er, desto gewalt'ger,

(Denn mit vollerer Fluth ergießt er sich) spület und
naget

Rings an dem berstenden Damm, bis der Wogen
Schnelle die Fugen

Alle zerreißt und ins freye Gefild der Sieger hinaus-
stürzt.

Detrahitur telis, vacuoque sub aere pendens
Plana velut terra certus vestigia figat,
Tendit; et ingenti subit occurrente ruina.
Amnis ut incumbens longaevi robora pontis
Assiduis oppugnat aquis; iam saxa fatiscunt,
Emotaeque trabes: tanto violentior ille
(Saevit enim majore salo) quassatque, trahitque
Molem aegram, nexus donec celer alveus omnes
Abscidit, et cursu victor respirat aperto.

Als, nach schwierigem Kampf, nun der Held hoch
über der Mauern

Gipfel ragte, den Blick herab auf das zitternde
Theben

Trotzig warf und die Stadt mit dem großen Schatten erschreckte,

Rief er den Staunenden zu: „Sind dieß o Schande!
die niedern

Burgen Amphions? sind dieß (so lügt das thebische
Mährchen)

Die, dem unkriegrischen Lied gehorsam folgenden,
Mauern?

Welch ein hohes Verdienst, von der weichen Lyra
gebaute

Zinnen zu brechen?" Zugleich auffspringend, zertritt
mit den Füßen,

Stürzt mit der Hand er die stark sich stämmenden
Massen der Thüren,

Utque petita diu celsus fastigia supra
Eminuit, trepidamque assurgens desuper urbem
Vidit, et ingenti Thebas exterruit umbra,
Increpat attonitos: Humilesne Amphionis arces,
Pro pudor, hi faciles, carmenque imbelle secuti,
Et, mentita diu Thebarum fabula, muri?
Et quidnam egregium prosternere moenia molli
Structa lyra? simul insultans. gressuque, manuque
Molibus obstantes cuneos, tabulataque saevus

Und ihr Getäfel. Dahin sinkt Brück' an Brück'
und der Dachung

Steinerne Bande zergehn; er aber gebraucht den ge-
brochnen

Schutt von neuem und wälzt auf Ter pel und Häuser
der Felsen

Trümmer herab. und zermalmet die Stadt nun mit
ihrem Gemäuer.

Und schon murrten um Zevs, getrennt in Parteyen, die Götter,

Die für Argos und die für Tyrus. Der Vater beachtet,

Beyden hold, in der Nähe den Zorn der Ergrimm-
ten und siehet,

Daß sie vor ihm nur sich scheun. Argwöhnisch be-
lauert von Juno,

Seufzet Liber und fragt, sich seitwärts wendend zum
Vater:

Deſtruit. Abſiliunt pontes, tectique trementis
Saxea frena labant, disſeptoque aggere rurſus
Utitur, et truncas rupes in templa domosque
Praecipitat, frangitque ſuis iam moenibus urbem,
Iamque Jovem circa ſtudiis diverſa fremebant
Argolici, Tyriique Dei. Pater aequus utrisque
Aſpicit ingentes ardentum cominus iras,
Seque obſtare vidit. Gemit inſervante noverca
Liber, et obliquo reſpectans lumine patrem:

„Rächer, dein Arm! Wo ist er? wo meine Wiege, des Blitzes,

Flammen? wo säumt er, dein Blitz?" Es seufzt Urheber Apollo

Ueber die Stadt, die er gab. Für Lerna, für Theben empfindend,

Trauert der Held von Tirynth und spannt, unschlüssig, den Bogen.

Argos, sein mütterlich Land, beklagt der geflügelte Perseus.

Ueber Harmoniens Volk weint Venus, und stehet, den Gatten

Scheuend, von fern und blickt auf Mars mit verbissenem Ingrimm.

Muthig tadelt und streng die aonischen Götter Minerva,

Während innere Wuth die schweigende Juno verzehret.

Nunc ubi saeva manus, meaque heu cunabula flammae,
Fulmen, io ubi fulmen? ait. Gemit auctor Apollo;
Qùas dedit ipse, domos. Lernam, Thebasque rependit
Moestus, et intonto dubitat Tirynthius arcu.
Maternos plangit volucer Danaeius Argos.
Flet Venus Harmoniae populos: metuensque mariti
Stat procul, et tacita Gradivum respicit ira.
Increpat Aonios audax Tritonia Divos.
Junonem tacitam furibunda silentia torquent.

Aber den Frieden des Zevs stört nichts von allem.
Das Toben

Rastete jetzt, als, selbst in der Wolken Mitte ver-
nehmbar,

Kopaneus schrie: „Wagt keiner der Götter für das
gequälte

Theben den Kampf? Wo seyd ihr, des Landes zö-
gernde Söhne,

Bacchus und Herkules? wo? Doch Geringe zu reizen
beschimpfet.

Komme vielmehr, du selbst, (wer wäre mit mir sich
zu messen

Würdiger?) unser bereits ist Semelens Asche und
Grabmahl,

Auf und schleudre sie all' auf mich, die verheerenden
Flammen,

Jupiter! Oder verräth's mehr Muth, durch Donner verzagte

Non tamen haec turbant pacem Jovis. Ecce quierant
Iurgia, cum mediis Capaneus auditus in aftris.
Nullane pro trepidis, clamabat, numina Thebis
Statis? ubi infandae segnes telluris alumni,
Bacchus et Alcides? piget inftigare minores.
Tu potius venias, (quis enim concurrere nobis
Dignior?) en cineres Semeleaque bufta
Nunc age, nunc totis in me connitere flammis,
Juppiter. An pavidas tonitru turbare puellas

Mädchen zu schrecken und Kadmus des Schwähers
    Bett zu vernichten?"

Schmerz ob den Worten durchdrang die Brust der
    Götter; er selber

Lachte der Wuth, und, schüttelnd die Fülle des hei-
    ligen Haupthaars,

Rief er: „Woher nach der Schlacht von Phlegra
    der Sterblichen Hoffnung?

Soll ich dich auch noch tödten?" Er sprach's und
    den Zögernden dränget,

Murrend, die Schaar der Götter und fodert rächende
    Blitze.

Auch die Gattinn, bestürzt, wagt nicht dem Geschicke
    zu trotzen.

Immer noch fehlt das Zeichen, und schon erdonnert
    des Himmels

Burg von selbst, es vereinen von selbst sich die Wol-
    ken und eilen

Fortior? et foceri thalamos exfcindere Cadmi?
Ingemuit dictis Superum dolor. Ipfe furentem
Rifit, et incuffa fanctarum mole comarum,
Quaenam fpes hominum tumidae post proelia Phlegrae?
Tune etiam feriendus? ait. Premit undique lentum
Turba Deum frendens, et tela ultricia pófcit.
Nec iam audet fatis turbata obfiftere conjux.
Ipfa dato nondum coeleftis regia figno
Sponte tonat, coeunt ipfae fine flamine nubes,

Ohne Winde die Regen herbey. Die stygischen
Ketten

Breche, so scheint es, Japet, und Jnarime sammt
dem besiegten

Aetna steig' in die Räume der Luft. Die Himmels-
bewohner

Schämen sich Furcht zu verrathen. Doch weil in
des wirbelnden Weltballs

Mitte stehet der Held und Kampf wahnsinnig ver-
langet,

Staunen sie still und zweifeln, ob hier der Blitz sich
bewähre.

Ueber den ragenden Höhn des ogygischen Thurmes
begannen

Heimlich zu brüllen der Pol und in Nacht sich zu
hüllen der Himmel.

Jener behauptet jedoch die dem Blick entschwundenen
Burgen,

Accurruntque imbres. Stygias rupisse catenas
Japetum, aut victam supera ad convexa levari
Inarimen, Aethamve putes. Pudet ista timere
Coelicolas; sed cum in media vertigine mundi
Stare virum, insanasque.vident deposcere pugnas,
Mirantur taciti, et dubio pro fulmine pendent.
Coeperat Ogygiae supra fastigia turris
Arcanum mugire polus, coelumque tenebris
Auferri: tenet ille tamen, quas non videt, arces,

Rufend, so oft durch zerrißnes Gewölk herleuchten
die Blitze:

„Dieses Feuer, ich will's, für Theben will ich's
gebrauchen,

Hier die Fackel erneun, und entzünden den sterbenden
Eichstamm."

Also der Held.   Da ergriff ihn ein Blitz, mit Jupiters voller

Kraft geschleudert.   Zuerst zerstiebt in die Wolken
der Helmbusch,

Dann entstnkt ihm der Schild, der geschwärzte.
Die Glieder des Mannes

Leuchten nun all'; es weichen die Heer' und jegliches
fürchtet,

Wo sich der brennende Leib hinsenk' und wen er zer-
schmettre.

In ihm, glaubet er, zische die Fackel, der Helm
und das Haupthaar.

Fulguraque attritis quoties micuere procellis,
His, ait, in Thebas, his iam decet ignibus uti,
Hinc renovare facem, laſſamque accendere quercum.
Talia dicentem toto Jove fulmen adactum
Corripuit. Primae fugere in nubila criſtae,
Et clypei niger umbo cadit, iamque omnia lucent
Membra viri; cedunt acies, et terror utrinque,
Quo ruat, ardenti feriat quas corpore turmas.
Intra ſe ſtridere facem, galeamque, comasque

Doch indem mit der Hand er den brennenden Har-
nisch herabzieht,

Fühlt er unter der Brust, er greif' in flüchtige Asche.

Gleichwohl steht er und schnaubt noch einmahl gegen
die Sterne,

Lehnt die rauchende Brust an die feindliche Mauer
und hält sich

Aufrecht: aber den Mann verlassen die irdischen
Glieder,

Und die Seele verfliegt. Zeus hätt' ihn, wäre der
Körper

Nicht zerfallen, vielleicht des zweyten Blitzes gewürdigt.

Was in unsrer Stelle vorzüglich Lob verdient,
ist das Charakteristische, welches Statius in das
Bild seines Helden zu legen gewußt hat, — eine
Geschicklichkeit, die ihm überhaupt nicht fremd ist
und an ihm als rühmlich bemerkt zu werden verdient.

Quaerit, et urentem thoraca repellere dextra
Conatus, ferri cinerem sub pectore tractat.
Stat tamen, extremumque in fidera verfus anhelat,
Pectoraque invifis obicit fumantia muris,
Ne caderet. Sed membra virum terrena relinquunt,
Exuiturque animus. Paulum fi tardius artus
Ceffiffent, potuit fulmen meruiffe fecundum.

Der Mezentius der Thebais steht in allen seinem über-
müthigen Troß vor uns und zeigt uns durch Wort
und That, wer er sey.   Wir sehen bewundernd zu
ihm hinauf und folgen ihm mit einer Art von unruhiger Erwartung, die der sprechendste Beweis ist,
daß Statius seines Zwecks nicht verfehlte.   Aber
wie viel vollständiger wäre er erreicht worden, wenn
der Dichter sich zu zügeln gewußt hätte!   Nicht nur
der Charakter des Tollkühnen, wie er jetzt gefaßt ist,
streift an den Charakter des unvernünftigen und deshalb verächtlichen Prahlers;   auch mehrere einzelne
Redensarten beleidigen durch die in ihnen verborgen
liegende Uebertreibung.   Aerium sibi portat iter
(842), ingenti Thebas exterruit umbra (872),
frangit suis iam moenibus urbem (882),
ubi mea cunabula, flammae (888), cum mediis Capaneus auditus in astris (893), coeli-
colae dubio pro fulmine pendent (920), —
man vermißt hier, dünkt mich, allenthalben, um
mit einem auch kühnen aber stets über sich wachenden
Dichter zu reden „die Schönheit, die das Gesetz
giebt und erblickt zu viel Art (virgilische Manier),
die, weil sie der Schönheit nicht huldigt, zur Aus-
art wird. “

Nach der Thebais des Statius bedarf seine
Achilleis, bekanntlich ein bloßes poetisches Bruch-

stück, keiner besondern Würdigung. Was er beabsichtigte, hat er selbst deutlich gesagt:

> .Quamquam acta viri (Achillis) multum
> inclyta cantu
>
> Maeonio, sed plura vacant. Nos ire per
> omnem
>
> (Sic amor est) Heroa velis (Musa), Scyro-
> que latentem
>
> Dulichia proferre tuba, nec in Hectore tracto
> Sistere, sed tota juvenem deducere Troja.

Schon nach dieser für einen begeisterten Dichter
etwas treuherzigen Ankündigung, wird schwerlich
Jemand auch nur einen Augenblick glauben, daß
wir durch die unvollendete Achilleis um eine lateinische Ilias gekommen sind. Wir haben nichts weiter
verloren, als eine poetische Ausführung der vom
Achill umlaufenden Mythen, und zwar, was die
anderthalb erhaltenen Gesänge lehren, ganz in der
Art und in dem Geschmacke, wie die in der Thebais
versuchte Darstellung des thebaischen Mythen-Kreises.

Berühmter, wenigstens gelesener, als die beyden epischen Werke des Statius, sind seine Wälder,
eine in fünf Bücher abgetheilte Sammlung kleiner
meistens gelegentlicher Gedichte in Hexametern, Hen-
dekasyllaben und lyrischen Sylbenmaßen. Ich lasse

es dahin gestellt seyn, ob der Dichter im Ernst und
aus Ueberzeugung von dem poetischen Werthe seiner
Wälder, in der Zueignung des ersten Buches an seinen Freund Stella, gesprochen habe; aber richtig
gewürdigt hat er sie gewiß, wenn er schreibt: Sed
apud caeteros necesse est multum illis (carmi-
nibus) pereat ex venia, cum amiserint, quam
solam habuerunt, gratiam celeritatis. Nullum enim ex illis biduo longius tractum;
quaedam et singulis diebus effusa; quamvis
metuo, ne verum istuc versus quoque ipsi de
se probent. So unbefangen und offen für jeden
Eindruck man auch in diese Wälder trete, man wird
überall dem gelehrten, belesenen und der Sprache
mächtigen, allein selten dem erwärmten und durch-
drungenen Dichter begegnen. Der Lyriker Statius
singt so gut, wie der Epiker, aus der Erinnerung:
aber der Mangel an wahrer Begeisterung und Erfindungskraft ist bey dem Lyriker auffallender, weil er
in seinen lyrischen Versuchen weniger noch, als in
seinen Epopöen, von dem Stoffe getragen und, wie
mich dünkt, sogar in der Beurtheilung der zu wäh-
lenden lyrischen Formen von keinem richtigen Gefühle
geleitet wird. Wenigstens kommt es mir vor, als
ob ich mehrere seiner Elegieen, wenn sie nicht in heroi-
schen Versen geschrieben wären, erträglicher, und

manche seiner Tändeleyen, wenn nicht der einförmige
Hendekasyllabus ihre Länge noch fühlbarer machte,
anmuthiger finden würde. Wie leicht empor auf der
Wagschale des Geschmacks möchte nicht der Classiker
Statius steigen, wenn man ihn mit einem Lotichius,
Johannes Secundus und andern lateinischen Elegi-
kern und Lyrikern der neuern Zeit vergliche!

***

Ich habe bisher die spätern Epiker der Römer
einzeln betrachtet. Es wird nicht unschicklich seyn,
noch einige allgemeine Bemerkungen zur Würdigung
dieser Classe von Dichtern und ihrer Poesie beyzu-
fügen.

Erstlich. So sehr sich auch die römischen Epiker nach Virgil, in Absicht auf Naturanlage, Zweck
und Behandlungsart, von einander entfernen, so
offenbart sich dennoch in den Dichtungen Aller ein
unverkennbares Uebergewicht des Empfangenen und
Angelernten vor dem selbst Empfundenen und aus
eigener Beobachtung Erworbenen. Die meisten
großen Dichter waren freylich, wie man richtig bemerkt hat, kenntnißreiche unterrichtete Männer; aber
nie ist es einem wahren Dichter eingefallen, den vor
ihm ausgebreitet liegenden rohen Stoff, sey er my-

thisch, sey er historisch, statt ihn zur Grundlage eines Gedichtes zu machen, selbst als fertige Dichtung zu brauchen und das Wesen der Poesie einzig in die Poesie der Sprache zu setzen. Wecken soll der aufgesammelte Stoff die Einbildungskraft, sie aufregen, sie begeistern; allein sie selbst soll dichterisch erfinden, schaffen, verwirklichen. Geschieht dieß nicht, so wird sich weder das Mannigfaltige organisch in ein Ganzes vereinigen, noch die handelnden Personen in bestimmten Umrissen vor uns treten. Solche Gedächtniß-Dichter, um mich der Vergleichung eines geistreichen Schriftstellers zu bedienen t), „weit gefehlt, daß sie, wie cylindrische Hohlspiegel, ihre regenfarbigen Gestalten außer sich in die Luft unter fremdes Leben stellen und das historische Urbild vor uns verschwinden lassen, zeugen, wie die planen und platten Spiegel, nur in sich ein Bild, während man außer ihnen die Sache, den Mythus, die Geschichte sichtbar stehen sieht.“ Man gehe von der Lesung Virgils und mehr noch von der Lesung Homers unmittelbar zu ihnen über und frage sich, ob dieß nicht genau auf sie paßt. Immer erscheint, statt des Helden, der Dichter, statt der Leidenschaft, die Betrachtung, und, statt der Empfindung, die wort-

---

t) Vorschule der Aesthetik Th. II. S. 408.

reiche Beredtsamkeit. Es ist in allen den Epikern so
gar nichts Anschauliches, Gemüthvolles, Ergreifen-
des. Ihre ganze poetische Kraft und Wirkung erwarten sie von dem Ausdruck, und selbst diesen ver-
bilden sie oft gewaltsam, statt ihn behutsam fortzubilden.

Zweytens. Man hat oft schon Untersuchungen über die Ursachen dieser Erscheinung, — die
plötzliche Ausartung der römischen Poesie, und vorzüglich der epischen Gattung, angestellt, und es ist
kein Zweifel, daß theils die immer weiter sich ver-
breitende Achtung des Zeitalters für Kenntnisse und
Gelehrsamkeit überhaupt, theils die frühe und sorg-
same Pflege der Beredtsamkeit, der Grundlage aller
römischen Bildung, theils die Erziehung der meisten
römischen Dichter zunächst für die Curie und den Ge-
richtshof, theils das fleißige Lesen und laute Bewundern der Alexandriner, theils endlich die rhetorische
Richtung, die, wie nicht zu läugnen ist, schon Virgil der epischen Dichtung gab, die Schuld von jenem
Verderben tragen. Allein sicher verdient hierbey noch
eins, der Stand der Kritik, ebenfalls erwogen zu
werden. Wie man auch über das Verhältniß des
Kunstrichters zum Künstler denke, stets bleibt es gewiß, daß eine scharfe Entwickelung der Grundsätze
des Schönen, wenn sie die Hervorbringung der

Kunstwerke nicht befördert, doch die Prüfung der
vorhandenen erleichtert und vor Einseitigkeit und ver-
kehrtem Geschmacke bewahrt; stets wird man anerkennen müssen, daß ohne Kritik das wahre Genie
Gefahr läuft zu verwildern, und der nüchterne Vers-
macher sich nur zu leicht herausnimmt, mehr gelten
zu wollen, als ihm zukommt. Daß es an Kunstrichtern zu Rom nicht fehlte, wissen wir aus Horaz v)
und andern; und wie könnten sie fehlen, wo es Dichter und Leser giebt? Aber so weit wir die Alten kennen, haben ihre Fortschritte in der Philosophie des
Schönen mit ihren Fortschritten im Gebiethe des
Schönen selbst in keinem Verhältnisse gestanden. Bearbeitet finden wir von ihnen allein die Theorie der
Beredtsamkeit; was sie dagegen in der Theorie der
Dichtkunst geleistet haben, beschränkt sich auf eine
Anzahl praktischer Regeln für den ausübenden Künstler; über das Wesen und die Absicht der Poesie und
über die hiermit verwandten Gegenstände, als über
poetischen Geist, Erfindung, Nachahmung, Geschmack, ist, was sie bemerkten, unbedeutend. Dennoch bedarf es solcher Untersuchungen gerade am
meisten in einem Zeitalter, in welchem die Versmacherey an der Tagesordnung ist, und die Poeten Hör-

---

v) Satir. I. 10, 38. 81 u. f.

fäle miethen, Leute einladen und ihre Werke vorle-
fen, nicht, damit ſie getadelt, ſondern damit ſie be-
klatſcht werden.

Drittens. Fragt man, wie eine nicht unbe-
deutende Anzahl von Epopöen x), deren keine auch
nur von ferne an die Aeneis Virgils reicht, bey den
Römern Beyfall finden und ihren Verfaſſern Ruhm
bringen konnten, ſo möchte wohl zuvörderſt die Frage
ſelbſt eine nähere Beſtimmung bedürfen. Mehrere
Stellen in den Alten zeigen deutlich genug, daß Männer von Einſicht und Bildung die Poeſie des Zeitalters wirklich nicht höher ſchätzten, als ſie verdiente,
und die Vorleſungen der Dichter und ihr Streben
nach Beyfall mit reichlichem Spotte beträufelten.
Man hat alſo in der That bey jener Frage bloß an
den großen Haufen der Leſer zu denken, die vorlieb
nehmen, weil es ihnen einzig darum zu thun iſt,
eine müſſige unbrauchbare Stunde auszufüllen. Für
dieſe möchten denn aber auch die epiſchen Gedichte
eines Statius und anderer ſchwerlich mehr geweſen
ſeyn, als für ähnlich geſtimmte Seelen heute zu Tage
ein ſo genannter unterhaltender Roman iſt, und die
Schlachtengemählde in jenen den Liebesſcenen in die-

---

x) Außer den auf uns gekommenen Epikern der Römer,
   werden uns noch viele verlorne genannt, z. B. Valgius
   Rufus, Pontikus, Pedo Albinovanus und andere.

sen, der Wirkung nach, so ziemlich geglichen habe.
Gewiß ist es wenigstens, daß Juvenal von den Romanen der neuesten Messe zu reden scheint, wenn er
von den damahligen Heldengedichten y) sagt:

Niemand kennet sein Haus so genau wohl, als
ich des Mavors

Hain und die Höhle Vulkans, ohnfern der äolischen
Inseln,

Kenne. Wie viel die Gewalt des Sturms vermag,
was für Schatten

Aeakus quäle, woher ein andrer das Vließ der ver-
stohlnen

Buhlerinn bring' und wie weit den Eichstamm Mo-
nychos schleudre,

Rufen umher die Platanen des Fronto, rufen des
Marmors

Sprünge mir stets und Pfeiler, vom ewigen Lesen
geborsten.

— Dieses gewährt dir der größte Poet, und dieß der
geringste.

y) Satir. I, 7 — 14. vergl. Horaz Epist. L. 19, 35 u. f.
und Tacitus de clar. orator. 9.

Offian

und die

Hebräischen Dichter.

I.

So wichtig es für die Erklärung alter Dichterwerke seyn mag, in den Kreis ihres Werdens zurück-
zutreten, sich in die Seele ihrer Verfasser hineinzu-
denken und die Welt ihrer Ideen und Empfindungen
zu erforschen: so muß doch der Ausleger, um sein
Geschäft zu vollenden, auch oft zu Vergleichungen
unter Dichtern verschiedener Zeiten und Völker aufge-
fordert werden. Selten ist die Erscheinung solcher
Originaldichter, welche, zufrieden mit der allgemeinen Lehrerin der Natur, aus der Fülle ihres eigenen
Geistes schöpften. Große Sänger werden auf einer
unbetretenen Bahn berühmt, und eine Reihe von
Nachfolgern tritt verehrend in ihre Fußstapfen ein; die

Geister später Jahrhunderte erwärmen sich an ihrer
Flamme.   Ist es in diesem Falle für den Ausleger
Pflicht, seinem Dichter zu der Quelle zu folgen, um
zu erfahren, wo er nachbildete und von dem Seinigen hinzuthat: so muß es doch auch bey solchen Dichtern, welche unabhängig von einander und durch Zeit
und Raum getrennt erscheinen, lehrreich seyn, zu
bemerken, wie ihre Phantasie unter den verschiedenen
Einflüssen des Himmels, der Natur und ganzen sitt-
lichen Bildung eine verschiedene, oder gleiche Richtung nimmt, wie sie die Gegenstände ins Auge fassen
und darstellen.

Seitdem Macpherson den Caledonischen Barden
der Verborgenheit entrissen haben wollte, mußte sich
die Welt gern um die Grotte eines Sängers versammeln, welcher für die Geschichte der Kultur, Religion und Menschheit, wie für Phantasie und Empfindung reiche Aernten zu versprechen schien.   Hier
fand man eine Heldenzeit ohne Rohheit, die höchste
Einfalt der Lebensweise, verbunden mit einem, gebil-
deter Menschen würdigen Zartgefühl.   Hier zeigte
sich der Geist der Humanität ohne Altäre und Tempel.
Gesinnungen, welche sonst nur unter der Pflege der
Religion zu gedeihen schienen, erzeugte hier das Andenken an die Thaten der Väter und die Sehnsucht
nach dem Ruhm der Nachwelt.   Ein Fingal verehrte

die Tugenden der Feindesliebe, der Gaſtfreyheit und
Großmuth, aber keine Götter. Bey ſo manchen
auffallenden Erſcheinungen machte man von Offian,
wie von andern alten Dichtern, den vielſeitigſten Gebrauch. Bald nahm man aus ihm Beyträge zur
Geſchichte religiöſer Begriffe; bald erforſchte man
ſeinen Dichterwerth und zog zwiſchen ihm und andern
Sängern des Alterthums Parallelen. Betrachtete
ihn Hugo Blair vorzüglich in Beziehung auf Homer,
ſo verglichen ihn Herder, Ilgen und Andere mit
Werken der hebräiſchen Poeſie. Allerdings müſſen
uns oft unerwartete Aehnlichkeiten und Erinnerungen
an hebräiſche Dichter beym Offian überraſchen. Dieſer erwähnt gewiſſer Culdäer, welche in den Grotten
und Wäldern des geſtürzten Druidenordens den Ca-
ledoniern das Chriſtenthum predigten. Erhielt vielleicht — ſo fragte man — der Barde durch ſie eine
Kunde der hebräiſchen Poeſie? Erhob er ſich ſo auf
fremden Flügeln? Immerhin könnte indeſſen Offian in manchen Zügen mit den hebräiſchen Dichtern
zuſammentreffen und uns in dem erhabenen Schwunge
ſeiner Phantaſie, in ſeiner kurzen und nachdrucksvollen
Darſtellung an die Propheten erinnern, ohne daß
ihm eine ſolche Uebereinſtimmung, wenn nicht andere
Gründe vorhanden wären, das Eigenthumsrecht ſtrei-
tig machte. Müſſen ihmmer Sprachen von einander

geborgt haben, wenn einzelne ihrer Naturlaute gleich
tönen, Dichter, wenn sie gleiche Gegenstände mit
gleichen Farben mahlen? War Virgil mit den hebräischen Sehern vertraut, weil er in der Schilderung
einer goldenen Zeit (Ecl. 4.) mit ihm zusammen-
trift? Erhob sich Shakespear auf dem griechischen
Kothurn, wenn er uns in seinem Hamlet einen Orest
wieder zu geben scheint?

So sehr der Verehrer Oßians wünschen mag,
daß er in seiner Grotte alles gesungen habe, was ihn
sein Wiederhersteller singen läßt: so mußten doch bald
äuſſere und innere Gründe seine Aechtheit zweifelhaft
machen. Und hier erfuhr Oßian fast daſſelbe Schicksal, welches in unsern Tagen auch die ältesten Denk-
mäler der hebräischen Literatur vor dem Richterstuhl
einiger Kritiker erwartete.

1. Wie konnten, sprach man, Oßians Werke sich
   so viele Jahrhunderte hindurch, bey dem Mangel aller Schrift, durch die dürftige Hülfe der
   Tradition erhalten a)? Aus eben diesem Grunde

─────────────

a) Abhandlung über das Zeitalter Oßians, I, XVII (Oßians
   und Eineds Werke). Neuaufgefundene Gedichte Oßians
   aus dem Englischen. Frankfurt und Leipzig 1792. S. 38.
   Ueber Homer vergl. Wolfii Prolegomena ad Homerum
   I, XXXIX.

beftritt Otmar die Authenticität der Mosaischen
Schriften b).

2) Wie kam es, daß man Offians Gedichte so
viele Jahrhunderte hindurch nicht kannte, daß
selbst Offians Landsleute, deren Nationalruhm
doch am meisten dabey im Spiel war, sie nicht
aus dem Dunkel hervorzogen c)? So glaubte
Otmar im Zeitraum vieler Jahrhunderte keine
Spur zu finden, daß jemand die dem Mose bey-
gelegten Schriften gelesen, aber wohl Beweise,
daß die Israeliten selbst die wichtigsten Theile
derselben nicht kannten d).

3) Wie läßt sich in so frühen Zeiten, unter einer
so wilden Nation ein so vollendeter und huma-
ner Dichter, wie Offian, erwarten, welcher so
edle und tugendhafte Helden, wie einen Fingal
schildern konnte? Aus ähnlichen Gründen be-
stritt man das hohe Alter mehrerer hebräischen
Gedichte. Wie konnte, sagte man, ein Werk,
voll hoher Kultur, wie Hiob, in so frühen
Zeiten gedeihen e)? Wie bey Offian z. B. der

---

b) Henkens Magazin für Religionsphilosophie 2, 3. 444.
c) Neuaufgefundene Gedichte Offians S. 47.
d) Henkens Magazin 2, 3. 446.
e) Hugo Blairs kritische Abhandlung über die Gedichte Of-
sians (Offians und Sineds Werke 3, XXVII.).

prachtvolle Wagen Cuthullins, so schienen in
der Jobeide *f*) Glas, Gold und Bergwerke
mit der Einfalt früherer Zeiten unverträglich.
War Macpherson bey der Herausgabe Ossians
nicht nur Sammler und Ueberseßer, sondern
selbst Dichter; fand er vielleicht nur den Stoff
vor, welchen er mit bildender Hand sonderte
und zu einem vollendeten Ganzen verarbeitete,
ein roheres Feld, welches er anbauete, verschö-
nerte und mit den Blumen seiner eigenen, durch
das Studium des Alterthums genährten Phantasie bereicherte, so dürfte auch in diesem Falle
eine Vergleichung mit Werken des Alterthums
nicht ohne Gewinn bleiben. Sollte der Herausgeber bey seiner Arbeit ganz seine Individualität
verläugnet und sich der klassischen Gelehrsamkeit, welche er zum Dichter mitbrachte, ent-
äußert haben? Er selbst vergleicht ihn oft mit
hebräischen und griechischen Dichtern. Sollten
solche Erinnerungen, ohne ihn zum knechtischen
Nachahmer herabzuwürdigen, nicht unvermerkt
auf ihn gewirkt haben und einzelne Blumen aus
Palästina verpflanzt, uns noch das Mutter-

f) Eichhorns Einleitung ins A. T. 3, 514. Hiob, von Huf-
nagel. Einleitung S. 12.

C c

land erkennen laffen, aus welchem fie hervorgingen g)?

2.

Offian ſchöpft nicht aus jener Quelle, welche
die hebräiſchen Dichter zu den erhabenſten Gemälden
begeiſterte. Vergebens ſuchen wir an der Spitze ſeiner Welt einen Gott, auf welchen das Große und
Kleine in der Natur, wie im Menſchenleben, zurück-
geführt wird. Mit großen Zügen malt er die Sonne,
den Mond und Abendſtern, aber ohne einen Schöpfer.
Statt ſeiner finden wir indeſſen einen heiligen Dienſt
der Vorfahren. Wie bey den hebräiſchen Dichtern
Jehova, ſo wirken bey dem caledoniſchen Barden die
Geiſter der Väter mächtig auf Natur und Menſchheit.
Sie nehmen an den Schickſalen ihrer Nachkommen,
welche ſelbſt zu ihnen beten, (Temora 3, 4. 137.) h)
den innigſten Antheil, reichen ihnen Waffen dar i), er-

g) Homer und Offian. Schillers Horen 1795. St. 10, 93.

h) Works of Ossian. Francfort and Leipzig, printed for
   Fleiſcher 1783.

i) So bittet z. B. Saul den Geiſt ſeines Vaters (Temora
   3, 3. 85) um ein Schwert, wie etwa David den Jehova
   um einen Schild Pſ. 18, 36. Das Vertrauen auf die
   Einwirkung höherer Weſen bewirkte auch bey den robeſten
   Völkern Wunder der Tapferkeit. Auch Attila wollte, wie
   Achill mit Vulkans Waffen ficht, ſein Schwert von dem

scheinen ihnen ermunternd in Schlachten und rufen
sie, wenn sie erliegen, mitleidig zu sich in die Wolken.
Erinnern uns die Geistererscheinungen im Oßian an
jenes treffliche Nachtstück im Hiob, an den Geist,
welcher dem Eliphaz k) erscheint, so läßt sich die
Vergleichung in Rücksicht dichterischer Darstellung
selbst auf die Gemälde Jehova's ausdehnen. Wie
dieser, erscheinen und verschwinden auch jene Geister
unter furchtbaren Bewegungen in der Natur. Wie
Jehova, hüllen sie sich in Nebel und Dunkel und
schweben auf den Flügeln und Wagen des Windes.
(Pf. 18, 11. 12. Temora 3, 189) Jehova sendet
die Winde als Boten (Pf. 103, 4. 148, 8). Bey
Oßian umringen die Stürme den Geist der Nacht

— der hoch
Auf Morvens Gipfel sie ruft, sie in Fremdlings Land
Zu schütten.

(nach der Stollbergschen Uebersetzung.)

Jehova gebeut der Sonne, und sie erleuchtet
nicht (Hiob 9, 7). So wird von Fingals Geist gerühmt:

Schutzgott empfangen haben. Krause Geschichte des heutigen Europa 2, 164.

k) *Ilgen* Jobi antiquissimi carminis Hebraici natura atque
virtutes p. 141.

Du haſcheſt in Zorn

Die Sonn', und verbirgſt ſie

In deinem Gewölk! (Bereathon 4, 76.)

Unter Oſſians Geiſtern ragt vor allen der Geiſt von Loda, nach Macpherſons Vermuthung Odin, koloſſaliſch hervor. Wie Jehova erſcheint er dort dem Fingal auf den Flügeln des Windes, (Carric-Thera 2, 149 ff. Pſ. 18, 11. 104, 2.) im Helden-coſtume, mit Schild, Schwert und Lanze bewaff-net, um die Sache ſeiner Schutzgenoſſen zu führen. Denn auch er beſchützt ſeine Lieblinge in den Gefah-ren des Kriegs, vorzüglich den König von Sora, welchen er ſeinen Sohn nennt l). Wie um Jehova, wenn er auf Zion erſcheint, Sturmwinde brauſen, (Pſ. 50, 3.) ſo wehen Orkane vor dem Angeſichte unſeres Geiſtes. Theilnehmend und entſcheidend tritt Jehova in den Schlachten ſeines Volks auf, und der Geiſt von Loda rühmt von ſich:

— Es beugen mir

Sich Nationen! Im Feld der Tapfern kehr'

Ich den Sieg —

Jehova's Odem weht, und die Feinde ſinken, wie Bley; er ſchnaubt Rache, und ſie verwehen, wie Spreu; er haucht die Großen an, und ſie ver-

---

l) The king of Sora is my ſon. Pſ. 2, 7.

dorren (2 B. M. 15, 10. Pf. 68, 2. Jef. 40,
24.). Auch der Geist von Loda will mit seinem brau-
senden Odem tödten. Jehova schaut, und die Völker beben, (Habac. 3.) der Geist von Loda wirft auf
Geschlechter sein Auge und sie verschwinden. . Wie
Jehova, (Sprüchwörter 30, 4.) faßt er die Winde
in seiner hohlen Hand. Wenn jener am rothen Meer
erscheint, dann zittern die Berge; bebend und wim-
mernd erblicken ihn die Wogen. Sichtbar wird bey
seinem Drohen der Quell des Meers (Pf. 77, 17.
Habac. 3, 10 ff.). Als sich der Geist von Loda
entfernte, da

    — erbebet Inistore,
Die Fluthen hörten es in der Tiefe, standen
Vor Furcht, in Mitte des Laufs! *m)*

3.

   Wie der sinnliche Mensch, wenn er sich zu
der Betrachtung höherer Wesen erhebt, diesen seine
Art zu denken und zu empfinden beylegt, so veredelt
er auch die Sinnenwelt, welche er unter sich erblickt,

---

m) Aehnliche wunderthätige Kräfte legt die Edda dem Odin
bey, welcher durch ein Wort Feuersbränste auslöschen und
nach Gefallen Wind und Meer beruhigen oder empören
konnte. Gebhardi Geschichte Dännemarks; Alg. Welthisto-
rie 32, 326 ff.

mit seinen Vorzügen. Auch auf dem todten Schauplatz der Natur sucht er Befriedigung für seine Sehnsucht nach Mitgefühl; überall begegnet er Wesen seiner Art; sein Bild sieht er in der Quelle, wie unter
den Sternen. So ward den Dichtern ein weites Feld
eröfnet, auf welchem sie das Unbeseelte zum Leben,
Handeln und Dulden erwecken konnten. Ossian und
die Hebräer fanden um sich her eine verschiedene Natur. Mögen uns einige Beyspiele zeigen, wie die
Künstler oft gleichmäßig in ihrer Werkstätte bilden!

Der Morgenröthe, jenem beflügelten Wesen,
(Pf. 57, 9. 110, 3. 139, 9. Hiob 38, 4.) welches, von der Harfe des Dichters auf dem Lager
am äußersten Meer geweckt, aus dem Schooß den
Thau gebiert, der Erde Enden ergreift und die Räuber von ihr schüttelt, folgt der König des Tages
(Pf. 136, 8.). Am Morgen schreitet er daher,
wie ein Bräutigam aus dem Brautgemach und erfreut
sich, wie ein Held, seiner Laufbahn (Pf. 19, 5 — 8.).
Nichts entgeht seinem Feuerglanz und nur vor Jehova
erblaßt er beschämt und leuchtet nicht, wenn er ge-
bietet (Jes. 24, 23. Hiob 9, 7.). Besteht dort
ein mächtiger Held einen furchtbaren Kampf, so verweilt er länger auf seiner Bahn (Jos. 10, 13.).
Ficht der Schutzgott für sein geliebtes Volk, so starrt

er dämmernd beym Lichtglanz der fliegenden Pfeile
und dem Blitz der Speere (Habac. 4.). Abends
kehrt er zur Ruhe in sein Gezelt am Ende der Erde,
wohin kein Sterblicher gelangte, zurück (Pf. 19, 5.
Jof. 10, 13. Hiob 38, 19.).

Bey Offian wandelt der goldgelockte Sohn des
Himmels *n)* mit immerdauerndem Lichte, in erhabe-
ner Schönheit daher. Vor ihm bergen sich die
Sterne, der Mond sinkt kalt und blaß in die west-
liche Welle (Carric-Thura 2, 140. Carthon 2, 90.
91.). Er aber freut sich seiner Jugendkraft und
jauchzt bey aller Wandelbarkeit der ihn umgebenden
Natur im Schimmer seiner Laufbahn. Im Wetter
blickt er aus der Wolke und lacht des Orkans. Doch
ist auch er höheren Geistern unterthan. Wie jener
König des Tages bey dem hebräischen Dichter nimmt
er an den Thaten der Helden Antheil. Am Tage einer
Schlacht steigt er traurig auf, rollt über die nieder-
geschlagenen Heere Dampf und trägt einen blutigen
Schild (Temora 3, 2. 75.). Bey der Rückkehr
von seiner Laufbahn öfnet ihm der West die Thore,
die Wogen sammeln sich, seine Schönheit ehrfurchts-

---

n) So heißt auch in einer Hymne des Orpheus Apollo
χρυσοκομης.

voll anstaunend um den schlafenden Jüngling, welcher in einer schattigen Grotte ruht. o)

Die Winde sind dem hebräischen Dichter Boten
des Jehova, welcher bald auf ihren Schwingen da-
herfliegt, bald sie in seiner Hand faßt; (Pf. 104,
3. 148, 8. Sprüche 30, 4.) dem Offian Diener
der Geister mit ähnlicher Darstellung (f. oben). Ihnen sind auch die Blitze unterthan, welche nach den
hebräischen Dichtern dienstbar vor Jehova erscheinen,
seine Befehle auf der Erde ausführen und auf seinen
Ruf antworten: Hier sind wir! (Pf. 103, 4.
Hiob 37, 12. 38, 35.) Die Wellen erblicken bebend den Jehova, (Pf. 77, 7. 98, 8. 114, 3. 5.)
fliehn erschrocken und wimmern, wenn er sich zum
Kampfe nähert und begrüßen ihn, wenn er siegreich
zurückkehrt, mit Händeklatschen. Mit ähnlichen
Empfindungen werden sie von Offian beseelt. Bald
zeigt er sie uns furchtsam und erschrocken vor Stür-
men und Geistern, (Conlath und Cuthona 2, 60.
Carric-Thura 2, 140.) bald fröhlich im Angesichte des
Abendsterns, dessen liebliches Haar sie baden. (Lieder

o) Offian schildert also, wie die hebräischen Dichter, die
Sonne mit Zügen nationeller Lebensweise. Der hebräische
Krieger ruht in Gezelten; so seine Sonne. Die caledoni-
schen Helden finden wir in Grotten; sie erhält auch die
Sonne zum Lager.

von Selma 2, 166.) Der Fluß Carun gesellt sich,
wie der Jordan, zum Siegsgepränge. Ihm rufen die
Barden (Comala 2, 12.) im Triumphgesange zu:

> Fluthe, strömender Carun! in Freuden fluthe!
> Die Söhne der Schlacht sind entflohn.

Ossians Phantasie belebt dort eine Blume.
Sie ahnet ihr nahes Hinwelken und trauert über ihre
Vergänglichkeit (Berrathon 4, 63.). So führt
der hebräische Seher die Weinstöcke redend ein, wie
sie über ihre Drangsale klagen und sich Ruhe wünschen (Jes. 37, 2 — 5.). Die Tannen und Ce-
bern Libanons stimmen nach dem Sturz des Königs
von Babel (Jes. 14, 8.) in den Triumphgesang
ein :

> Die Tannen und die Cebern Libanons
> Frohlocken über Dir: Seitdem Du fielst,
> Steigt, uns zu stürzen, keiner mehr empor.

Die Jahre rufen dem Ossian (die Lieder von
Selma 2, 178.) seinen nahen Tod zu. Der hebräische Sänger hört (Pf. 19, 3.) Tage und Nächte
im Wechselgesange das Lob des Schöpfers erheben.
Moses fordert Himmel und Erde auf, seinem Liede
zu horchen:

Neigt, o ihr Himmel! euer Ohr; ich rede;
Vernimm, o Erde! meines Mundes Spruch.

5. B. M. 32, 1. p)

Offian ladet die Hügel und Ströme zu seinen
Gesängen ein:

Kommt mit euren Strömen,
Hügel Cona's, lauschet
Offians Stimme —

4.

Zeigt uns Hiob in seinen Naturschilderungen
und Personifikationen eine auffallende Verwandt-
schaft mit Offian, so ähnelt er ihm auch in seiner
wehmüthigen, melancholischen Stimmung. Der
Held der hebräischen Theodicee hat, was ihm lieb
und werth war, Güter, Kinder, Ehre und Ansehen
bey dem Volke verlohren und erwartet, von seinen
Freunden verlassen, unter den Schmerzen eines siechen
Körpers seine Auflösung. Auch der caledonische
Barde erscheint uns einsam in seiner Höhle:

p) Wie Thau entrinn' mein Lied, wie Regenschauer
Auf Kräuter, gleichwie Tropfen auf den Halm!
So werden auch bei Offian Bardengesänge mit Thau ver-
glichen. Z. B.
— Bardengesang ergeußt,
Wie Thau, sich über des Heeres Wiederkehr. Temora 3, 96.

— Hin ist Offians Kraft!

Des Gesanges Söhne gingen zur Ruh! es bleibt
Nur meine Stimme zurück, wie des Sturmes Stoß,
Der noch einsam braußt an der meerumringten
Klippe —

Die Gefährten seiner Jugend Fingal, Eviral-
lin, Oscar haben längst, um in seiner Sprache zu
reden, ihr Nebelkleid empfangen; von seinem väter-
lichen Selma entfernt beugen ihn Blindheit und Alter
nieder. Kein Wunder daher, wenn sich in so trüben
Seelen auch die Gegenstände dunkel spiegeln, wenn
ihnen so oft Bilder der Vergänglichkeit und des
Todes vorschweben. Mit gleich wehmüthiger Empfindung segnet jener die Vorzeit, in welcher er als
Emir angesehen und geehrt unter das Volk ging und
dieser die Jugendjahre, in welchen er berühmt als
Held und Barde im Kreise seiner Vertrauten lebte.
(Hiob 39. Fingal 1, 3. 72. Der Krieg von Inis-
Thona 2, 30.) Wie sich Offian in der Abgeschie-
denheit von den Freuden des Lebens innigst nach den
Wolken sehnt und sein enges Haus (the narrow
house, domus exilis Plutonia, Hor.) nahe sieht:
so athmet der idumäische Dulder Verwesung, sieht
seine Tage erlöschen und erwartet seine Behausung im
Scheol (Hiob 17, 1. 13. Die Lieder von Selma 2,
178.). Beyde ergießen sich oft in gleichen Klagen

über die Vergänglichkeit alles Irdischen. Eine
Blume verkündigt dem Offian (Berrathon 4, 63.)
seine Hinfälligkeit; nach Hiob blühen und verwelken,
wie jene, die Söhne Evens (Hiob 14, 2.). Offian
achtet die Völker den Meereswogen gleich (like the
waves of ocean) und nach Hiob stürzt der Mensch,
wie Wogen der See entrinnen (Berrathon 4, 82.
Hiob 14, 11.). Minder ernst sind freylich Offians
Bilder vom Todtenreich, wie die Schilderungen bey
Hiob und andern hebräischen Dichtern q). Mögen
dort die Geister auch zuweilen als schwache, unwis-
sende Schatten (a feeble race) umherflattern, so
erscheinen sie doch zugleich fröhlich im Genuß alles
dessen, was ihnen im Leben lieb und werth war.
Wenn Malwina in den luftigen Hallen der Väter und
der König von Babel im Schattenreich ankommt, so
werden beyde von ihren vormaligen Genossen, welche
sich über ihre Ankunft wundern, empfangen. Berrathon 4, 66. Jef. 14, 9 — 11.)

    „Bist kommen sobald "
    Sprach Fingal, „o Tochter
    „Des herrlichen Toscar's?" —

q) Eichhorns Bibliothek I, 367 ff. Flügge Geschichte des
Glaubens an Unsterblichkeit I, 124 ff.

Den König von Babel grüßen die Geister ehemaliger Herrscher:

Das Todtenreich tief unten zitterte
Dir Kommenden entgegnen, bot die Schatten,
Der Erdenhäupter jeglichen, die Führer
Von ihren Thronen, alle Könige
Der Völker auf. Sie alle huben an
Und grüßten Dich: So bist auch Du, wie wir,
Uns gleich auch Du geworden? —

Gesellt sich dort Malwina zu den Gespielen ihrer
Jugend, in den Kreis der Väter, welche fröhlich
den Liedern der Barden horchen r) und wie im Leben
kämpfen und jagen, so herrscht im hebräischen Scheol
eine dumpfe Stille, welche nach Davids Ausspruch:

Wer singt Dir Lieder in dem Schattenreich!

kein Gesang unterbricht. Gleichwohl hören wir an
den caledonischen Gräbern ähnliche Klagestimmen,
wie bey Ossian und andern hebräischen Dichtern.
Z. B.

— Gleich dem Gewölke sinkt der Mensch
In's Schattenreich unwiederbringlich nieder.

r) Wie im Elysium Orpheus und Musäus, so erfreuen in
Ossians Wolkenreich Ullin und andere Barden die Helden
durch Spiel und Gesang.

Er kehrt zu ſeiner Wohnung nie zurück,
Es ſchaut ihn nimmer ſeine Hütte wieder.
Hiob 7, 9. 10.

— Himmel altern.　Er
Erwacht nicht, ihn weckt nichts aus ſeinem Schlaf.
Hiob 14, 12.

So ruft dort der Barde an Morars Grabe:

Tief iſt der Todten Schlaf!

Niedrig ihr Küſſen von Staub!

Er hört hinfort deine Stimme nicht,

Noch erwacht er bey deinem Ruf!

Wann gehet in ſeinem Grabe

Der Morgen auf, —

Fingal (Temora 3, l. 32.) klagt über den Untergang ſeiner Ahnen:

— wo

Sind unſre Väter, die Häupter vor'ger Zeit?
Sie gingen unter, Sterne, die einſt auch ſchienen!

So wird der König von Babel angeredet:

O Morgenſtern, wie ſtürzteſt du vom Himmel!
Wie wurdeſt, Sohn der Frühe, du, der Völker
Daniederwarf, zur Erde hingeworfen!

Auch auf den Trümmern zerſtörter Heldenſitze begegnet Oſſian nicht ſelten den hebräiſchen Sehern.

Dort erblicken wir Balclutha's zerstörte Mauer,
(Carthon 74.) die Distel schüttelt da ihr einsames
Haupt, das Moos pfeift im Winde, der Fuchs
schaut aus den Fenstern.   So singt von Babylons
Trümmern Jesaias (13, 21. 22. vgl. 34,
13 — 16.):

> Nur wilde Katzen werden dort sich lagern
> Und voll von Drachen sind die Häuser dort;
> Da wohnen Strauße, hüpfen wilde Böcke;
> Dort in Palästen zischen Schlangen sich,
> In Prunkgemächern Drachen sich entgegen.

5.

Bey der eigenen Seelenstimmung Oßians,
welche so gern die Wonne der Wehmuth (the joy
of grief, γόκ ἱμερον) sucht, mag es uns nicht befremden, wenn uns der Dichter oft zu Gräbern
führt s).   Waren doch solche Grabgesänge innig mit
der Ruhe der Todten verbunden, welche, so wähnte

---

s) Dieselbe Stimmung bemerkte ein neuer Reisender noch
in der heutigen hebridischen Poesie. „Durch eben diese Gesänge strömt ein zarter, welcher Laut tief empfundener
Rührung — Auch vernimmt man wehmütige Klagen
und Jammertöne um verlodrene Geliebten und Freunde,
und solche Sänger findet man nicht bloß unter Vorneh-
men, sondern auch unter der niedrigsten Volksklasse.‟
Buchanans Reisen durch die westlichen Hebriden S. 72.

man, ohne jenen Dienst der Sänger nicht zu den
luftigen Hallen der Väter gelangen konnten.

Der Strom der Zeit hat uns aus dem hebräi‐
schen Alterthum nur wenige Reste solcher Leichenge‐
sänge erhalten, unter welchen der Elegie Davids auf
Saul und Jonathan die Oberstelle gebührt.   Kein
Kenner Ossians wird sich jenes Denkmals der Freund‐
schaft und dichterischen Kunst erfreuen, ohne sich
seines celtischen Sängers zu erinnern und ähnliche
Klagetöne an den nordischen Gräbern zu hören.   Da‐
vid besingt mit einem Carril und andern Barden einen
gemeinschaftlichen Gegenstand, Helden, welche, mit
dem Dichter befreundet, in der Schlacht gefallen
sind und sich durch Tapferkeit und Kriegsruhm aus‐
gezeichnet haben.   Kein Wunder daher, wenn der
Schmerz sich in gleichen Tönen äußert, der Ruhm
der Gefallenen mit denselben Zügen geschildert wird
und auch in der äußern Oekonomie ein ähnlicher Geist
waltet.   In den Grabgesängen herrscht nemlich als
Hauptempfindung der Schmerz über den Verlust des
Todten.   Zu ihr kehrt die Seele des Dichters gern
zurück; durch einen Ausruf des Wehs, durch ein
have! unterbricht er den Ideengang des Liedes.
Daher dann jener Schaltvers, welcher, ehe ihn die
Kunst des Dichters mit der Nänie verband, schon
das natürliche Schmerzgefühl roherer Menschen aus‐

drückte *t*). Wie im hebräischen Grabgesange das
dreimalige:

> „Weh! die Helden fielen," so kehrt in Carrils
> Todtenliede am Grabe seines Führers und Freun-
> des Cuthullin der Ausruf: Blest be thy soul!
> (der Tod Cuthullins 2, 109 — 111) wieder.

Doch hören wir Davids Elegie selbst mit einigen
vergleichenden Bemerkungen:

> Reh von Israel! *v*) auf
> Deinen Höhn verwundet? —
> Weh die Helden fielen!

t) Man vergleiche jenes Stegreifslied eines Neuseeländers
bey dem Tode eines ihm befreundeten Taheitiers:

> Aeghih, matte, ah wäh, Tupaia
> Gefangen, todt! O weh! Tupaia!

v) Der Chor apostrophirt an Jonathan. Reh heißt er ent-
weder in Rücksicht auf Schnellfüßigkeit (Hom. ποδαρκυς
Αχιλλευς) oder auf Schönheit und Milde. Auch in
Ossians Heldenwelt ist dieses Bild nicht selten. So fragt
Fingal (Temora 3, 6, 187.).

> Erlag das junge hüpfende Reh? Es war
> Auf meinen Hügeln herrlich! —

So singt der Barde Alpin (Lieder von Selma 2, 172.)
von dem gefallenen Morar:

> Du warst schnell, o Morar,
> Wie in der Wüste das Reh!

So klagt Ossian am Grabe Erragons (Schlacht von Lora 43.).

> Wie bist du auf unsern Bergen gefallen?
> Wie liegt der Gewaltige?

Dh

O ſagt's nicht an in Gat, verkündet es
Nicht auf den Straßen Askalons,
Daß Philiſtäa's Töchter ſich nicht freun,
Der Unbeſchnitt'nen Brut x) nicht jauchzt.

Von der Erſchlagnen Blut, vom Heldenmark
Entwich der Bogen Jonathans
Von hinnen nicht. Auch kehrte nicht das Schwert
Des Königs unverſucht zurück y).

Es ſchieden Saul und Jonathan, ſich einſt
In ihrem Leben lieb und hold,

---

x) Der Phantaſie des Dichters ſchweben die ſiegprangenden
Feinde vor, wie ſie von den Weibern in der Heimath empfangen werden, welche nun nach dem Fall der größten
feindlichen Helden nicht mehr für ihre Geliebten fürchten.
Daher dann der Wunſch, daß die Todeskunde den Feinden verſchwiegen werden möge. Daſſelbe äuſſert in der
Malwina (Neuentdeckte Gedichte Oſſians, überſetzt von
Harold S. 65.) Cathul. „Weint (ruft er nach dem Tode
ſeines Freundes Oſcar), weint in der Stille, daß der hoch-
müthige Freund nicht frohlocke, daß ſich der König der
Welt in unſerm Verluſt nicht erfreue."

y) Auch Alcletha (der Tod Cuthullins 3, 38) rühmt von
ihrem Sohn Calmar:
    Es lehrte nimmer ſein Speer
    Unblutig zurück!
    Sein Bogen auch nicht,
    Aus der Mächtigen Kampf!

Im Tode nicht. Kein Adler z) war so schnell,
Denn sie; kein Leu gleich ihnen stark.

  Ihr Töchter Israels, beweinet Saul!
Des purpurnen Gewandes Pracht
Hat er euch angethan, des Goldes Schmuck
In eure Hüllen euch gewirkt.

    Weh! die Helden fielen
    Tief im Schlachtgefilde.
    Jonathan auf deinen
    Höhen Du verwundet!

  Um Dich, mein Bruder! härmet sich mein Geist.
Mein Jonathan! Du warst mir lieb.
Mir lohnte Deine Liebe wunderbar.
So liebte nimmer mich ein Weib.

    Weh! die Helden fielen
    Und des Krieges Waffen
    Sind dahin geschwunden a)!

z) So singt der Barde Carril von seinem getödteten Freund
    Cuthullin (der Tod Cuthullins 2, 110) thy speed was
    like the eagle's wing.

a) Fingal klagt nach Fillans Tode (Temora 2, 6. 187).
          — er fiel!
    So ist zerbrochen der Schild des Kriegs!

6.

Die wegen ihrer Stelle im Kanon so oft miß-
verstandene idyllische Blumenlese, das hohe Lied,
mußte, seitdem geschmackvolle Erklärer die Trugbil-
der frommer Schwärmerey daraus verscheuchten,
Vergleichungen mit einem Theokrit und andern Dichtern des Alterthums veranlassen. Offians und des
Hebräers Gemälde der Liebe scheinen uns wenige
Berührungspunkte zu versprechen. Zwar singt auch
jener die Liebe nicht selten im Ton der Idylle. Aber
wie verschieden sind die Personen, welche handelnd
und empfindend auftreten, wie fremdartig Natur
und Sitten des Landes, in welchem die Scene spielt!
Dort erscheinen uns Jägerinnen mit Pfeil und Bogen, welche Heldensinn und zarte Empfindsamkeit
mit ihren Geliebten theilen; hier erblicken wir ein
schlichtes Landmädchen bey Reben und Granatenbäumen. Dort finden wir Krieger im Getümmel der
Waffen, hier einen Geliebten bey der Heerde, in Wie-
sen und Gärten. Ueberall ringen die Liebenden mit
Bildern und Vergleichungen; was ihnen die Umgebungen Schönes darbieten, muß sich zu Kränzen für
das Geliebte verflechten. Aber eine verschiedene Natur steht ihnen zu Gebote. Für den Hebräer, dessen
Phantasie eine so reiche Weide findet, duften Narden,
Myrrhen und Aloe; er kann unter Purpurlilien,

Feigen und Granatenbäumen umherwandeln; · ihm
glänzen Gold, Elfenbein und Alabaster.   Dem Ca-
ledonier geben seine Felsen, Haiden und Ströme eine
geringere Ausbeute, seine rauhe, nordische Natur
verengt den Kreis seiner Bilder.   Vergleicht bey ihm
ein Duchomar (Fingal 1, 12.) das Haar seiner Morna mit dem Nebel von Cromla, wenn er sich an den
Felsen kräuselt, so nimmt der Hebräer (Hohes Lied
4, 1. 5. 6, 4. 7, 5.) eben so örtliche Bilder von
den Ziegen am Berge Gileads, von Wein und Pur-
pur.   Dort müssen zwey glatte Felsen, Schnee, Wel-
lenschaum und Schwanenflaum geben (Fingal 1, 13.
3, 60. 97.).   Hier erinnert uns der Dichter (Hohes
Lied 4, 5. 6, 7. 7, 8.) an zwey junge Zwillinge
eines Rehs, an die Trauben der Palme und des
Weinstocks.   Gleichwohl erscheinen uns bey aller Lo-
kalität der Dichter doch auch ähnliche Bilder.   Der
Hebräer vergleicht z. B. den Hals seiner Sulamith
mit dem Thurm Davids, Ossian die Arme seiner
Morna mit zwey weißen Säulen in Fingals Hallen
(Fingal 1, 13.).   Was dem Celten seine ärmere,
ihn umgebende Natur zu versagen scheint, sucht er
am Himmel.   Sonne, Mond, Sterne, Morgen-
und Abendröthe müssen die Reize seiner Geliebten erheben. Kein Wunder daher, wenn sich bey der Gleichheit dieser Erscheinungen die Dichter auf einem Wege

begegnen, wenn z. B. eine Daura, Aganbecca und Minone gleich der Sulamith (6, 9.) schön wie der Mond glänzen (Lieder von Selma 71. Fingal 3, 61. 5, 116).

Wie verschieden ist auch der Geist der Liebe, welcher in beyden Dichtern athmet! Wohl erscheint sie auch bey dem Hebräer in zarter Einfalt, schmachtend und sehnend, aber doch zugleich fröhlich im Genuß, selig bey Umarmungen und Küssen. Bey Ossian ist sie dagegen ätherisch und geistig, gleich den Nebelgestalten, welche um seine Höhle schweben. In wehmüthiger Sehnsucht schmachten seine Liebenden; sie scheinen nur Seufzer und Thränen, aber nicht den Preis der Liebe zu kennen. Beyde Dichter gefallen sich in Nachtscenen. Malvina (Croma 43.) hört die Stimme Oscars im Traum, und Sulamith sucht den Freund ihrer Seele auf nächtlichem Lager. Das hebräische Landmädchen treibt die Sehnsucht nach dem Geliebten in die Nacht hinaus (3, 2.). Nach ihm wimmert sie, wie dort am nächtlichen Felsen Colma nach ihrem Salgar (Lieder von Selma 2, 168.). Gleich der Sulamith harrt dort am Felsen nächtlich Comala ihres geliebten Fingal und fragt nach ihm ihre Gefährten (Comola 2, 6). Fingal nähert sich und späht nach seiner Comala.

Schau herab, meine Liebe, von Deinen Felsen!
Laß mich hören die Stimme Comala's!
Komm zur Höhle meiner Ruhe!
Der Sturm ist vorüber,
Es bescheint die Sonne das Gefild!
Komm zur Höhle meiner Ruhe.

Schöner noch ruft der liebende Hebräer seiner
Sulamith zu:

Wohlauf, hinaus, mein Mägdlein, meine Holde!
O sieh, der Winter schwand.   Von hinnen flohn
Die Regenschauer.   Blumen beut die Erde.
Die Zeit des Sanges kam.   Der Turteltaube
Gegirre wird auf unsrer Au vernommen.
Dem Feigenbaum reift seine junge Frucht.
Des Weinstocks Beeren athmen Wohlgeruch.
Wohlauf, hinaus, mein Mägdlein, meine Holde!
O du mein Täubchen in des Felsen Spalten,
Am Dach der Klippe, laß mich Deine Bildung
Erschaun, laß Deine Stimme mich vernehmen!
Denn sie ist süß und deine Bildung lieblich.

7.

Richten wir endlich noch einen Blick auf die
später unter Ossians Namen verbreiteten Gesänge,

(Neuentdeckte Gedichte Oßians, überſetzt von Harold. Düſſeldorf 1787.) welche nach ſeiner Bekannt-
ſchaft mit den Eulödern gedichtet ſeyn ſollen, ſo finden wir plötzlich den Schauplatz des Ganzen verändert. Ueberall weht jener hebräiſche Geiſt, der uns
in mehreren Geſängen der Barden Lamin und Dlorah
nur einen Nachhall der Harfe Davids und ſeiner Genoſſen erkennen läßt. Hier tritt plötzlich ein Gott
als Schöpfer und Erhalter des Weltalls an die
Spitze. In allen Eigenſchaften dem Jehova gleich,
ſtrahlt er im Lichtglanz auf dem Thron ſeiner Herrlichkeit, (Lieder der Tröſter 116.) von welchem ewig
Erbarmen, Gnade und Liebe herabſtrömen (Morgenlied des Barden Dlorah 190.). Ein eherner
Schild, ein Thurm der Kraft iſt er ſeinem Verehrer,
den er mit ewiger Wonne tränkt, deſſen Lied er in das
Buch des Lebens zeichnet (Morgenlied 188. 190.
Pſ. 18, 3. 31, 3. 69, 29.). Sehnlicher als der
Hirſch die Fluthen der See, ſucht dieſer Oßian (Lieder der Tröſter 118. Pſ. 42, 2.) den Allmächtigen
kennen zu lernen und ſeinem Willen zu folgen. Ihn
hört und ſieht er im Wind und Regen; ihn fühlt er
im Sonnenſtrahl (Lieder von Tara 16.). Ihn
kennt er als den Geiſt, deſſen Wort Himmel, Erde
und Meer ſchuf (Sulmora 48). Er ſpricht, und
es geſchieht, ungeheure Berge zertrümmern, Don-

ner rollen seinem Worte voran (Sitrick 174. Pf. 33,
9.). Alles, Natur und Menschheit huldigt in tiefer
Unterwürfigkeit jenem Einzigen.   Jener goldgelockte
Sohn des Himmels, welchen wir oben so selbst ge-
nugsam in seiner Kraft daherschreiten sahen, wird
der Gottheit dienstbar (Lieder von Tara 11.) b).
Manche Stellen verrathen den Nachahmer Hiobs.
So zeichnet der Barde Lamin den Wallfisch mit Zü-
gen, welche uns an die prachtvollen und erhabenen
Thierstücke im Hiob erinnern (Lieder von Tara 12.).
So enthalten die Lieder der Tröster, wie jenes Mei-
sterwerk der hebräischen Dichtkunst, eine Theodicee.
Fast dasselbe, was der Nachtgeist dem Themaniten
Eliphaz (Hiob 4, 12 — 21.) verkündigt, betet
der Culdäe Fulir in seiner Höhle (Lieder der Tröster
115.) c).   Am Schluß tritt dort, wie im Hiob,
die Gottheit selbst auf den Schauplatz.   Der Barde
Lamir, unfähig, die Strahlen seiner Herrlichkeit zu
ertragen, fällt zu Boden und erhält nun, wie dort

b) Stolze Sonne, was bist du? du scheinst mächtig in dei-
ner Kraft, ein Riese, schreitend durch die Gewölbe des
Himmels. Aber, stattliche Sonne, du bist nichts durch
dich selbst. Du bist kraftlos, unfruchtbar und kalt. Er,
der ist, zeichnete die Pfade deines Laufs.

c) Was ist der Mensch vor deinem Angesichte, o du mächtiger Schöpfer des Alls. Ein Augenblick ist kein Raum in
der Zeit.

Mofes am Dornbufch, oder Jefaias bey der Prophetenweihe, den Aufruf, unter den Führern von Erin als Lehrer aufzutreten. Mehrere Säße zeigen auch fchon eine vertrautere Bekanntfchaft ihres Dichters mit den chriftlichen Dogmen. So kennt z. B. der Barde Dlorah eine Schöpfung aus nichts; (Morgenlied 88.) fo hat diefer Offian felbft von einem jüngften Tage und Weltgericht gehört, von einer Zeit, wo Sonne und Sterne fallen, der Himmel felbft vergeht und rühmliche Thaten belohnt werden (Sulmora 48.). Befchränkt fich endlich jener Offian in den früheren Gedichten, was auch Blair von ihm rühmt, in der Wahl der Bilder, auf feine Heimath und die Grenzen feines Caledoniens, fo überrafchen uns im Morgenliede des Barden Dlorah fchon Erzeugniffe fremder Zonen, Cedern und Elephanten.

W. N. Freudentheil.

Druckfehler.

Seite 31. Zeile 13. ist zu lesen behauptete für behauptet. S. 44. Z. 6. Gedichte für Gedichten. S. 46. Z. 10. v. u. Merbod für Merwod. S. 189. Z. 13. im für ein. S. 192. Z. 13. Thümmel für Thimmel; eben so in der Note g. S. 199. Z. 17. den für dem. S. 208. Z. 6. Verbildungen für Vorbildungen. S. 251. Z. 16. gefühlvollen für gefühlvollern. S. 276. Z. 5. v. u. Ursachen für Ursache. S. 331. Z. 14. im für ein. S. 138. Z. 15. Thaumas für Thaues.

Die beyden S. 119 angezogenen Verse schreiben sich allerdings von Lessing her, galten aber ursprünglich Bodmern. S. Lessings Schriften Th. II. S. 228. vergl. Lessings Leben. Th. II. S. 293.

Zur Note y. S. 163. ist hinzuzusetzen: Beydes, Erzählung und Gedicht, liefert auch das Göttingische Taschenbuch von 1807. S. 111.